ASTROLOGIA

Lo zodiaco, gli ascendenti, la sintonia con gli altri segni

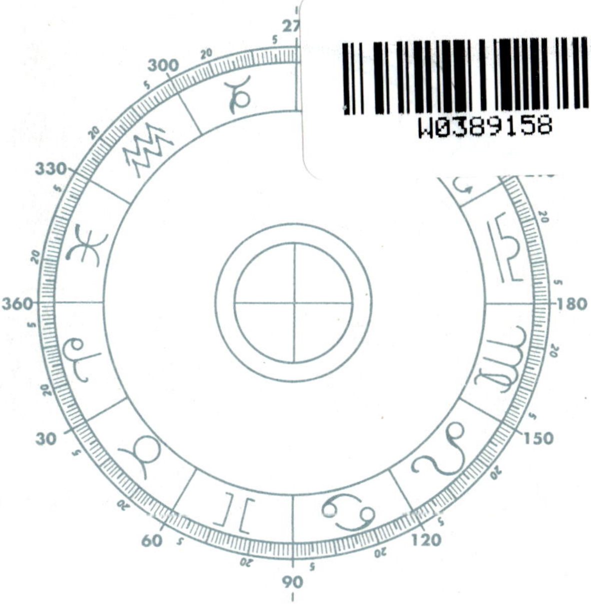

GIUNTI DEMETRA

www.giunti.it

Via Bolognese 165 - 50139 Firenze - Italia
Via Dante 4 - 20121 Milano - Italia
Prima edizione: ottobre 2002

Ristampa	Anno
5 4 3 2 1 0	2014 2013 2012 2011

Stampato presso Giunti Industrie Grafiche S.p.A. - Stabilimento di Prato

SOMMARIO

La storia e i principi basilari dell'astrologia

I segni zodiacali

Ariete

Toro

Sagittario

Capricorno

Acquario

LA STORIA E I PRINCIPI BASILARI DELL'ASTROLOGIA

L'ASTROLOGIA NELLA STORIA DELL'UOMO

L'uomo ha da sempre tentato di comprendere e di interpretare la sua posizione nel cosmo. Alzando gli occhi al cielo e osservandolo, rimase fin dall'inizio incuriosito da quei lontani punti luminosi e, in un primo tempo, venerò i corpi celesti divinizzandoli. In seguito passò a studiare i fenomeni fisici del cosmo, cercando di scoprire se esistessero rapporti diretti fra i moti celesti e il divenire delle cose terrene, e in quale modo eventualmente gli astri esercitassero un influsso sulle vicende umane.

Alla prima esperienza contemplativa si sostituiva così il desiderio di svelare i misteri dell'esistenza del cosmo: nasceva, con ciò, l'astrologia, la cui culla primigenia fu la Mesopotamia, in particolare la città di Babilonia. Migliaia di tavolette di argilla, scritte in caratteri cuneiformi, ritrovate nella reggia di Ninive, rimangono a testimoniare l'importanza di questa disciplina. I Babilonesi seppero tracciare cartogrammi delle orbite del Sole e della Luna, compilare tabelle delle eclissi solari e lunari, calcolare la rivoluzione dei pianeti e precisare la posizione di alcune stelle fisse entro l'eclittica.

All'astronomia babilonese si devono: la scoperta dello zodiaco; la determinazione dei solstizi e degli equinozi; il calcolo sempre più preciso dei cicli del Sole e della Luna; l'introduzione del sistema sessagesimale nella misura del tempo; una più esatta determinazione della durata dell'anno solare; la scoperta della velocità apparente del Sole, diversa nei punti dell'eclittica in conseguenza dell'eccentricità dell'orbita; la determinazione dei cicli planetari e la stesura di effemeridi perpetue dei pianeti maggiori. Questo patrimonio di conoscenze sembra che fosse poi tramandato agli astronomi caldei, i quali provvidero a dividere lo zodiaco in dodici parti uguali, di trenta gradi ciascuna, dando a ogni settore il nome di una costellazione.

Le pratiche divinatorie dei sacerdoti caldei, relative alla sorte del popolo babilonese o a quella del re, come si diffusero in Grecia, furono chiamate a dare responsi anche sul destino del singolo individuo. Inizialmente l'astronomia e l'astrologia costituirono una sola disciplina, come dimostra il fatto che il vero codificatore dei principi essenziali dell'astrologia fu uno dei massimi astronomi dell'antichità: Claudio Tolomeo, l'autore del *Tetrabiblos*, che può essere considerato il primo trattato di astrologia. L'opera conteneva tutto ciò che, in materia di teorie ed esperienze astrologiche, fino ai tempi in cui visse Tolomeo (sec. II a.C.) era noto in Babilonia, Egitto e Grecia. Tolomeo attribuiva alle stelle fisse la proprietà d'influenzare i destini degli uomini, e dedicava una parte del libro all'oroscopo individuale, suggerendo vari metodi d'interpretazione.

In Italia l'astrologia arrivò al tempo delle guerre puniche, portata e diffusa da schiavi greci. Questa nuova dottrina suscitò l'ostilità degli aruspici (indovini dediti all'interpretazione dei segni ricavabili dalla lettura delle viscere animali), che vedevano negli astrologi dei temibili concorrenti. Numerosi editti furono emessi in Roma contro la nuova disciplina, che tuttavia continuò a sopravvivere tenacemente associando l'osservazione degli astri con le pratiche dell'aruspicina.

Successivamente, mentre ragioni politiche spingevano Roma pagana ad avversare l'astrologia, i primi cristiani la rifiutarono per ragioni morali. Il principio del libero arbitrio sostenuto dal Cristianesimo non poteva dar credito al fatto che il destino fosse fissato dalla congiunzione degli astri verificatasi al momento della nascita di ciascun uomo. La condanna da parte della Chiesa andò avanti per tutto il Medioevo e oltre.

Durante il Rinascimento, in Italia, l'astrologia acquistò di nuovo importanza. Principi e condottieri si avvalevano dell'opera di astrologi, ai cui responsi si attenevano scrupolosamente; celebri furono Giovanni Muller, detto il Regiomontano, attivo a Padova e a Roma; Marsilio Ficino, filosofo e contemporaneamente astrologo presso i Medici; Ambrogio Varese da Rosate al servizio presso Lodovico il Moro; Maino de' Maineri presso i Visconti; Rodrigo Faleiro, compagno di viaggio di Magellano. Nostradamus fu astrologo alla corte di Caterina de' Medici, Ticone alla corte dei principi di Danimarca, e Caffarel fu alle dipendenze di Richelieu. Avversari tenaci degli astrologi, in quel periodo, furono Pico della Mirandola e Geminiano Montanari. Dal ristretto ambito della casta principesca e guerriera l'interesse per l'astrologia si diffuse a poco a poco tra la gente del popolo, che sentiva altrettanto il bisogno di conoscere il proprio futuro.

Da allora l'astrologia non ha cessato di fare proseliti e di diffondersi, adeguandosi ogni volta alle esigenze dei tempi e alle mutate conoscenze astronomiche. Oggi questa disciplina è universalmente nota, e innumerevoli sono le persone che interrogano il cielo per cercare negli astri le risposte alle loro curiosità e ai loro dubbi.

COSTELLAZIONI E TEMA NATALE

Tutta la tecnica dell'oroscopo natale è basata sulla conoscenza del corso apparente del Sole, della Luna e degli altri corpi celesti, conoscenza limitata a quanto è necessario per determinare in qualsiasi momento la posizione di questi rispetto all'orizzonte di nascita, cioè la linea che segna sullo zodiaco il sorgere e il tramonto del Sole. Nel loro moto apparente intorno a noi, il Sole, la Luna e tutti gli altri pianeti sorgono da una parte dell'orizzonte, l'est, per tramontare a ovest, e tutti i giorni cambiano l'istante del loro sorgere e tramontare, come se fossero dotati di un secondo movimento, come se cioè percorressero una strada immaginaria: lo zodiaco.

Il globo terrestre viene così investito ovunque dalle forze provenienti dagli altri astri che, non occupando sempre lo stesso posto, inviano energie i cui effetti sono tutte le volte diversi. Questi i fattori d'influenza che determinano il "destino" dell'uomo: lo zodiaco, i segni zodiacali, i pianeti, le stelle fisse (astri che brillano di luce propria, che si distinguono dalle comete e dai pianeti, facenti parte, secondo il sistema tolemaico, dell'ultimo cielo), le comete, le stelle nuove, gli aspetti interplanetari e il loro orientamento rispetto all'orizzonte di nascita. Per avere una buona conoscenza di tutto ciò, l'astrologo deve per prima cosa essere un buon astronomo. Soffermarsi a guardare il cielo nelle notti limpide è uno spettacolo meraviglioso, che induce a sognare. Si vedono tanti puntini luminosi, le stelle, che tra loro formano diverse figure; con un po' di fantasia possiamo scorgervi immagini di animali o di oggetti (i buoi, l'orso, il toro, il carro, ecc.). A queste figure si dà il nome di costellazioni. In realtà esse non sono che una pura illusione prospettica (le stelle che le formano si trovano a distanze diverse dalla Terra, anche se a noi appaiono come allineate sulla volta celeste); dato che la Terra e le stelle si muovono in continuazione, ci vogliono parecchie migliaia di anni perché, ai nostri occhi, una costellazione si modifichi. Questo è il motivo per il quale continuiamo a vederle sempre uguali. Anche se le figure che esse formano non hanno alcun significato astronomico, l'uomo continua per comodità a servirsene per tracciare la propria mappa del cielo. Fin dai tempi antichi, anzi, sacerdoti e sapienti hanno attribuito alle diverse conformazioni stellari il potere di esercitare il loro misterioso influsso sulle vicende terrene.

Gli astrologi, fin dagli albori della storia, si sono rivolti alle stelle per conoscere il futuro e il destino degli individui, che ritenevano, appunto, scritto negli astri. Tale conoscenza, che ci è stata tramandata nel corso dei secoli e dei millenni, è giunta fino a noi codificata in un linguaggio ermetico, che pochi sanno interpretare. L'intento di questo manuale è proprio quello di rendere accessibile a chiunque una forma di sapere che non riteniamo giusto lasciare nelle mani di pochi eletti, i quali non di rado se ne servono per scopi venali.

Per poter tracciare e leggere un oroscopo è importante, in primo luogo, sapere sotto quali stelle si nasce; pertanto il testo fornisce un elenco delle principali stelle, ricordandoci i mesi in cui appaiono. La tabella (nella pagina a fianco) indica nella colonna iniziale il mese in cui le prime stelle fisse compaiono nella sfera celeste; nella seconda il nome della stella fissa che esercita la sua influenza sui nativi del mese, nella terza indica la costellazione alla quale appartiene, nella quarta indica il pianeta che si confà al carattere del segno, nella quinta il segno zodiacale di appartenenza, nella sesta ci informa sulla caratteristica dell'animo umano prevalente nei soggetti sottostanti all'influsso della stella dominante.

TABELLA DELLE STELLE FISSE

MESE	STELLA	COSTELL.	PIANETA CARATTERIALE	SEGNO ZOD.	INFLUENZA
Gennaio	Vega	Lira	Mercurio	Capricorno	Benessere
	Altair	Aquila	Marte	Acquario	Ambizione
Febbraio	Deneb	Cigno	Mercurio	Pesci	Autorità
	Sheat	Pegaso	Marte	Pesci	Potere
Marzo	Markab	Pegaso	Marte	Pesci	Forte volontà
	Difda	Balena	Saturno	Ariete	Riservatezza
Aprile	Mirach	Andromeda	Mercurio	Ariete	Matrimonio felice
	Alpherat	Andromeda	Giove	Ariete	Ricchezza
Maggio	Sheratan	Ariete	Marte	Toro	Aggressività
	Aldebaran	Toro	Marte	Gemelli	Coraggio
Giugno	Rigel	Orione	Giove	Gemelli	Gloria
	Bellatrix	Orione	Marte	Gemelli	Venalità
	Elnath	Toro	Marte	Gemelli	Successo

Luglio	Canopo	Argo	Saturno	Cancro	Pericolo
	Castore	Gemelli	Mercurio	Cancro	Obiettività
	Polluce	Gemelli	Marte	Cancro	Impulsività
	Procione	Cane Min.	Marte	Cancro	Violenza
	Sirio	Cane Mag.	Giove	Cancro	Successo
Agosto	Anon aust.	Cancro	Sole	Leone	Vista delicata
	Alphard	Idra	Venere	Leone	Immoralità
	Regolo	Leone	Giove	Leone	Ottimismo
	Mizar	Orsa Mag.	Venere	Vergine	Equilibrio
Settembre	Denebola	Leone	Saturno	Vergine	Rimpianto
	Zavijava	Vergine	Mercurio	Vergine	Logica
Ottobre	Vendemmiatrice	Vergine	Nettuno	Bilancia	Introversione
	Spiga	Vergine	Mercurio	Bilancia	Decisione
Novembre	Accrux	La Croce	Giove	Scorpione	Sfarzo
	Alphecca	Corona B.	Venere	Scorpione	Doti artistiche
Dicembre	Antares	Scorpione	Marte	Sagittario	Imprudenza
	Rosalbague	Ophiucus	Saturno	Sagittario	Immoralità
	Rastaban	Drago	Venere	Sagittario	Infortuni

LE COSTELLAZIONI DEL CIELO INVERNALE

Durante tutto l'inverno, nell'emisfero boreale sono visibili ogni notte le costellazioni formate da stelle la cui altezza, rispetto all'equatore celeste, è maggiore della latitudine del luogo di osservazione.

Queste costellazioni sono chiamate "circumpolari". Tra le costellazioni boreali invernali rientrano i primi segni dello zodiaco: l'Ariete, il Toro, i Gemelli, nonché tutti i raggruppamenti di stelle, dette "asterismi", la cui declinazione (la distanza angolare compresa tra l'astro e il piano dell'equatore) è positiva, ma minore rispetto alla latitudine del luogo dal quale si osservano. Esse sorgono dopo il tramonto e solo in un certo periodo dell'anno. In inverno, in Italia, sono visibili pure alcune costellazioni del cielo australe; queste sono formate da stelle con piccola ascensione retta (l'arco di equatore celeste compreso tra l'equinozio di primavera e l'intersezione del cerchio orario della stella con l'equatore stesso), la cui declinazione è negativa, ma maggiore rispetto alla latitudine del luogo di osservazione.

Tra queste si trova la costellazione di Orione, che si vede in autunno, costituita da sette stelle brillanti (Mintaka, Alnilam, Almitak, Betelgeuse, Bellatrix, Saiph e Rigel). Tali stelle appaiono vicine, ma sono in realtà molto distanti dalla Terra. Guardando il cielo, l'uomo ha creduto di riconoscere nelle forme che vedeva esseri o oggetti della sua mitologia e della sua religione. I Greci, ad esempio, riconobbero, nel disegno tracciato da queste sette stelle, la figura del gigante cacciatore Orione, figlio di Poseidone e di Euriale. Le stelle Mintaka, Alnilam e Almitak formano la cintura di Orione. Betelgeuse insieme a Bellatrix costituisce le spalle del gigante (Betelgeuse, in arabo, ha proprio questo significato), mentre Saiph e Rigel rappresentano le gambe. La spada è formata da altre tre stelle. Il mito racconta come Orione, dopo aver aiutato il re Enopione a liberare il territorio infestato dalle belve, chiedesse in premio la mano della principessa Merope. Il re, non entusiasta della richiesta, tramite l'intervento di Dionisio, cercò allora di liberarsi di Orione. Lo fece perciò ubriacare e lo accecò. Per riacquistare la vista il gigante avrebbe dovuto guardare Eos, la dea dell'aurora; così fece e la dea lo rapì divenendo l'amante del cacciatore. Nell'isola di

Delo, dove vissero insieme, Orione offese poi una ninfa e si attirò così l'ira di Artemide, che lo fece uccidere da uno scorpione. Orione e lo scorpione furono portati in cielo da Zeus che li tramutò in costellazioni, ponendoli agli estremi opposti della volta celeste. Lo Scorpione tramonta quando Orione sorge. Dato che Orione aveva due cani, che lo accompagnavano durante la caccia, i Greci li riconobbero in Sirio, la stella più brillante della costellazione del Cane Maggiore, e in Procione, che fa parte del Cane Minore. Sotto la stella Saiph e Rigel, a ovest del Cane Maggiore, c'è la costellazione della Lepre, che rappresenta la selvaggina inseguita dal gigante. Vicino a Orione si vedono le Pleiadi (la forma è quella di un carro), che raffigurano le sette figlie di Atlante e Pleione, le quali si unirono tutte in matrimonio con un dio, a eccezione di Merope, che si unì con un mortale e che, pertanto, brilla con minore intensità.

Le Pleiadi appartengono alla costellazione del Toro, che si trova alla destra di Orione, la cui stella più luminosa è Aldebaran. Vicino alle Pleiadi si vedono le Iadi, figlie sempre di Atlante e Pleione, e sorelle delle Pleiadi. Sempre presso Orione si osservano due stelle molto luminose: Castore e Polluce, facenti parte della costellazione dei Gemelli. La mitologia racconta che i due fratelli presero parte alla spedizione degli Argonauti e compirono molte imprese, l'ultima delle quali fu il rapimento di Febe e Ilaria, le due Leucippidi. La leggenda degli Argonauti è rappresentata nel cielo dalla costellazione dei Gemelli, e da quella della Poppa, della Carena e della Vela (le tre costellazioni australi), che rappresentano la nave degli Argonauti, nonché dall'Ariete, che simboleggia il vello d'oro, alla cui conquista mossero gli eroi greci.

In Italia, alle latitudini nord, si vede la costellazione chiamata Grande Carro che appartiene all'Orsa Maggiore, visibile in tutto l'anno. Le due stelle fisse del Grande Carro sono Dubne e Merak, riferimento quest'ultima per trovare la Stella Polare. Accanto al Grande Carro c'è il Piccolo Carro che appartiene all'Orsa Minore. Alla fine dell'inverno appare la stella fissa Arturo che fa parte della costellazione Boote (in greco "bifolco"). I Greci ritenevano che Arturo rappresentasse Icario, un ateniese vissuto ai tempi del re Pandione; la sua storia si lega alla costellazione della Vergine, sua figlia, che trovò il corpo del padre ucciso da alcuni pastori ai quali Icario aveva offerto del vino. La stella fissa della costellazione della Vergine è Spiga, uno dei corpi celesti che permisero a Ipparco la scoperta della precessione degli equinozi.

La costellazione della Bilancia è legata alla dea della giustizia, Astrea, figlia di Zeus e Temi. Ad aprile, si possono vedere il Corvo e la Coppa, due costellazioni australi che i Greci identificarono nell'uccello che dissetò Apollo, offrendogli da bere, e nella coppa d'oro da questo impiegata. Durante i mesi invernali si vede chiaramente la costellazione della Balena (Cetus) la cui stella fissa è Mira, che significa "Meravigliosa".

LE COSTELLAZIONI DEI MESI ESTIVI

Nel cielo di agosto le stelle fisse più brillanti sono la bianco–azzurra Vega, appartenente alla costellazione della Lira, e la rossa Antares (facente parte della costellazione dello Scorpione). In questa stagione si vedono le costellazioni di Cassiopea, di Cefeo, del Cigno, la Coda del Serpente, Ophiuco, l'Aquila, il Sagittario e lo Scorpione. Il Cigno contiene la Nebulosa Nord America che si trova tra la stella fissa Deneb (appartenente alla costellazione dell'Aquila) e la stella zeta, mentre a sud si vedono le costellazioni della Vulpecula e del Sagittario.

L'OROSCOPO

L'oroscopo (che noi chiameremo anche tema natale, o carta del cielo) non è che la rappresentazione grafica del Sole, della Luna, dello zodiaco, delle Case, delle stelle fisse e degli altri pianeti, ovvero degli elementi che costituiscono il cosmo. È perciò un diagramma astronomico tracciato con grafici convenzionali, che può avere diverse forme, pur essendo basato sul medesimo principio. Anticamente, alla nascita di un individuo, si usava osservare, mediante un apposito strumento, quali stelle in quel momento comparissero all'orizzonte; si esaminavano e poi, in base al risultato di tale osservazione, si deduceva un pronostico circa il destino della persona. I nostri antenati erano infatti convinti che il cielo fosse in grado di esercitare una certa influenza sull'uomo. Tale influenza si poteva scoprire determinando quale pianeta, al momento della nascita, si inseriva in uno dei segni zodiacali.

ELEMENTI UTILI PER REDIGERE LO SCHEMA DI UN OROSCOPO

Gli elementi compresi nel grafico che costituisce l'oroscopo sono i seguenti:

a) I segni dello zodiaco.
b) Le Case astrologiche.
c) Le posizioni del Sole, della Luna e dei pianeti in rapporto allo zodiaco e la distanza che esiste tra loro (gli aspetti interplanetari).
d) I punti di fortuna e di morte (punti sensitivi).

CHE COS'È LO ZODIACO?

Lo zodiaco è la zona della sfera celeste delimitata da due cerchi, paralleli all'eclittica, distanti da questa 9 gradi tanto verso nord, che verso sud; tale zona, larga pertanto 18 gradi, comprende la fascia in cui si verificano i movimenti dei pianeti già conosciuti dagli antichi, e fa a sua volta parte della fascia di 47 gradi entro la quale il Sole sviluppa la sua orbita apparente (eclittica). Lo zodiaco è suddiviso in dodici parti uguali di 30 gradi di longitudine, a ognuna delle quali corrisponde una delle 12 costellazioni zodiacali, rappresentate dai seguenti segni: Ariete, Toro, Gemelli, Cancro, Leone, Vergine, Bilancia, Scorpione, Sagittario, Capricorno, Acquario, Pesci.

Le dodici costellazioni servono, da sempre, come punto di riferimento per studiare e controllare il moto dei pianeti, del Sole e della Luna. Il Sole si sposta tra le stelle fisse dello zodiaco, sempre nella stessa direzione, di un grado al giorno. Impiega un anno per descrivere l'intero anello di 360 gradi e ritornare al punto di partenza, e un mese circa per attraversare ognuna delle dodici costellazioni dello zodiaco. La Luna si muove nella stessa direzione del Sole, ma più rapidamente; ogni giorno descrive un arco di circa 13 gradi, e impiega circa un mese per ritornare nella stessa direzione rispetto alle stelle. Per tornare in corrispondenza con il Sole, la Luna impiega 29 giorni e mezzo.

Mercurio, Venere, Marte, Giove e Saturno non si muovono sempre nella stessa direzione, apparendo talvolta addirittura fermi. Ogni segno zodiacale si suddivide a sua volta in tre parti di 10 gradi, chiamate decani (o decadi); ciascun decano è governato da un pianeta che influenza il tema natale.

I SEGNI DELLO ZODIACO

Impariamo adesso un po' di terminologia, cosa che ci sarà quanto mai utile per comprendere i concetti basilari di questa antica disciplina.

- **Eclittica** – È la traiettoria apparente che il Sole descrive in un anno attorno alla Terra. Il piano dell'eclittica taglia l'equatore celeste in due punti opposti: il punto vernale, o punto dell'equinozio di primavera, dove il Sole si trova, apparentemente, ogni anno al 21 marzo, e il punto dell'equinozio d'autunno (il 23 settembre). È sull'eclittica che si misura la longitudine dei segni zodiacali.
- **Punto vernale o gamma** – È il punto d'intersezione dell'eclittica con l'equatore celeste, corrispondente all'equinozio di primavera a partire dal quale si misura la longitudine dei pianeti.
- **Equinozi** – sono due momenti dell'anno (uno cade in primavera, il 21 marzo, l'altro in autunno, il 23 settembre), in cui la durata del giorno coincide perfettamente con quella della notte.
- **Precessione degli equinozi** – è il risultato prodotto dal movimento dell'asse terrestre che, girando su se stesso, in ventiseimila anni circa provoca lo spostamento del piano dell'equatore e determina gli equinozi.
- *Decano* – sono le trentasei zone, ciascuna dell'ampiezza di 10 gradi, in cui si divide lo zodiaco.

I segni dello zodiaco sono dodici. Il Sole, nel suo moto apparente, attraversa ogni segno, partendo dal grado zero dell'Ariete, detto punto vernale o gamma. Un tempo i segni e le costellazioni coincidevano:

quando il Sole, nel mese di agosto, era nella zona del cielo occupata dalla costellazione del Leone stava proprio attraversando il segno del Leone. In seguito, per effetto della precessione degli equinozi, è venuta meno questa corrispondenza. Attualmente quando il Sole è in un segno dello zodiaco, astronomicamente si trova nella costellazione precedente; ad esempio, il Sole, quando da un punto di vista astrologico compare nel Leone, in realtà è nella costellazione del Cancro. Il Sole percorrendo i 360 gradi dello zodiaco in 365 giorni, avanza regolarmente di un grado al giorno, variando ogni anno le date che segnano l'inizio e la fine del periodo di permanenza dei segni nei mesi dell'anno.

Anticamente si riteneva che il Sole, nel suo percorso apparente annuale attraverso le costellazioni zodiacali, rimanesse circa un mese in ciascuna di esse. In seguito (sec. II a.C.) si osservò che la coincidenza non era costante e immutabile. Benché, nel corso dei secoli, a causa della precessione degli equinozi, lo scostamento da tale coincidenza sia salito fino a oggi di circa 32 gradi, cioè di un angolo superiore all'estensione in longitudine di ciascuna costellazione, nell'uso comune tale scostamento non viene considerato. Le date in cui il Sole entra nei segni zodiacali sono, quindi, le seguenti:

Segno	**Percorso del sole**	**Posizione**
Ariete	21 marzo/20 aprile	0° a 30°
Toro	21 aprile/21 maggio	30° a 60°
Gemelli	22 maggio/21 giugno	60° a 90°
Cancro	22 giugno/22 luglio	90° a 120°
Leone	23 luglio/23 agosto	120° a 150°
Vergine	24 agosto/23 settembre	150° a 180°
Bilancia	24 settembre/23 ottobre	180° a 210°
Scorpione	24 ottobre/22 novembre	210° a 240°
Sagittario	23 novembre/21dicembre	240° a 270°
Capricorno	22 dicembre/20 gennaio	270° a 300°
Acquario	21 gennaio/18 febbraio	300° a 330°
Pesci	19 febbraio/20 marzo	330° a 360°

Si distinguono, pertanto, uno zodiaco apparente e uno reale. Il primo è determinato dalla precessione dei segni zodiacali che non corrisponde a quella delle costellazioni; a causa della precessione degli equinozi, infatti, quando si dice che il Sole è nel segno dell'Ariete esso si trova fra 0° e 30° di longitudine celeste, in corrispondenza della costellazione dei Pesci che oggi appare là dove 3000 anni fa si trovava quella dell'Ariete.

Lo scostamento tra lo zodiaco apparente e quello reale (1° circa ogni 72 anni) continuerà ad aumentare nel corso dei secoli, poi diminuirà e infine i due zodiaci torneranno a coincidere: ciò avviene ogni 25.695 anni, periodo detto anno platonico.

LA DISTINZIONE DEI SEGNI DELLO ZODIACO

L'astrologia tradizionale classifica i segni dello zodiaco secondo:

a) La natura (cardinali, mobili e fissi)

▸ **Cardinali** sono i quattro segni che segnalano i solstizi e gli equinozi:

Ariete	equinozio di primavera	21 marzo
Cancro	solstizio d'estate	22 giugno
Bilancia	equinozio d'autunno	23 settembre
Capricorno	solstizio d'inverno	22 dicembre

Il termine cardinale è applicato anche alla classificazione delle Case, di cui si parlerà più avanti. L'analogia tra segni zodiacali e Case cardinali è la seguente: alla prima Casa o Ascendente corrisponde l'Ariete, alla quarta Casa il Cancro, alla settima la Bilancia, alla decima il Capricorno. In questi segni dello zodiaco le energie planetarie agiscono con molta intensità e sono elementi importanti nel quadro astrale.

La presenza di più pianeti nei segni cardinali indica impulsività nelle azioni, audacia, organizzazione. Ai segni cardinali, nell'interpretazione di un tema natale, si attribuisce la capacità di regolare la volontà dell'individuo in esame, e di indicare la presenza in lui di una più o meno spiccata ambizione.

‣ **Mobili** sono i segni che corrispondono alla fase intermedia tra un solstizio e un equinozio; essi preannunciano il ciclo seguente: Gemelli, Vergine, Sagittario, Pesci. In questi segni vi è movimento e trasformazione; essi costituiscono un indizio di qualità intellettuali, di capacità di adattamento, di ricerca di esperienze e di profonda intuizione.

‣ **Fissi** sono i segni che coincidono con la fase culminante di ogni stagione: Toro, Leone, Scorpione, Acquario. In un tema natale indicano la tendenza all'ottimismo, la volontà di vivere con pienezza la propria esistenza e la capacità di trasformare in azioni concrete le energie di cui l'individuo è in possesso.

b) Gli elementi (Fuoco, Acqua, Terra, Aria)

Sono gli stati della materia: igneo (Fuoco), gassoso (Aria), liquido (Acqua), e solido (Terra). Secondo gli antichi la combinazione di tali elementi avrebbe dato vita a tutto ciò che esiste.

L'astrologia, tramite il suo grande codificatore, Tolomeo, si appropriò di questa teoria. Per esprimere simbolicamente la corrispondenza tra la struttura del cosmo e quella fisica e psicologica dell'uomo, egli collegò ogni elemento a tre segni, chiamando tale suddivisione triplicità. Ogni "terna" o "trigono" di segni forma, nello zodiaco, un triangolo con il nome del rispettivo elemento che lo governa.

- Al triangolo del Fuoco appartengono i segni detti positivi, in quanto favoriscono reazioni decise e la realizzazione degli intenti.
- Il triangolo dell'Aria comprende i segni che hanno come caratteristica la capacità di muoversi liberamente nel mondo dei pensieri e un temperamento espansivo.
- Il triangolo della Terra è caratterizzato dai segni statici, e favorisce caratteri di natura critica.
- Al triangolo dell'Acqua appartengono quei segni la cui caratteristica è la grande immaginazione, la sensibilità e il tatto.

Un elemento è dominante in un tema natale quando la maggioranza dei pianeti occupa i segni dello zodiaco appartenenti a quell'elemento.

Elemento	**Segni zodiacali**
Fuoco	Ariete, Leone, Sagittario
Aria	Gemelli, Bilancia, Acquario
Terra	Toro, Vergine, Capricorno
Acqua	Cancro, Scorpione, Pesci

Gli elementi, che influenzano attraverso il segno zodiacale il carattere dell'individuo, ne determinano anche gli umori di fondo e incidono sul funzionamento del suo organismo.

Elemento	**Temperamento umano**
Fuoco	Bilioso
Aria	Sanguigno
Terra	Nervoso
Acqua	Flemmatico

- *Fuoco: Ariete, Leone e Sagittario (Temperamento bilioso)* – Il Fuoco è simbolicamente l'elemento più potente. Esso rappresenta il calore, l'energia, la creazione e la trasformazione della materia.

L'elemento Fuoco influenza il carattere degli individui nati nei segni zodiacali, che sarà forte, pieno di energia ed entusiasmo, teso a perseguire nobili obiettivi. A livello corporeo esso influenza l'apparato muscolare e respiratorio. Nel sentimento c'è impulsività e generosità. L'amore è spesso vissuto con una forte esaltazione degli impulsi sessuali e affettivi. I difetti sono l'orgoglio, l'intolleranza e gli scatti d'ira. I pregi sono la fantasia ricca e creativa, e la capacità di vivere intensamente le proprie esperienze. Il Fuoco è il simbolo dell'intelletto e rappresenta tutte le forme della psiche umana. La prevalenza di pianeti in segni di Fuoco, in un tema natale, conferisce al soggetto pregi e difetti di un temperamento passionale.

- *Aria: Gemelli, Bilancia e Acquario (Temperamento sanguigno)* – Avendo l'Aria la proprietà di espandersi, di circolare liberamente, le si attribuisce, simbolicamente, le qualità della comunicazione e della libertà. Nei segni che le appartengono, l'elemento Aria caratterizza gli individui dando loro

spirito versatile, ricchezza di idee originali, profondo senso estetico, doti alle quali s'aggiunge la facile adattabilità a tutte le situazioni, anche quelle meno gradite. Nel corpo umano, l'influenza dell'elemento Aria si esercita sui polmoni, sui reni e sulla circolazione del sangue.
Psicologicamente i tipi Aria hanno un temperamento espansivo, socievole, alla continua ricerca di esperienze stimolanti. Il maggior difetto è la vanità. Nei temi natali dove molti pianeti sono in segni d'Aria, si nota che gli individui sono estroversi e cercano sempre i contatti umani.

- *Terra: Toro, Vergine e Capricorno (Temperamento nervoso)* – Le proprietà caratteristiche dell'elemento Terra sono la compattezza, la densità e la durata. Queste proprietà diventano anche elementi base dei temperamenti dei soggetti nati sotto i segni del Toro, della Vergine e del Capricorno. Nel corpo umano le influenze dell'elemento si ripercuotono sull'apparato gastrointestinale, sul sistema osseo e su quello nervoso. Psicologicamente i tipi Terra hanno l'esigenza di una sicurezza materiale che si riflette anche nei sentimenti. La coerenza e la riflessione sono le principali caratteristiche che ne guidano il comportamento e le azioni.

Coloro che hanno, astrologicamente, una percentuale elevata dell'elemento Terra, sono introversi e conservatori. Loro obiettivi fondamentali diventano la stabilità e il successo materiale; spesso, però, la paura di affrontare l'imprevisto limita la loro possibilità di evoluzione. Sul piano affettivo ricercano la tranquillità e l'ordine, non sono particolarmente aperti e socievoli, ma molto meticolosi e attenti ai particolari. In un tema natale nel quale i pianeti in segno di Terra prevalgono sugli altri, saranno accentuate le influenze di cui sopra.

- *Acqua: Cancro, Scorpione e Pesci (Temperamento flemmatico)* – Le qualità fondamentali dell'elemento Acqua sono la fluidità, la fecondità e la capacità di assimilare e disciogliere gli elementi che si trovano in essa. Nei tre segni del Cancro, dello Scorpione e dei Pesci si possono riconoscere le stesse caratteristiche legate all'acqua. Nel corpo umano le influenze dell'elemento si ripercuotono sull'apparato digestivo, su quello riproduttivo e sul sistema linfatico. Psicologicamente i tipi Acqua sono molto cerebrali. Sono sensibili e si lasciano influenzare dagli atteggiamenti altrui, perciò le impressioni che ricevono, colorate dalla loro fantasia, si ripercuotono sull'emotività. Questo provoca reazioni imprevedibili e, spesso, esplosioni d'ira. Avendo bisogno di sicurezza, si adattano facilmente alle situazioni. La loro eterna instabilità interiore li spinge a continui cambiamenti in tutti i settori della vita.

c) Il genere (maschile e femminile)

La classificazione dei segni zodiacali secondo il genere maschile e femminile è di origine molto antica; tale distinzione era fondata sulla percezione dei mutamenti che il Sole opera quando giunge in uno dei segni zodiacali.

Segni maschili	**Segni femminili**
Ariete	Toro
Gemelli	Cancro
Leone	Vergine
Bilancia	Scorpione
Sagittario	Capricorno
Acquario	Pesci

I segni maschili, per i Pitagorici, erano monadi (o corpi semplici), quelli femminili, diadi (o corpi doppi). L'astrologia moderna utilizza sempre tale classificazione, ma non le attribuisce più il significato simbolico originale. Questa suddivisione rispecchia la teoria orientale dello Yang e dello Yin, termini che esprimono il concetto della polarizzazione di un centro d'energia.

LE CASE ASTROLOGICHE

Vediamo adesso altri termini e concetti esclusivi dell'astrologia.

- *Ascendente (ASC.)* – È il punto d'incontro tra l'orizzonte e l'eclittica; esso delimita la prima delle dodici Case in cui si suddivide la fascia zodiacale.

- *Case* – Sono i dodici settori che suddividono il cerchio zodiacale.
- *Cuspide* – È il punto che segna l'inizio delle Case.
- *Discendente (DISC.)* – È il punto diametralmente opposto all'Ascendente. Esso delimita la settima Casa.
- *Domificazione* – Indica l'operazione di collocamento delle Case nella carta del cielo di un individuo.
- *Fondo cielo (FC)* – È il punto diametralmente opposto al Mezzo cielo.
- *Meridiano celeste* – In astronomia, è il cerchio massimo che passa per i poli celesti e per lo zenit del luogo di nascita. Nell'oroscopo indica il Mezzo Cielo o la cuspide della decima Casa.
- *Mezzo cielo (MC)* – È il punto più alto dello zodiaco, che corrisponde alla posizione che il Sole occupa a mezzogiorno, in rapporto al luogo per cui si effettua la stesura dell'oroscopo.
- *Orizzonte celeste* – È la linea che segna sullo zodiaco il sorgere (l'Ascendente) e il tramonto (il Discendente) del Sole.

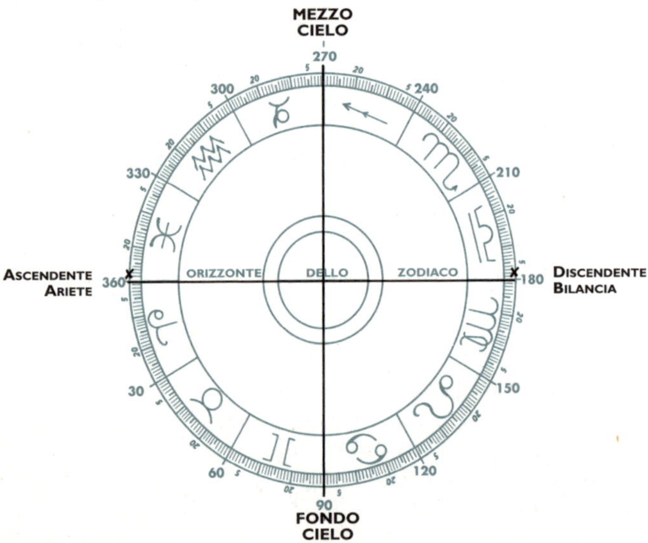

In astrologia il termine Casa si usa per indicare i dodici settori che suddividono la fascia zodiacale in base all'orizzonte e al meridiano del luogo. Le Case procedono in senso antiorario partendo dall'Ascendente. Esse si calcolano con regole matematiche e seguendo il percorso della Terra.

Osservando il grafico (nella pagina a fianco) si noti come la struttura composta dalle linee ASC./DISC. e MC/FC formi una croce che divide il diagramma in quattro quadranti. La linea ASC./DISC. delimita le cuspidi della prima e della settima Casa.

Questa linea rappresenta l'orizzonte dello zodiaco. Vi sono calcolate sei Case al di sopra, dalla settima alla dodicesima (dal segno della Bilancia a quello dei Pesci), e sei al di sotto, dalla prima alla sesta Casa (dall'Ariete alla Vergine).

Case	**Segni zodiacali**
Prima	Ariete
Seconda	Toro
Terza	Gemelli
Quarta	Cancro
Quinta	Leone
Sesta	Vergine
Settima	Bilancia
Ottava	Scorpione
Nona	Sagittario
Decima	Capricorno
Undicesima	Acquario
Dodicesima	Pesci

La linea MC/FC rappresenta il meridiano che segna il culmine del Sole a mezzogiorno e a mezzanotte. A causa del movimento terrestre, ogni meridiano percorre tutto lo zodiaco in 24 ore, quindi ogni segno è percorso in due ore, e ogni grado dell'eclittica in quattro minuti. Il MC corrisponde alla cuspide della decima Casa e il FC alla cuspide della quarta Casa. I quattro quadranti sono a loro volta divisi in tre parti per cui si ottengono dodici settori o Case (da non confondere con i dodici segni zodiacali). La posizione dell'ASC. dipende dalla latitudine del luogo e dall'ora di nascita di un individuo; mentre la posizione o domificazione delle Case si trova tramite le tavole delle Case. Queste sono compilate per tutte le latitudini e tutte le ore siderali di nascita.

I quattro quadranti formati dalle due linee sono in relazione con quattro aspetti della vita dell'uomo, utili ai fini dell'interpretazione di un tema natale. Il quadrante con la prima Casa (ASC.) rappresenta il potenziale energetico fisico e l'intelligenza. Il quadrante che comprende la quarta Casa (FC) dà informazioni circa le eredità familiari di tipo fisico e spirituale. Il quadrante nel quale è inserita la settima Casa (DISC.) si occupa delle relazioni interpersonali.

Un'altra classificazione importante per l'interpretazione di un tema natale è quella che raggruppa le Case tre a tre, a seconda degli elementi (Fuoco, Aria, Terra, Acqua) che le caratterizzano. Questa suddivisione prende il nome di triplicità o trigono; ogni triplicità indica una strada diversa che un individuo può percorrere per realizzare se stesso e per sviluppare le sue forze e le sue aspirazioni.

La prima triplicità raggruppa le Case 1, 5 e 9 che sono legate all'elemento Fuoco. Questo trigono offre notizie sulle qualità di una persona.

I) La prima Casa, o ASC., indica lo sviluppo e la costituzione fisica, il carattere e il temperamento di un soggetto.

V) La quinta Casa presenta lo sviluppo della vita intima, offrendo ragguagli su temi quali l'amore, la famiglia, i figli, le inclinazioni artistiche, l'interesse per il gioco e lo sport. In un oroscopo femminile indica le modalità delle gravidanze e dei parti. Indica anche l'espressione della sessualità.

IX) La nona Casa rappresenta le tendenze morali e religiose di un soggetto, e la sua capacità di entrare in relazione con persone di altra cultura e costumi. È la Casa degli studi superiori, dei successi ottenuti fuori dall'ambiente dove si è nati.

La seconda triplicità comprende le Case 2, 6 e 10 collegate all'elemento Terra. Questo trigono o triplicità presiede alla salute fisica.

II) La seconda Casa esprime la capacità dell'individuo di procurarsi da vivere, di guadagnare, di rinnovare le proprie forze per conseguire un accrescimento morale e per ottenere un'affermazione individuale.

VI) La sesta Casa determina la salute fisica e le capacità di lotta e di sacrificio, al fine di superare le difficoltà dell'esistenza. Da una sua lettura si possono avere indicazioni su malattie o pericoli che minacciano la costituzione fisica. Rappresenta pure l'ambiente di lavoro.

X) La decima Casa indica la posizione sociale, l'inserimento nel mondo e il successo che un uomo può raggiungere. Opposta alla quarta Casa, che rappresenta il padre, essa si riferisce alla figura materna.

La terza triplicità raggruppa le Case 3, 7 e 11. L'elemento fondamentale è l'Aria. Questo trigono ci parla dei rapporti con gli altri e con il mondo circostante.

III) La terza Casa influisce sui rapporti e sui legami con i propri fratelli e parenti. Da qui provengono gli influssi che spingono a compiere viaggi e spostamenti, che impongono la scelta degli studi, che invitano a stabilire un contatto immediato con il prossimo attraverso la parola, la comunicazione e lo scambio di idee.

VII) La settima Casa rappresenta le unioni, il matrimonio e altri legami sentimentali (oppure scelte a carattere spirituale e religioso). Indica anche le tendenze caratteriali delle persone cui ci si lega, o per le quali si prova attrazione reciproca.

XI) L'undicesima Casa denota l'attitudine del soggetto a stabilire relazioni mondane e amicizie superficiali. Indica la capacità individuale di trarre vantaggio da attività avviate in comune con altri. È chiamata anche la Casa dell'equilibrio perché esprime il rapporto fra la capacità di dare e di ricevere, e quindi la capacità di modificare i propri valori attraverso il contatto interpersonale. Espressione dell'undicesima Casa sono anche i desideri e le speranze. Permette di capire se la persona è in grado di costruire la propria armonia interiore, liberandosi dalle passioni.

La quarta triplicità contiene le Case 4, 8 e 12. L'elemento che la caratterizza è l'Acqua. Questo trigono rivela le aspirazioni dell'uomo.

IV) La quarta Casa rispecchia le discendenze, le radici dell'uomo, l'ascendenza paterna. Esprime i rapporti che legano l'individuo al passato, dal cui sviluppo dipende la possibilità di raggiungere l'armonia e l'evoluzione interiore. Fornisce anche anticipazioni circa le condizioni di vita che si avranno nell'ultima parte dell'esistenza e rivela le potenzialità psichiche inconsce.

VIII) L'ottava Casa è riferita alla morte e alle eredità. Questo settore definisce le capacità di trasformazione dell'uomo, le sue reazioni a ogni perdita materiale o spirituale. Si riferisce, inoltre, alle facoltà medianiche e intuitive, ai sogni e al rapporto con l'inconscio.

XII) La dodicesima Casa definisce le risorse spirituali, cioè la possibilità che l'uomo ha di raccogliere la sua vita in solitudine e meditazione, la capacità di distaccarsi dalle dimensioni materiali della vita.

Ogni Casa è riferita a un segno zodiacale che le conferisce un determinato significato. Quando si redige un tema natale e si collocano le Case, si possono già esaminare le tendenze di vita dell'individuo. È un'operazione utile in quanto visualizza un'impressione generica che servirà come guida all'interpretazione successiva e particolareggiata dell'oroscopo. I rapporti fra la Casa e il segno cui è riferita comportano uno scambio di valori ed energie.

I) La prima Casa, relativa alla costituzione fisica, è assegnata all'Ariete, segno di Fuoco, che simboleggia l'audacia, l'impeto e l'entusiasmo. Questi fattori, collegati al segno, hanno analogie con il significato della Casa.

II) La seconda Casa, relativa al denaro, all'affermazione materiale, è collegata al Toro, segno di Terra, principio di possesso e dell'istinto di conservazione.

III) La terza Casa, dedicata ai legami di parentela, è collegata ai Gemelli, segno di Aria, indice d'intelligenza e adattabilità.

IV) La quarta Casa, relativa alla discendenza e alla casa del padre, è associata al Cancro, segno d'Acqua, che simboleggia i ricordi, la memoria e l'immaginazione.

V) La quinta Casa, settore della creatività e della famiglia, è associata al Leone, segno di Fuoco, simbolo di potenza, che rappresenta la nobiltà d'animo e gli slanci generosi.

VI) La sesta Casa, rivelatrice della salute fisica e dei pericoli, è collegata alla Vergine, segno di Terra, principio di serietà e spesso di pedanteria, sempre alla ricerca della perfezione.

VII) La settima Casa, settore relativo al matrimonio e alle unioni, è associata alla Bilancia, segno d'Aria, che indica armonia ed equilibrio.

VIII) L'ottava Casa, riguardante la morte, le eredità e i sogni, si collega allo Scorpione, segno d'Acqua, che simboleggia la morte e la rinascita.

IX) La nona Casa, che attiene alla religiosità e ai viaggi, è associata al Sagittario, segno di Fuoco, che manifesta la fede, la legge, la libertà e il sacrificio.

X) La decima Casa, inerente alla posizione sociale e agli onori, è associata all'Acquario, segno d'Aria, che simboleggia lo studio e la ricerca scientifica e filosofica condotta a fini umanitari.

XI) L'undicesima Casa, settore delle scelte personali, dell'applicazione del libero arbitrio, è collegata all'Acquario, segno d'Aria, che simboleggia l'equilibrio e l'attitudine a dare e a ricevere.

XII) La dodicesima Casa, settore della solitudine e della meditazione, è collegata ai Pesci, segno d'Acqua, che simboleggia l'intuitività, il misticismo e la metafisica.

I PIANETI NELLE CASE

Come sono associate ai segni zodiacali, le Case lo sono anche con i pianeti: Sole, Luna, Mercurio, Venere, Marte, Giove, Saturno, Urano, Nettuno, Plutone.

☉ Il Sole nelle case ☉

- *Prima Casa*: generosità, magnetismo, volontà, orgoglio e coraggio.
- *Seconda Casa*: intensità delle esigenze materiali. Dominio sull'ambiente esercitato attraverso la ricchezza.

- *Terza Casa*: comunicatività, cultura e buon inserimento nella società. Carriera in settori intellettuali.
- *Quarta Casa*: rilevante influsso della figura paterna. Attaccamento alle tradizioni.
- *Quinta Casa*: ottimismo. Dispendio di energia. Amori passionali. Interesse per lo sport e l'arte.
- *Sesta Casa*: accettazione degli eventi quotidiani della vita. Alti e bassi in salute dovuti a possibili cali d'energia.
- *Settima Casa*: realizzazione di sé e affermazione sociale attraverso le unioni e i matrimoni.
- *Ottava Casa*: dipendenza materiale e psicologica. Sono possibili le eredità e sono favorite le attività connesse alla trasformazione di capitali.
- *Nona Casa*: cambiamenti che allontanano dal luogo di nascita. Contatti con l'estero. Realizzazione personale tramite gli studi.
- *Decima Casa*: successo professionale. Ambizioni soddisfatte. Indipendenza.
- *Undicesima Casa*: raggiungimento dell'equilibrio, distacco dalle cose materiali. Serenità e capacità di attrarre l'interesse altrui.
- *Dodicesima Casa*: evoluzione attraverso la solitudine. Introversione e indipendenza.

☾ La Luna nelle case ☾

- *Prima Casa*: incostanza ed emotività. Necessità di contatti.
- *Seconda Casa*: fortuna materiale. Intuizione pratica. Uso talvolta irresponsabile del denaro.
- *Terza Casa*: rapporti rafforzati con fratelli.
- *Quarta Casa*: difesa della propria intimità. Influenze che si ricevono dall'ambiente familiare, dominato dalla madre.
- *Quinta Casa*: relazioni sentimentali varie. Amore per la moda e l'arte. Forte attaccamento ai figli.
- *Sesta Casa*: senso pratico nell'organizzazione della vita.
- *Settima Casa*: la presenza di una forte carica emotiva che influisce sui rapporti affettivi e sociali. Unioni non troppo solide.

- *Ottava Casa*: trasformazioni interiori. Attrazione per i fenomeni occulti. Sensibilità accentuata e sogni premonitori.
- *Nona Casa*: interesse per la psicologia. Irrequietezza mentale. Incontri importanti con stranieri.
- *Decima Casa*: contatto con il pubblico anche nel lavoro. Continui cambiamenti.
- *Undicesima Casa*: amicizie femminili importanti. Bisogno di vivacità e di gioia.
- *Dodicesima Casa*: introversione. Problemi nella sfera sentimentale.

☿ **MERCURIO NELLE CASE** ☿

- *Prima Casa*: senso pratico e adattabilità. La logica predomina sul sentimento.
- *Seconda Casa*: attività svolta nel settore finanziario. Senso degli affari. Facili guadagni.
- *Terza Casa*: interessi culturali. Predisposizione alla professione di giornalista. Viaggi frequenti.
- *Quarta Casa*: influenza della famiglia sulla formazione intellettuale. Numerosi cambiamenti di residenza.
- *Quinta Casa*: erotismo di tipo cerebrale. Inclinazioni didattiche. Rapporto chiuso con i figli.
- *Sesta Casa*: predisposizione al commercio e all'artigianato.
- *Settima Casa*: matrimonio precoce o con un partner più giovane.
- *Ottava Casa*: interesse per lo studio dell'occulto. Atteggiamento critico nei confronti dei genitori.
- *Nona Casa*: capacità di realizzare le proprie idee. Contatti vantaggiosi con l'estero. Propensione allo studio delle lingue.
- *Decima Casa*: affermazione sociale e varie esperienze professionali.
- *Undicesima Casa*: vari rapporti amichevoli intrattenuti con persone più giovani e di temperamento vivace e allegro. Rapporto eccellente con i figli.
- *Dodicesima Casa*: difficoltà di comunicazione. Interesse per la ricerca e per gli studi che richiedono concentrazione.

♀ Venere nelle case ♀

- *Prima Casa*: carattere espansivo. Fascino. Ricerca di gratificazioni affettive.
- *Seconda Casa*: vita materiale soddisfacente. Aiuto nei momenti difficili da parte di amici.
- *Terza Casa*: ottimi rapporti con i familiari. Interesse per il settore artistico e pubblicitario.
- *Quarta Casa*: attaccamento ai genitori. Fortuna che proviene da proprietà immobiliari. Raggiungimento del benessere e della serenità nell'ultima parte della vita.
- *Quinta Casa*: molteplici avventure amorose. Sensualità raffinata. Rapporto tenero con i figli.
- *Sesta Casa*: inserimento soddisfacente nel lavoro. Propensione allo svolgimento di professioni connesse alla moda e all'estetica.
- *Settima Casa*: matrimonio d'amore.
- *Ottava Casa*: unioni che portano vantaggi materiali. Emotività e instabilità che fanno temere ogni forma di attaccamento.
- *Nona Casa*: tendenze umanitarie e amori spirituali. Studi artistici.
- *Decima Casa*: successo ottenuto attraverso l'amore e i legami sentimentali.
- *Undicesima Casa*: equilibrio armonico nelle amicizie, specialmente in quelle femminili. Dedizione disinteressata agli altri.
- *Dodicesima Casa*: sublimazione dell'amore. Legami segreti e solitudine interiore.

♂ Marte nelle case ♂

- *Prima Casa*: carattere impulsivo, coraggioso e insofferente delle imposizioni. Passionalità in amore.
- *Seconda Casa*: ricerca di una salda base economica. Possessività sia nei confronti delle persone che delle cose.
- *Terza Casa*: rivalità tra fratelli. Tensioni nell'ambiente in cui si vive. Spostamenti frequenti.
- *Quarta Casa*: conflitti familiari, in particolar modo con il padre. Difficoltà di adattamento.

- *Quinta Casa*: sensualità molto accentuata. Entusiasmo per il gioco. Severità con i figli.
- *Sesta Casa*: energie concentrate soprattutto sul lavoro e contrasti con i superiori.
- *Settima Casa*: qualche contrasto con il partner e difficoltà di rapporto con gli altri.
- *Ottava Casa*: battaglie legali per questioni patrimoniali.
- *Nona Casa*: forte impegno morale nella lotta per gli ideali con impegno morale e intellettuale. Passione per le imprese insolite.
- *Decima Casa*: esistenza movimentata. Impiego delle proprie energie per il raggiungimento di un'affermazione sociale.
- *Undicesima Casa*: attuazione di un'ingerenza indebita da parte degli amici.
- *Dodicesima Casa*: esaltazione ideologica.

♃ Giove nelle case ♃

- *Prima Casa*: carattere espansivo e tollerante. Egocentrismo.
- *Seconda Casa*: ricerca della sicurezza attraverso i beni materiali. Successo materiale.
- *Terza Casa*: popolarità, ottimi rapporti con le persone e con l'ambiente.
- *Quarta Casa*: esistenza di un'ottima base materiale e sociale fornita dall'ambiente familiare.
- *Quinta Casa*: ricerca del piacere. Gioia di vivere. Amore per il teatro e il gioco.
- *Sesta Casa*: impostazione ordinata del lavoro. Carriera nel campo amministrativo.
- *Settima Casa*: ottimi rapporti interpersonali e unioni matrimoniali.
- *Ottava Casa*: ricevimento di aiuti materiali. Attività nel settore finanziario.
- *Nona Casa*: inclinazione allo studio. Spirito d'avventura e amore per i viaggi.
- *Decima Casa*: riuscita professionale e sociale. Amici influenti che appoggiano la carriera.

- *Undicesima Casa*: ottimismo e buone possibilità in tutti i settori della vita.
- *Dodicesima Casa*: introspezione e mancanza di adattamento. Ricerca filosofica.

♄ SATURNO NELLE CASE ♄

- *Prima Casa*: riservatezza e diffidenza. Forte senso del dovere.
- *Seconda Casa*: sforzi per consolidare la propria posizione sociale.
- *Terza Casa*: riuscita lenta ma sicura negli studi.
- *Quarta Casa*: debolezza di fronte all'autorità paterna. Miglioramento, destinato a verificarsi però in tarda età, di ogni aspetto della vita.
- *Quinta Casa*: serietà nei legami sentimentali. Autorità nei confronti dei propri figli.
- *Sesta Casa*: concentrazione e metodicità nel lavoro.
- *Settima Casa*: matrimonio in tarda età o con un partner più anziano. Qualche difficoltà a comunicare con il prossimo.
- *Ottava Casa*: sicurezza materiale dipendente da altri.
- *Nona Casa*: interessi intellettuali. Tendenza al conservatorismo.
- *Decima Casa*: carattere tenace, ambizioso e indipendente.
- *Undicesima Casa*: amicizie con persone mature. Razionalità.
- *Dodicesima Casa*: atteggiamento coraggioso di fronte alle prove presentate dalla vita.

⛢ URANO NELLE CASE ⛢

- *Prima Casa*: originalità e inventiva. Prontezza di riflessi.
- *Seconda Casa*: fortune improvvise. Gestione un po' imprudente del denaro.
- *Terza Casa*: interessi culturali insoliti. Impazienza.
- *Quarta Casa*: anticonformismo e indipendenza precoce. Continui cambiamenti di domicilio.
- *Quinta Casa*: relazioni sentimentali avventurose. Originalità di espressione in campo artistico.
- *Sesta Casa*: difficoltà nella ricerca della libertà. Rapporti tesi nel campo del lavoro.

- *Settima Casa*: unioni anticonvenzionali. Rifiuto degli schemi imposti.
- *Ottava Casa*: allontanamento dal proprio ambiente. Rischi nel settore finanziario.
- *Nona Casa*: viaggi movimentati alla ricerca di ambienti stimolanti e inconsueti.
- *Decima Casa*: indipendenza. Riuscita professionale.
- *Undicesima Casa*: ottimi rapporti con gli amici. Progetti utopistici.
- *Dodicesima Casa*: rifiuto degli schemi convenzionali. Studi per la conoscenza dell'occulto.

♆ NETTUNO NELLE CASE ♆

- *Prima Casa*: sensibilità e fantasia. Cambiamenti. Temperamento artistico.
- *Seconda Casa*: indifferenza al denaro. Ingenuità.
- *Terza Casa*: ricerca di evasioni. Spirito inquieto.
- *Quarta Casa*: nervosismo in famiglia.
- *Quinta Casa*: erotismo raffinato. Avventure amorose esaltanti.
- *Sesta Casa*: estrosità. Mancanza di metodo nel lavoro.
- *Settima Casa*: rapporti di coppia non molto chiari.
- *Ottava Casa*: ricerca di una stabilità spirituale. Sogni rivelatori.
- *Nona Casa*: interessi religiosi. Viaggi lontani alla ricerca di nuovi orizzonti spirituali.
- *Decima Casa*: disponibilità ai cambiamenti. Ricerca della realizzazione personale attraverso l'inserimento in un gruppo o in un'associazione.
- *Undicesima Casa*: aiuto da parte degli amici.
- *Dodicesima Casa*: misticismo e medianità.

♇ PLUTONE NELLE CASE ♇

- *Prima Casa*: istrionismo e magnetismo.
- *Seconda Casa*: desiderio di dominio. Ambizione. Arricchimento tramite eredità.
- *Terza Casa*: tendenza a imporsi nell'ambiente di lavoro.
- *Quarta Casa*: rivalità con il padre. Propensione per l'occultismo.
- *Quinta Casa*: importanza attribuita alla sessualità.

- *Sesta Casa*: attitudini allo studio della medicina. Continui cambiamenti nel settore lavorativo.
- *Settima Casa*: difficoltà di contatto con gli altri.
- *Ottava Casa*: significativo arricchimento personale, oppure del partner.
- *Nona Casa*: attrazione per l'ignoto e per i fenomeni esoterici.
- *Decima Casa*: grande ambizione. Forte determinazione nella conquista degli obiettivi.
- *Undicesima Casa*: esigenza intima di stabilire solidi rapporti umani. Progetti stravaganti.
- *Dodicesima Casa*: grande prova da superare nella vita.

I PIANETI

Il nome pianeta (in greco *planetes* significa "errante") è stato dato dagli antichi a ogni corpo che non occupasse un posto fisso nella sfera celeste; dunque anche al Sole. Attualmente con il termine pianeta si intendono i corpi celesti opachi, che girano intorno a una stella, descrivendo un'orbita ellittica (moto di rivoluzione). Nell'ambito del sistema solare si distinguono i pianeti maggiori, quelli minori o satelliti, e i pianetini. Essendo quasi privi di calore e del tutto sprovvisti di luce propria, i pianeti sono luminosi solo per luce riflessa, che ci appare sempre fissa, a differenza della luce tremula delle stelle. Mentre compiono il moto di rivoluzione, i pianeti girano pure su se stessi (moto di rotazione), attorno a un asse immaginario, detto asse di rotazione.

Si contano nove pianeti ai quali, fino dall'antichità, furono dati nomi di divinità della mitologia: quattro, fra i quali la Terra, più piccoli e più vicini al Sole degli altri, sono costituiti da materia solida e densa, e si definiscono pianeti tellurici. Ai sei pianeti conosciuti da tempi remoti, gli astrologi moderni ne hanno aggiunti altri tre di recente scoperta: Urano, Nettuno e Plutone. Non si dimentichi quindi la Luna che, ruotando attorno a un pianeta, dovrebbe più propriamente definirsi un satellite.

I "pianeti" considerati in un oroscopo sono dunque: Sole, Luna, Mercurio, Venere, Marte, Giove, Saturno, Urano, Nettuno, Plutone. Il

Sole e la Luna sono definiti luminari. Mercurio e Venere sono detti pianeti inferiori o interni, perché la loro orbita è compresa fra quella della Terra e del Sole; gli altri sono detti pianeti superiori o esterni. La posizione dei pianeti nel cielo al momento della nascita di un individuo è data dalle effemeridi. La posizione è dapprima considerata sull'eclittica, poi in rapporto alle Case, tenendo conto della latitudine, della declinazione (cioè la distanza, calcolata in gradi, di un pianeta dall'equatore celeste o orizzonte) e delle distanze fra i pianeti.

La prima operazione da farsi, nella stesura di un oroscopo, è la preparazione della Carta del cielo, nella quale si riportano le posizioni del Sole, della Luna, dei pianeti e dell'Ascendente in una determinata ora, data e luogo. La seconda operazione coincide con l'interpretazione delle influenze astrologiche in base alle posizioni dei pianeti sul grafico.

Il procedimento astrologico si fonda su una concezione geocentrica; la Terra è immaginata al centro del sistema solare ed è presa come punto d'osservazione. È intorno a questa che si verificano i moti planetari apparenti e su di essa confluiscono le influenze dei corpi celesti.

Un pianeta, durante il suo percorso attorno al Sole, descrive un'orbita, di forma ellittica, che ha una sua specifica inclinazione rispetto all'eclittica. Ecco le inclinazioni, calcolate in gradi, decimi e secondi, dei pianeti:

☾	Luna	05° 08' 47"
☿	Mercurio	07° 00' 08"
♀	Venere	03° 23' 35"
♂	Marte	01° 51' 02"
♃	Giove	01° 18' 41"
♄	Saturno	02° 29' 40"
♅	Urano	00° 46' 20"
♆	Nettuno	01° 47' 02"

Le coordinate orbitali di ciascun pianeta nell'astrologia sono state trasformate nelle coordinate eclittiche, ovvero in longitudine, Ascendente, declinazione, latitudine, distanza fra i meridiani e distanza fra le cuspidi. Alla base dell'astrologia vi è la convinzione che il macrocosmo si rispecchi nel microcosmo, ossia che in ogni uomo siano presenti le caratteristiche proprie dei pianeti, ognuno dei quali influisce su una parte dell'essere. Le influenze planetarie determinano, in questa disciplina, il tipo astrologico. Quando, per esempio, si dice di un individuo che è un tipo solare, s'intende che in lui prevalgono le influenze apportate dal Sole.

L'INFLUENZA DEI PIANETI NEI SEGNI

Ogni pianeta possiede delle proprietà e dei significati, e si dice che esiste una risonanza tra ogni pianeta e un determinato segno dello zodiaco. Ogni pianeta, collocato in un segno, diventa potente oppure debole. Le influenze che un pianeta ha in un segno si classificano in:

- **Domicilio** – si divide a sua volta in diurno o notturno. Il Sole, la Luna, Urano e Nettuno non hanno questo tipo di classificazione. Quando un pianeta ha il suo domicilio in un segno zodiacale realizza pienamente la sua natura, stabilendo un equilibrio e un'affinità di valori con il segno stesso. Ad esempio Mercurio, pianeta della percezione intellettuale e della comunicazione, ha la sua sede nel segno dei Gemelli, che rappresenta il contatto con l'ambiente.
- **Esaltazione** – un pianeta è esaltato nel segno in cui il suo potere è accresciuto al massimo. Per esempio Mercurio è in esaltazione a 15 gradi nel segno della Vergine; l'intelligenza pratica mercuriana trova il suo sviluppo nella metodicità e nelle capacità analitiche della Vergine.
- **Esilio** – un pianeta è in esilio in un segno quando esprime i suoi valori con poca intensità e il suo equilibrio è turbato. Il pianeta esiliato occupa i segni opposti al suo domicilio. Per esempio Mercurio è in esilio nei segni del Sagittario e dei Pesci.
- **Caduta** – un pianeta è in caduta quando c'è incompatibilità tra i suoi valori e quelli del segno in cui cade. Per esempio Mercurio è in caduta nel segno zodiacale dei Pesci. Le facoltà critiche di un soggetto influenzato dal pianeta sono espresse con la natura mentale complessa ed emotiva che il segno zodiacale conferisce, provocando irrequietezza e instabilità.

TABELLA DELLE INFLUENZE PLANETARIE NEI SEGNI

PIANETA	DOMICILIO	ESILIO	ESALTAZIONE	CADUTA
Sole	Leone	Acquario	Ariete	Bilancia
Luna	Cancro	Capricorno	Toro	Scorpione
Mercurio	diu. Gemelli nott. Vergine	Sagittario Pesci	Vergine	Pesci
Venere	nott. Toro diu. Bilancia	Ariete Scorpione	Pesci	Vergine
Marte	diu. Ariete nott. Scorpione	Toro Bilancia	Capricorno	Cancro
Giove	diu. Sagittario nott. Pesci	Gemelli Vergine	Cancro	Capricorno
Saturno	diu. Acquario nott. Capricorno	Cancro Leone	Bilancia	Ariete
Urano	Acquario	Leone	Scorpione	Toro
Nettuno	Pesci	Vergine	Leone	Acquario
Plutone	Scorpione	Toro Ariete	Bilancia	Capricorno

I PUNTI VIRTUALI O SENSITIVI

L'astrologia antica, nell'analisi di un tema natale, attribuiva grande importanza a eventi della vita come il matrimonio, la maternità, la paternità, la fortuna, la sfortuna, la malattia, la morte, ecc. A ognuno di questi momenti, l'astrologo assegnò un settore, la cui posizione si calcolava aggiungendo alla longitudine dell'Ascendente, l'arco d'eclittica che separa due pianeti.

L'astrologia moderna, di tutti questi punti chiamati sensitivi o virtuali, ne prende in considerazione, in particolare, due: quello della fortuna e quello della morte. Per stabilire la posizione dei due punti sensitivi occorre conoscere:

a) il grado zero dell'Ariete che corrisponde al grado zero di tutto lo zodiaco;

b) le posizioni del Sole, della Luna, di Marte e di Saturno. Che si esprimono in gradi da 0° a 360°.

IL NODO LUNARE

Il nodo è un punto d'intersezione dell'orbita dei pianeti con il piano dell'eclittica. I nodi lunari sono punti virtuali dello spazio e non corpi celesti. L'astrologia si occupa dei nodi lunari che sono il nodo ascendente e il discendente.

Il primo è detto anche nodo nord o testa del dragone, ed è orientato verso l'emisfero boreale. Il secondo, cui si dà il nome di nodo sud o coda del dragone, è orientato verso l'emisfero australe.

La longitudine dei nodi lunari figura in tutte le effemeridi. Tra gli astrologi c'è molta discordanza circa l'opportunità di calcolare i punti sensitivi nella stesura di un oroscopo. Nella tradizione astrologica indiana, per esempio, l'interpretazione dei nodi è di massima importanza perché il nodo nord e quello sud rappresentano i due poli energetici dell'uomo, nei quali scorrono i caratteri del femminile e del maschile, le due polarità. Molti astrologi hanno proposto un'interpretazione adatta a tutti i popoli. Secondo tale interpretazione, il nodo sud indica i condizionamenti che ostacolano il progresso spirituale, mentre il nodo nord è la meta ambita per una compiuta realizzazione spirituale. La linea che unisce i due nodi rappresenta il percorso evolutivo del soggetto di cui si traccia il tema natale. Per esempio, la posizione dei nodi lunari nelle Case, data dalla linea 1–7, che unisce la prima (nodo nord) e la settima Casa (nodo sud), indica che la realizzazione delle aspirazioni personali è fattibile solo se il soggetto si libera dalla dipendenza psicologica nei confronti degli altri.

Il nodo lunare nelle Case

- *Prima Casa*: legami che coinvolgono completamente.
- *Seconda Casa*: interessi economici.
- *Terza Casa*: rapporti complessi con fratelli o sorelle.
- *Quarta Casa*: confronto con il prossimo e il mondo circostante; è un settore la cui interpretazione è legata alla posizione degli altri pianeti nei vari segni zodiacali del tema natale.
- *Quinta Casa*: legame con i figli.
- *Sesta Casa*: rapporti con persone di classe sociale inferiore.
- *Settima Casa*: vita mondana e contatto con organizzazioni varie.
- *Ottava Casa*: possibile perdita di una persona cara.
- *Nona Casa*: relazioni con l'estero e persone di cultura.
- *Decima Casa*: ascesa sociale per merito dell'origine e dell'educazione ricevuta.
- *Undicesima Casa*: amicizie un po' superficiali.
- *Dodicesima Casa*: rapporti stravaganti.

Il nodo lunare in congiunzione con i pianeti

- *Sole*: partecipazione diretta alla vita pubblica.
- *Luna*: relazioni mutevoli e numerose conoscenze. Attitudini alla professione di rappresentante di commercio.
- *Mercurio*: relazioni d'affari e corrispondenza epistolare. Attitudini verso le professioni di giornalista e di scrittore.
- *Venere*: matrimonio d'amore e interessi artistici.

- *Marte*: legami con individui irascibili. Per una donna: matrimonio con un militare.
- *Giove*: soddisfazioni morali e vantaggi materiali.
- *Saturno*: relazioni con persone cagionevoli di salute.
- *Urano*: difficoltà a crearsi legami durevoli.
- *Nettuno*: rapporti segreti.
- *Plutone*: rafforza le caratteristiche di Marte.

LA SIMBOLOGIA DEI SEGNI

La simbologia dei segni è nata osservando i ritmi della natura, i cicli delle stagioni. A ogni segno corrisponde un settore dell'esperienza umana e in essi s'individua una personalità; ad esempio in astrologia si afferma che un individuo appartenente al segno dei Gemelli è intelligente e instabile, che l'Ariete è impulsivo, il Pesci è sognatore, ecc.

La simbologia dei segni zodiacali si basa sull'origine del loro nome, il segno grafico che li distingue, l'elemento fondamentale (Fuoco, Terra, Aria, Acqua), la stagione in cui appaiono, il pianeta che li governa (chiamato Signore o Governatore), e i pianeti che si trovano in caduta, in esilio o in esaltazione.

È molto importante analizzare il momento legato all'infanzia, in quanto è in quel preciso lasso di tempo che si costruiscono le basi del futuro uomo o della futura donna. La prima Casa, nell'oroscopo di un bambino, riguarda l'educazione, la terza gli studi, la quarta il rapporto con i genitori e la famiglia.

Il lavoro è un altro elemento importante che caratterizza la vita dell'uomo. L'oroscopo ha lo scopo di farci conoscere qual è l'occupazione più adatta a un determinato individuo. Un'attività svolta con piacere, secondo i ritmi e le qualità specifiche di ognuno, rende l'uomo sereno; di conseguenza farà di lui un buon cittadino, un gradevole compagno, un amabile consorte e un padre ammirevole.

Il tema natale rivela anche le caratteristiche amorose di un soggetto, e l'aiuta a scegliere il partner ideale; indica inoltre le influenze che i pianeti e i corpi celesti hanno sulla salute. Sin dall'antichità uno dei mezzi utilizzati per la diagnosi delle malattie era l'analisi dei pianeti in un oroscopo (astrologia medica). Ippocrate dichiarava che un medico che non aveva nozioni d'astrologia non poteva chiamarsi tale. Ogni carta del cielo indica gli organi più deboli dell'individuo. A questo proposito, Paracelso, astrologo-medico-filosofo del Rinascimento, affermava: «Ogni uomo ha dentro di sé l'intero firmamento che riproduce le costellazioni e gli consente d'integrarsi nel ritmo e nel soffio eterno del cosmo». Partendo dal concetto di corrispondenza tra cielo e terra, tra alto e basso, l'astrologo ha a disposizione un codice da interpretare, che insegna da cosa guardarsi per non ammalarsi, le terapie da seguire, l'alimentazione adatta, ecc.

A ogni parte del corpo corrisponde un segno e un pianeta. L'Ariete, il primo segno, governa la testa. Al Toro sono associate la nuca, il collo, la gola. I Gemelli sono collegati a sistema nervoso e apparato respiratorio. Al Cancro s'associa la parte addominale e il suo contenuto. Il Leone governa il cuore e la circolazione del sangue. Alla Vergine si assegna l'intestino. La Bilancia si occupa dei reni. Lo Scorpione governa gli organi genitali esterni e interni. Al Sagittario si associano il fegato e l'apparato muscolare. Il Capricorno governa lo scheletro e le ginocchia. All'Acquario sono collegate le gambe, le caviglie, le arterie e le vene. I Pesci sono associati ai piedi, oltre che al sistema ghiandolare e linfatico.

I SEGNI ZODIACALI

ARIETE

♈

SIMBOLOGIA, MITO E LEGGENDA

Il simbolo grafico (♈) raffigura la testa dell'ariete, emblema delle energie che fecondano la natura, e quindi della stessa primavera. L'Ariete segna infatti l'equinozio di primavera, giorno in cui il Sole torna a svegliare la grande famiglia delle piante e degli animali. Da qui inizia la ruota zodiacale.

Il mito greco legato all'Ariete è quello degli Argonauti. Così vennero chiamati gli eroi, guidati da Giasone, che si imbarcarono sulla nave Argo diretti in Colchide, alla conquista del vello d'oro. Nel mito l'ariete rappresenta l'iniziazione, la forza psichica e la sublimazione dello spirito.

ANALISI DEL SEGNO

L'Ariete è un segno pioniere come la stagione in cui nasce, l'inizio della primavera; da qui l'impulsività, lo slancio che pone in tutto ciò che intraprende, l'idea che gli nasce subitanea e che cerca un'immediata realizzazione.

La costituzione è vigorosa, sia nell'uomo che nella donna, la vitalità è grande come la capacità di rigenerazione. Tutto questo movimento fisico e intellettivo spinge l'Ariete, tuttavia, a uno spreco di energie, sia fisiche che psichiche. L'Ariete rappresenta il "neonato zodiacale" il cui slancio generoso e coraggioso è proiettato in ogni direzione. Si getta a capofitto nelle imprese. Nella sua impetuosità infantile dimentica di cautelarsi, di coprirsi le spalle: d'altronde è guidato da una lealtà di fondo che si attende di trovare anche negli altri, ma non sempre è così. La mentalità è improntata all'azione diretta, quasi disarmante: l'Ariete non conosce la diplomazia, il ragionamento prudente. Sente profondamente la necessità di esprimersi, manifestarsi, misurarsi. Può intraprendere qualsiasi impresa, ma sa dare il meglio di sé in attività nuove o di esplorazione che richiedono iniziativa e coraggio. Si sente in grado di essere guida, di essere il primo e non accetta posizioni subalterne.

L'Ariete vive il presente, e il futuro non esiste finché non fa parte del presente; questa sua allegra incoscienza non gli consente di programmare il domani, il proprio futuro. Se lo si osserva alla luce dei sentimenti, si comporta come il cacciatore: non procede alla cieca, temporeggia, studia la "preda". Quando parte all'attacco è difficile fermarlo e ciò vale per qualsiasi azione intraprenda. L'Ariete vive in una sua effervescenza creatrice. Per lui non esiste il "non si può", non sopporta né gli ostacoli, né la routine, così come gli spazi chiusi. Il rischio lo attrae. Per natura indipendente, sa sempre ciò che vuole, non si lascia influenzare, ha grande fiducia in se stesso. Cerca spesso d'imporre la propria volontà, e può scontrarsi con personalità forti come lui o anche di più. Se viene in qualche modo ostacolato, diviene ostinato.

Prove e avversità stimolano il suo coraggio, gli manca la capacità di autocritica e raramente trae insegnamento dalle esperienze di vita. L'unico modo per contrapporglisi è fare resistenza passiva. Affermata, infatti, la propria superiorità, la passività lo sconcerta, lo obbliga a prendere coscienza dell'altro. L'opposizione forte può, invece, far scaturire i lati violenti del segno che, d'altronde, dimentica subito le tempeste da lui scatenate. È capace di devozione, ma anche d'infedeltà perché il desiderio del nuovo lo spinge a cercare stimoli sempre diversi in ogni campo. Ha caratteristiche contrapposte: lo si vedrà estremamente generoso, ma anche estremamente avaro. Di solito si trova in lui una solida base morale che lo porta ad agire in modo corretto verso gli altri, i quali, tuttavia, debbono subire le sue imposizioni. Ha uno spiccato senso della giustizia. La poca diplomazia, l'egocentrismo e l'impulsività sono per lui fonte di guai. È spontaneo, sincero e sa crearsi molte amicizie, cui rimane fortemente legato, e che antepone anche ai legami familiari. In fondo, è un idealista sempre teso a nuove mète. Questa caratteristica, però, l'esprime anche nei sentimenti; difficile, dunque, che una passione abbia durata nel tempo!

Nell'Ariete evoluto, la forza si manifesta attraverso una giusta ispirazione. Il nativo che ha imparato a controllare la propria impazienza, che sa tenere a freno la propria impulsività e aggressività, inizia a incanalare le sue forti energie su piani diversi, arricchisce il proprio inconscio, comincia a considerare la spiritualità che non è affatto tipica del segno. Nell'Ariete involuto prende, invece, campo l'egocentrismo; pur mantenendo alta espansività e generosità, questo nativo si rinchiude nel bozzolo dell'egoismo.

♈

L'UOMO ARIETE

Forte esteriormente (l'uomo Ariete presenta spesso una solida struttura ossea), fragile e vulnerabile se ferito nel profondo, basa i propri ritmi su di un'energia nervosa che nasce da una grande emotività. Se questa energia viene intaccata o indebolita, il nativo può subire un crollo nervoso. Sotto le sue sfuriate improvvise, a volte ingiustificate, che svaniscono tuttavia rapidamente, batte un cuore generoso, coraggioso, di fanciullo.

Già in gioventù si riconosce il segno per i giochi spinti a rischio di pericolosità, dal coraggio e dall'audacia, ma anche dall'attitudine allo scherzo, a volte eccessiva. La competizione sportiva gli offre l'occasione per mostrare le proprie doti. Infatti, il nativo mantiene anche nell'età adulta l'abitudine a qualche sport, o, perlomeno a qualche hobby movimentato. Nell'uomo Ariete si nota un tono di voce che non si può definire melodico; è una voce chiara, alta. Per la regola che ogni segno zodiacale comprende anche il proprio opposto, si possono trovare uomini Ariete devitalizzati, frustrati o deboli. A questo può portare anche una vita obbligatoriamente routinaria, metodica e senza imprevisti.

Anche nei sentimenti l'uomo Ariete tende a semplificare le cose, e l'espressione affettiva diviene più quantitativa che qualitativa. Nelle amicizie il nativo cerca di dominare, ma anche di trascinare; con lui non ci si annoia. Le doti migliori rimangono il coraggio nell'agire e un incrollabile idealismo. Il nativo come padre, proietta sui figli le proprie aspirazioni giovanili, il gusto dell'avventura e dello sport, il suo agonismo. Ha rispetto per l'indipendenza dei figli, a volte troppo, perché li lascia soli ad affrontare le esperienze. Rimane però, disponibile, comprensivo e generoso.

LA DONNA ARIETE

La donna Ariete personifica una delle più alte evoluzioni femminili dello zodiaco. È moglie ideale per uomini ambiziosi e ama passare il tempo libero dedicandolo ad affinare costruttivamente le proprie qualità personali. È brillante conversatrice e si distingue in società. È disposta ad aiutare il compagno negli affari, oppure ha qualche attività lucrosa per conto proprio, che incrementa il benessere della famiglia. La moglie Ariete è di solito una donna attraente che impegna un grande orgoglio nell'apparire tale. L'orgoglio è una delle qualità che predominano in lei. Ha un'opinione talmente alta della propria famiglia, che si manifesta in tutta la sua condotta.

Un lato negativo può essere rappresentato dalla tendenza a dominare nella vita sociale. La donna Ariete è gelosa delle attenzioni che suo marito può rivolgere ad altri, e la sua immaginazione lavora troppo quando ritiene di aver ricevuto un torto. Dovrebbe sposare un uomo forte, capace di farle apparire il suo istinto possessivo debole a confronto di quello che possiede lui.

Quando la vita familiare è serena, può diventare anche stravagante. È comunque generosa, tanto che, spesso, si rovina per la famiglia e per gli amici. Desidera che la gente si senta obbligata nei suoi confronti, ma è riluttante ad accettare compensi per la propria generosità. Ama soltanto l'uomo capace di farsi ammirare incondizionatamente da lei; la capacità di controllo da parte del compagno è un fattore importante per garantirsi la devozione di questa. Se il compagno saprà dominarla, se si mostrerà virile, la donna Ariete sarà al suo fianco per la vita.

IL BAMBINO ARIETE

Il piccolo Ariete appare subito deciso a conquistare il proprio spazio vitale e anche a invadere quello altrui. Sa comunicare vitalità, esuberanza, entusiasmi, e tende a staccarsi presto dalla famiglia per conoscere il mondo. Il campo delle amicizie è il primo in cui si cimenta, è quello che lo vede divenire paladino dei più deboli, imporre le proprie idee, i propri giochi, la propria forza. Spesso s'impegna in zuffe, litigi. Forse è il segno zodiacale che più di altri è orgoglioso delle proprie cicatrici. I suoi movimenti, le sue competizioni sono tese a richiedere tacitamente l'approvazione e l'ammirazione degli adulti. Il fatto che non sappia vedere i propri limiti lo porta a strafare, in diverse occasioni. Se viene rimproverato, a casa o a scuola, si sente incompreso e di solito affronta la situazione ribellandosi con aggressività. Richiede molto affetto e anche ampi spazi; se poi lo si responsabilizza affidandogli qualche compito e facendo leva sul suo orgoglio, si può ottenere il meglio da lui.

Indipendente e spontaneo, non nutre diffidenze, né rancori, né medita vendette. Non brucia rapidamente solo le proprie energie fisiche, ma anche quelle mentali, le idee, gli interessi e i sentimenti, che rinnova in continuazione. I momenti in cui richiede più tenerezza sono quelli in cui, cupo e scontroso, cova qualche delusione segreta, qualche sconfitta. Necessita di tenerezza sì, ma non la cerca direttamente, perché l'orgoglio glielo vieta. Con un figlio Ariete l'atmosfera familiare è vivace, a volte convulsa. I genitori dovrebbero attenersi al ruolo più di moderatori che di educatori: calmare gli entusiasmi e le furie, ripristinare la disciplina. Occorrono decisamente nervi saldi e tanto affetto.

L'ARIETE E L'AMORE

Questo nativo mette in primo piano i verbi: vivere, amare, agire. Istintivo e impulsivo, tende a non vivere di illusioni, ma va incontro alla realtà. In amore l'Ariete non conosce le mezze misure: o ama o non ama. Non si perde in tortuosi cerebralismi, non sopporta i legami nascosti o multipli. Bisogna tuttavia anche sfatare la diceria che vuole il focoso Ariete la belva che si getta sulla preda. Primario sì, primitivo meno. Il nativo è conscio della propria fragilità interiore e questo lo frena, lo porta a temporeggiare per studiare il partner, per essere sicuro al momento in cui sferrerà l'attacco.

Non ama il partner che lo insegue (la preda facile), né quello che sfugge ripetutamente. Evita il partner soffocante, come quello che gli fa pesare la propria superiorità. Il nativo rimane primario nella sua azione, vuole essere lui a fare il primo passo. Più importante per lui è la conquista, più lungo sarà il tempo che impiegherà ad avvicinarsi. La sua emotività può tradirlo quando i sentimenti sono profondi. Dal momento in cui la scelta è fatta, il partner dovrà condividere con lui ogni esperienza di vita; alle volte dovrà accollarsene il peso.

Una volta effettuata la scelta, l'Ariete si accosta all'amore con la stessa irruenza con cui affronterebbe una battaglia, con l'aggressività e la volontà di conquista di cui dispone. La ricerca di avventura fa del nativo un soggetto che punta più sulla quantità che sulla qualità dei sentimenti. Spesso non approfondisce una conoscenza, un affetto, un amore. Conquista e passa oltre. L'amore è tante volte rifugio da una insicurezza di base; diviene allora corollario alla conquista, alla personalità, ossia porto sicuro e soluzione al senso di solitudine che il nativo rifugge.

Per i nativi sia l'amore che il sesso sono il banco di prova per affermare la loro capacità di dominio. Anche in amore emerge quel candido egoismo infantile che li rende fragili, ma spesso non partecipi. Il pianeta Venere nel segno dell'Ariete dà indicazioni simili a quelle finora trattate. In particolare, in un tema femminile, la nativa sarà capace di grandi passioni, un po' meno di tenerezza, e tutta la sua vita sarà caratterizzata da sentimenti vissuti "alla grande". Esiste anche la possibilità che Venere in Ariete porti a una sublimazione della forte passione che agita questi nativi. Il nativo con Venere in Ariete sarà attratto da donne di questo segno, ma, in generale, sentirà il fascino di donne emancipate e anticonformiste. La presenza di Venere nel segno dove già risiede la Luna non fa che rafforzare un'emotività tesa, ma, per contro, accresce anche l'insicurezza interiore, quel bisogno profondo di tenerezza che non approda mai in superficie, ma che esiste.

Una posizione, in particolare, è interessante: Mercurio nel segno dell'Ariete. Il pianeta dell'intelletto, della comunicazione, in un segno così improntato al movimento sia fisico che mentale, regala anzitutto capacità d'affermazione. L'intelligenza risulta rapida, intuitiva, le energie psichiche sollecitate. La capacità di espressione è accentuata, sia al maschile che al femminile; l'intuizione è spinta al massimo. Anche l'oratoria diviene importante e risulta un efficace mezzo di persuasione. Viene incentivato, naturalmente, anche il gusto della polemica e spesso è faticoso tenere testa a questi nativi. Un Mercurio in Ariete è, dunque, per i nativi garanzia di vivacità, di capacità di movimento e può regalare anche un coraggio intellettuale non indifferente. Collocato in quadro natale armonico risulta stimolante; se esistono disarmonie può portare all'imprudenza e, talvolta, all'autolesionismo. Come è stato accennato, la natura dinamica del segno si riflette, naturalmente, anche nella donna Ariete, che tenderà ad avere una personalità indipendente, dagli improvvisi entusiasmi, riuscendo a esercitare la sua influenza soprattutto su uomini dal carattere debole.

Tende ad assumere verso di loro un atteggiamento protettivo e spesso dietro a un successo societario maschile vi è una partner Ariete. Ma il suo ideale è diverso, perché preferisce il partner a cui potersi "appoggiare". Tuttavia, tra due forti, non può essere duraturo un legame basato su posizioni di tal genere e spesso con la stessa passionalità con cui è iniziato, il rapporto s'incrina.

L'ARIETE E IL LAVORO

Nel lavoro l'Ariete conta solo su di sé, il pericolo sta nel fatto che tende a disperdersi in progetti multipli, bruciando molte energie. Sa crearsi posizioni economiche vantaggiose; rimane, a ogni modo, il generoso che dopo aver soddisfatto se stesso, si rivolge agli altri a piene mani. Il nativo infatti difficilmente sa dare un valore reale al denaro, quasi mai pensa al risparmio rispetto al futuro.

L'influenza di Marte aiuta l'Ariete ad affrontare il lavoro come una battaglia, pertanto le caratteristiche del segno sono lo spirito d'iniziativa, l'azione e l'amore per il rischio. Le attività consigliabili sono le professioni legate al mondo dello sport, delle automobili e della carriera militare. L'Ariete riuscirà a realizzarsi in un'attività che gli conceda libertà di movimento e gli dia indipendenza sotto tutti i punti di vista.

L'ARIETE E LA SALUTE

a) I punti deboli dell'Ariete – I punti deboli del nativo Ariete sono la testa, le strutture e gli organi in essa contenuti: l'udito, la vista, i denti, il cranio, ma, soprattutto, il sistema nervoso e neurovegetativo. Questo segno emotivo e sensibile, tende a somatizzare gli stress psicologici a livello fisico. La sua vulnerabilità è posta, soprattutto, sul piano psichico e su quello psicologico, e un'influenza psicologica negativa può incentivare l'ipertensione. L'Ariete è soggetto a febbri, a emicranie, nevralgie, ascessi. Malgrado ciò, il segno è forte e vitale, ed è dotato di buona resistenza fisica e, pur esponendosi a continui rischi e sfidando un po' la sorte, raramente si ammala. Dovrebbe proteggersi dai raffreddori, non sforzare troppo la vista, sottoporsi, inoltre, periodicamente a un controllo odontoiatrico.

L'Ariete è compreso nel triangolo di Fuoco (Ariete, Leone, Sagittario) e appartiene al gruppo bilioso. L'intensità del Fuoco dei tre segni citati è diversa: prorompente quella dell'Ariete, più attenuata e responsabile quella del Leone, più profonda e illuminante quella del Sagittario. Il temperamento bilioso comporta l'alterazione della cistifellea, seguita, per lo più, da una più intensa secrezione biliare e da una forte carica aggressiva. Questo può produrre, inoltre, turbe digestive, calcolosi biliare, infiammazioni appendicolari e altro. Il collo è molto delicato e i tessuti tendono a cedere prematuramente, dando origine ad alterazioni. La pelle è facilmente irritabile e disidratabile, ed è la mimica facciale a favorire le rughe d'espressione. L'epidermide è legata, nella sua sensibilità, alle alterazioni psichiche; da qui la tendenza all'acne (in età giovanile), alla fragilità vasale, alle eruzioni allergiche di diversa natura.

Appartenendo al gruppo di temperamento Fuoco-bilioso l'Ariete ha gesti bruschi e rapidi, polso accelerato, sguardo lucido e penetrante. Il bilioso è quasi sempre magro, perché brucia rapidamente le calorie interne, ha spesso gli occhi infossati, il sistema pilifero sviluppato. Il suo metabolismo è di solito elevato; si trovano, pertanto, molti ipertiroidei, esposti a malattie acute. Il temperamento Fuoco è buongustaio, mangia in modo rapido, e il fegato può subire sforzi eccessivi.

b) La dieta dell'Ariete – L'Ariete dovrebbe adeguarsi a un regime alimentare poco saporito e poco condito, dovrebbe limitare i grassi saturi (se non abolirli completamente), e ridurre al massimo fumo ed alcol. Ma, essendo un buongustaio, e per la maggior parte carnivoro, difficilmente si adatterà a qualche sacrificio in questo senso. Uno dei fattori più importanti è anche "come" assume il cibo: di solito l'Ariete mangia troppo in fretta, con conseguenti gastriti.

È un segno nervoso quello dell'Ariete, impulsivo, facile a infiammarsi e a deprimersi in un'alternanza che può far tremare le vene dei polsi: non è una frase fatta, poiché nelle vene dei polsi scorre il sangue e anche quello arterioso. Ed è proprio la circolazione arteriosa a dover incitare il nativo alla prevenzione. A tavola, la prevenzione dev'essere al primo posto. Occorre dunque assumere il cibo non frettolosamente, masticare più a lungo e non distrattamente. Un altro punto fondamentale è quello della quantità. L'Ariete mangia spesso, troppo e male.

Il sale cellulare dell'Ariete è il fosfato di potassio. Il nativo non dovrebbe privarsi di tutte le sostanze ricche di questo elemento: lattuga, cavolfiore, ravanelli, cipolle, carote, cetrioli, mele, limoni, noci. Altro elemento utile è il ferro organico(necessario per irrobustire il tessuto muscolare), che si trova nei legumi, nella soia e nel polline.

LA PIETRA DELL'ARIETE: IL RUBINO

La pietra dell'Ariete è il rubino, appartenente alla famiglia dei Corindoni. Questa pietra conosce tutte le variazioni del rosso. Tipico cristallo alchemico, gli sono riconosciute varie virtù: è di sostegno per chi non riesce a essere fedele; aiuta la memoria; stimola la fiducia in se stessi; combatte la tristezza. È simbolo inoltre di potere. In salute il rubino è indicato per tutto ciò che ha a che vedere con il sangue: anemia, circolazione sanguigna ecc.; previene l'aborto e aiuta le cellule a rigenerarsi.

IL PIANETA DOMINANTE: MARTE

Marte simboleggia l'antitesi tra le energie opposte che lottano nell'uomo per la supremazia. La storia e il mito di Marte ben illustrano i caratteri di questo segno, la sua identità marziana. Marte era venerato da Greci e Romani come divinità della guerra.

Marte con aspetti negativi in un tema natale, rappresenta l'aggressività, la violenza, l'incidente, il ferimento, l'uccisione. Positivo in un tema natale, rappresenta la forza, la volontà, l'attività, il coraggio, l'entusiasmo, la competizione. È interessante notare come si esprime Marte, pianeta maschile, in un tema femminile. Nessuna posizione di questo pianeta si manifesta con più evidenza in un tema di nascita individuale, di quella che esprime quando è presente nel proprio segno. Marte nell'Ariete è una forza primitiva che accende il fuoco sacro della vita come contrapposizione alla morte, e poco importa che vinca o perda le sue battaglie, perché se ne percepisce sempre l'enorme vitalità, sia fisica che psichica.

In un tema femminile, conferisce coraggio, capacità di affrontare le difficoltà e di difendersi dalle aggressioni di ogni tipo, con la massima disinvoltura. Ispira desiderio di autoaffermazione, conferisce estro. Un eccesso di queste caratteristiche può, naturalmente, portare a temerarietà, esibizionismo, instabilità.

Dal punto di vista della salute, Marte appartiene all'elemento Fuoco, pertanto viene correlato al fuoco purificatore. Esercita, infatti, un'azione che depura il fisico dai rifiuti accumulati. Inclina a febbri, epidemie, emicranie, foruncoli, ipertensione, ipertiroidismo. Esso gioca un ruolo primario negli interventi chirurgici. Il disprezzo verso ogni forma di moderazione, comporta esagerazioni anche nell'alimentazione e nell'assunzione di bevande, compromettendo fegato e reni. L'azione patologica legata a Marte positivo, comporta, invece, notevole energia psichica, che consente rapidi recuperi.

Il pianeta Marte rappresenta anche l'istinto di contrapposizione a modelli imposti, sia familiari che sociali. È il pianeta che permette l'emancipazione dalla tutela dei genitori e che dà la possibilità di affermarsi. È anche il pianeta che esprime la violenza che si scatena in conseguenza di una mancata sicurezza affettiva. In questo senso è l'elemento che indica le possibilità di deviazione del soggetto e quindi l'aggressività che si scatena in dipendenza di una situazione che il gruppo recepisce come minacciosa.

♈

IL SIGNIFICATO DEI PIANETI NEL SEGNO

☉ *Sole:* conferisce entusiasmo nell'ideazione e nella realizzazione dei progetti; fa nascere idee fantasiose, che trasforma in affascinanti spunti di conversazione.

☾ *Luna:* determina natura instabile, impulsiva e volubile, con scatti d'ira.

☿ *Mercurio:* temperamento vivace, intelligenza, elasticità nel pensiero. Impazienza.

♀ *Venere:* egocentrismo, desiderio d'amore, colpi di testa e incostanza.

♂ *Marte:* bisogno d'affermazione personale, audacia, invadenza. Amore per lo sport.

♃ *Giove:* tendenza al comando. Desiderio di cimentarsi in imprese che richiedono coraggio e ambizione. Fiducia in se stessi.

♄ *Saturno:* intransigenza e autodisciplina.

♅ *Urano:* impulsività, spirito rivoluzionario e creativo. Avventure rischiose.

♆ *Nettuno:* entusiasmi ideologici. Moti spirituali.

♇ *Plutone:* fiducia nelle proprie capacità. Reazioni vivaci. Capacità di superare le difficoltà della vita.

LE DECADI DELL'ARIETE

Se siete nati nei giorni compresi tra il 21 e il 31 marzo: il pianeta personale è Marte che, sotto questo aspetto, è doppiamente potente. Marte tenderà a mettere in risalto il lato maggiormente dominante del carattere. C'è la tendenza a mostrarsi impazienti e irritabili verso gli altri, perché questi appaiono incapaci di pensare e agire con la rapidità propria dell'Ariete. Vi è capacità di acquisire senza sforzo, e la memoria conserva una grande quantità di cognizioni. La personalità sarà sempre indipendente, capricciosa e perseverante. Occorre evitare la tendenza a parlare troppo, a monopolizzare la conversazione in compagnia.

Se siete nati nei giorni compresi tra il 1° e il 10 aprile: il pianeta personale è il Sole, conosciuto come il dominatore del giorno. Come fattore di vita, è il centro del sistema solare. Il Sole rappresenta dignità, onore, ambizione. In questa decade è causa di un grande amore per cambiamenti e riforme, governa l'orgoglio e le ambizioni personali. Garantisce buona fortuna e aiuta validamente a bilanciare alcuni degli aspetti negativi del pianeta dominante, Marte.

Se siete nati nei giorni compresi tra l'11 e il 20 aprile: il pianeta personale è Giove, conosciuto come il dio della fortuna. Esso influisce sulle tendenze morali, intellettuali e affettive. Giove aiuta potentemente gli aspetti del pianeta dominante, poiché esso rappresenta la sincerità e l'onestà, e inclina coloro che gli sono soggetti a diventare veramente affettuosi. Un carattere nobile è uno degli aspetti positivi garantiti dall'influsso di Giove.

L'ARIETE E I SUOI ASCENDENTI

Ariete asc. Ariete

In questa combinazione verranno esaltate le caratteristiche dell'Ariete e del suo governatore Marte. Il temperamento assume toni molto focosi, l'impulsività dilaga a ogni livello di vita, il nativo difficilmente controlla i propri impulsi, la propria ostinazione, la propria temerarietà. In questo modo si espone a rischi maggiori, poiché il suo fondo d'immaturità amplia le possibilità di errore. Anche nel campo della salute, il doppio segno non inclina alla moderazione, questo sia nell'alimentazione che nell'amore. La mobilità sia cerebrale che fisica assume toni alti, esasperando ansie e insicurezze.

Ariete asc. Toro

La pacatezza, la lentezza del Toro apporta toni più smorzati al temperamento dell'Ariete. Il nativo impara a pensare prima di agire, unisce un pizzico di prudenza alle sue azioni, può sentirsi quasi frenato nella sua corsa alla vita. Questo, però, gli giova e gli dona più concretezza permettendogli, pur vivendo solo nel presente, di apprezzarne di più le soddisfazioni. Per quanto riguarda la salute, tuttavia, acquisisce le qualità taurine di buongustaio, e ciò può portare ad assumere quantità di cibo esagerate e a un conseguente incremento dei rischi per la circolazione arteriosa. Gli scoppi d'ira sono più rari, ma aumentano in intensità; non sempre la prudenza taurina ha la meglio sull'impetuosità dell'Ariete.

Ariete asc. Gemelli

La mobilità nervosa dei Gemelli si unisce a quella cerebrale e fisica dell'Ariete, dando luogo a un nervosismo, che influisce anche sull'umore. L'ipersensibilità rende instabile il carattere. Il bisogno impellente di passare da un progetto all'altro, da un'idea all'altra, va a incrinare le possibilità di realizzazione pratiche. Anche nel campo dei sentimenti l'insicurezza emerge e si unisce all'insofferenza nei confronti dei legami, peraltro desiderati dal nativo. Contraddizioni che possono essere risolte solo prendendo atto della propria interiorità. I disturbi di salute si accompagnano a fenomeni di somatizzazione.

Ariete asc. Cancro

Ferma restando un'importante mobilità psichica e fisica, il nativo si rivolge maggiormente alla propria interiorità. La profondità cancerina fa presa su di lui, ampliando le capacità introspettive, facendo emergere emozioni e sentimenti. Rimane una buona dose di immaturità, soprattutto nel campo degli affetti e dell'amore, dove la mutevolezza caratteriale e umorale diviene capriccio, estremo bisogno di tenerezza. Si diradano i momenti in cui avvengono gli scoppi d'ira, che vengono maggiormente controllati. Il nativo si ascolta di più, si occupa della propria salute, evita i rischi. Si fa strada la prudenza.

Ariete asc. Leone

La combinazione di due segni di Fuoco non può che fare scintille! Aumenta la testardaggine e l'ostinazione, dilagano presunzione ed esibizionismo. Il soggetto tende a essere despota. Specie negli affetti cerca di imporsi limitando la libertà dell'altro. È preda di sentimenti forti, di sensazioni di potenza che difficilmente, a meno di un'onesta e profonda autoanalisi, riesce a dominare e a correggere. Ciò che corre maggiori rischi è la salute: anche il Leone è, infatti, un buongustaio e non disdegna gli eccessi, compresi quelli alimentari. In questo modo aumenta il rischio di malattie cardiocircolatorie e di disturbi agli organi digestivi.

Ariete asc. Vergine

In questa combinazione il nativo si sente come in gabbia; le caratteristiche della Vergine, che tentano di imbrigliare la grande impulsività del segno, moderano gli entusiasmi. Ne fanno un accanito lavoratore, ma lo rendono più ansioso e insicuro. L'Ariete non vive in funzione del successo in termini di denaro, ma l'Ascendente Vergine gli impone questi obiettivi; si concentra su fini materiali, a scapito di altri scopi idealistici. Maggiore attenzione è rivolta alla salute, e il nativo è conteso tra eccessi e prudenza.

Ariete asc. Bilancia

I due segni sono opposti, e questa antitesi si rivela nelle contraddizioni che il nativo vive dentro e fuori di sé. L'attaccamento ai propri principi che la Bilancia difende con accanimento, va ad aggiungersi all'incrollabile fede in se stesso dell'Ariete, rendendo, a volte, impossibile il confronto con gli altri. La socialità assume grande importanza, tanto che le amicizie superano, in interesse, affetti e famiglia. Ne risulta un carattere contrastante e inquieto. I momenti d'impulsività sono più rari, non improntati allo scoppio d'ira, ma implosivi. Nel campo della salute il soggetto nutre meno interesse e rispetto per se stesso.

Ariete asc. Scorpione

Anche questa combinazione può risultare esplosiva per la forza che emana: l'energia fisica si unisce alle forti energie psichiche dello Scorpione e non sempre il risultato è positivo, a meno che altri valori nel tema non mitighino questo aspetto. La sete di dominio e di potere è vissuta tutta interiormente, tanto che se le energie non trovano modo di scaricarsi con successo possono creare un'involuzione a livello psichico, specialmente nel campo affettivo. Il nativo stenta a controllare la propria emotività che, a volte, può sommergerlo. Aumenta l'intuito, più importanza viene data alle sensazioni e agli stati d'animo. Gli interessi non vibrano nella luce solare dell'Ariete, ma strisciano su terreni plutoniani. Anche la salute non è molto tenuta in considerazione e può essere minata da eccessi che caratterizzano l'autoindulgenza di questo nativo.

Ariete asc. Sagittario

Una combinazione interessante, dove s'incrociano effetti di Fuochi differenti. Quello del Sagittario è meno prorompente del Fuoco dell'Ariete, tende, cioè, a covare sotto la cenere, sa tenere accese le braci degli ideali che esulano dal materiale. Ecco, allora, che gli ideali arietini acquistano in spiritualità permettendo al nativo di sentirsi più paladino, più eroe; tuttavia egli riesce a esprimere tutto questo con minore impulsività, con più dolcezza: è la filosofia di vita del Sagittario che invade il terreno combattivo dell'Ariete. Aumenta il desiderio di spazi, l'insofferenza e l'amore per i viaggi. I sentimenti acquistano un'universalità nuova, le amicizie rimangono importanti, ma il dialogo migliora. L'amore assume i contorni di leggero romanticismo e smorza la smania di conquista. La salute non ne ricava vantaggi, poiché il Sagittario, da buongustaio, difficilmente si priva di qualcosa. Allora aumentano i rischi di disturbi circolatori ed epatici. La magrezza dell'Ariete subisce modifiche e un po' di pancetta può fare la sua comparsa.

Ariete asc. Capricorno

Una combinazione difficile da vivere per lo stesso nativo. I valori dell'elemento Terra del Capricorno male si mescolano con i valori Fuoco. È come se, internamente, agisse un freno ogni qualvolta sorgano gli impulsi forti arietini. Il nativo si controlla, diviene diffidente e prudente, impara la pazienza. Soprattutto questo genera in lui una grande insofferenza. Comprende che il successo deve attendere, che le azioni non devono essere precipitose ma, essendo questo il suo impulso primario, soffre del rallentamento obbligato dei ritmi. I rigori invernali capricorniani raffreddano i suoi entusiasmi, e spesso capita di trovare il nativo vittima di se stesso. Anche negli affetti il rischio è un eccesso di introversione.

Ariete asc. Acquario

La combinazione mette in risalto l'effervescenza mentale e psichica di questo nativo. Marte e Urano governano l'imprevisto e l'imprevedibile, e tale appare il nativo. Immerso nei propri sogni, nelle proprie idee e progetti, non dà molto ascolto al mondo circostante, mira ai suoi scopi, che a volte sono grandiosi, utopistici. Aumenta l'instabilità esistenziale, l'ipersensibilità nervosa che agisce con alternanze sull'umore, sugli atteggiamenti. Può risultare sconcertante, originale, eccentrico, ma tutto questo avviene all'insegna di un grande bisogno di libertà mentale e fisica. I rapporti con gli altri sono improntati alla generosità, ma ogni legame crea insofferenza e difficilmente potranno esservi legami stabili nella vita. L'importante è il contatto con gli altri; è l'amicizia ad assumere un tono di rilievo. La salute più curata è quella della mente e dello spirito.

Ariete asc. Pesci

È una combinazione stravagante che può togliere al nativo la spinta primaria, per dirigere la mente alla scoperta dell'interiorità. Gli impulsi forti, violenti, si trasformano in necessità di aiuto, di appoggio, di autoindulgenza. Quest'ultima, soprattutto, diviene negativa per il nativo che cerca in tutti i modi di soddisfare i propri desideri, i propri capricci. L'alternanza umorale si rafforza, ed entusiasmo e malinconia s'inseguono. Non si perdono le energie mentali che spesso s'interiorizzano e si deteriorano nella ricerca della fuga da se stessi e dal mondo. Si alternano forza e debolezza, aumenta l'autovittimismo che fa da freno a ogni conquista. Il segno dei Pesci apre il sipario a mondi al di là di quello materiale, ma il segno primario dell'Ariete non è pronto per affrontare le proprie sensazioni profonde.

LA SINTONIA CON GLI ALTRI SEGNI

Ariete/Ariete

Questo è un rapporto che si delinea subito incandescente, poiché entrambi i soggetti mirano a prevalere. Nello stesso tempo i due segni s'intendono bene, dato che le reazioni, i desideri, gli entusiasmi sono simili, e questo può portare a un rapporto simbiotico, anche se vivace! Ameranno gli stessi divertimenti, gli stessi sport, gli stessi hobby. L'amore tra loro vedrà il riflesso delle rispettive posizioni di Venere, che non deve, necessariamente, trovarsi nel segno dell'Ariete. Anche la Luna può trovarsi in segni diversi e questo determinerà un maggiore o minore affiatamento nella sfera della sensibilità. Ovviamente anche l'Ascendente ha grande importanza e i riferimenti che diamo devono essere intesi in generale. È un tipo di unione che può durare nel tempo, in un alternarsi di umori e di sentimenti.

Ariete/Toro

Si presenta come un'unione in cui esiste un moderatore: il tono paternalistico e paziente del Toro sopporta e perdona l'irrequieto Ariete e, quando l'affetto è forte, il rapporto si basa sul brontolìo costante del Toro che, suo malgrado, ama essere travolto dagli entusiasmi improvvisi dell'Ariete mentre, nei momenti di depressione, è pronto a sfoderare il suo senso pratico per accomodare, consolare, ricostruire. È un rapporto in cui gli impulsi dell'Ariete trovano le transenne taurine, poste come argine a difesa della vita a due. E anche se, a momenti, l'Ariete è assente fisicamente e mentalmente, tutto va avanti con perfetta organizzazione: lavoro, famiglia, figli, progetti ecc. Tutto ciò, tuttavia, non evita che il sistema nervoso del Toro ne risenta (specie se il Toro è al femminile). Meglio se il Toro è al maschile, anche se qui i diverbi possono farsi più vivaci!

Ariete/Gemelli

Quest'unione si presenta molto, forse troppo movimentata. Entrambi i segni sono cerebralmente mobili, ma anche fisicamente; hanno una ipersensibilità spinta all'estremo, possono ferirsi a vicenda. Tendenzialmente spinti a difendere la propria esigenza di libertà, potrebbero sfuggire entrambi le responsabilità di un rapporto. Anche qui influiscono, naturalmente, i rispettivi Ascendenti. Più predisposto all'elaborazione mentale il Gemelli, più portato all'azione l'Ariete, possono essere ottimi amici; un po' più difficile il rapporto di coppia.

Ariete/Cancro

Risulta chiaro, in questo rapporto affettivo, che il Cancro sarebbe colui o colei che si ritroverebbe in uno stato di inferiorità. Le basi caratteriali non collimano: proteso all'indietro nel tempo il Cancro, tutto immerso nel presente l'Ariete, che non contempla il passato e prende in considerazione il futuro ma, solo nel momento in cui è divenuto presente. Può nascere l'amore, certamente, più incerta è la sua durata. A meno che il Cancro non ritenga di potersi assuefare all'idea di caricarsi sulle spalle le responsabilità della vita a due e della famiglia. Il compagno di vita andrà vissuto come un figlio in più: occorre essere pronti al perdono, saper frenare gli impulsi e incitare nei momenti di abbattimento. Ma, si sa, il Cancro ama lui stesso essere coccolato, e la fretta di vivere dell'Ariete non contempla soste per coccolare il partner.

Ariete/Leone

Due personalità prepotenti che si attraggono senz'altro, ma tra le quali il fuoco dell'elemento che le unisce, può anche formare una barriera alla comprensione. Proprio quel fuoco comune può portarli a vivere grandi passioni, dove il calore intenso consuma i sentimenti anziché maturarli. In un rapporto dove il Leone è al femminile potrà esistere un inizio di rapporto travolgente, la sensazione di avere trovato l'anima gemella; lentamente, il Leone diviene insofferente all'evidente immaturità, anche affettiva, dell'Ariete, e non accetta di accollarsi tutte le responsabilità. In caso contrario, se il Leone è al maschile, possono intervenire "crisi di potere": ognuno vuole prevalere sull'altro e il rapporto può trasformarsi in una competizione, in una gara. In questo caso, o l'Ariete accetta un ruolo di sudditanza, o il rapporto stenta. Tra questi due segni, dunque, grande passione sì; amore duraturo... forse.

Ariete/Vergine

Un rapporto ambiguo potrebbe crearsi tra questi due segni. L'Ariete risveglia gli istinti protettivi della Vergine, la stimola a considerarlo il bambino da redarguire, da correggere, magari da redimere. L'Ariete male accetta la ripetitività della Vergine e si comporta in modo da accentuare le proprie alternanze, anche umorali. Quanto potrebbe durare un rapporto di questo tipo? Dipende anche qui dai rispettivi Ascendenti.

Ariete/Bilancia

I due segni sono opposti, ma non per questo incompatibili. S'incontrano, s'attraggono come spesso avviene per gli opposti, hanno punti in comune, anche se vissuti diversamente. Li divide il senso di fiducia in sé insito nell'Ariete, che nella Bilancia si concretizza all'interno di un gruppo. Li accomuna la grande testardaggine, che non sempre però va nella stessa direzione. La Bilancia vuole emergere tra gli altri, l'Ariete vuole emergere da solo. Tuttavia, possono incontrarsi sul terreno degli affetti, rendendosi indispensabili l'uno all'altro. La Bilancia ama essere diretta, non disdegna chi decide per lei, sul piano personale, poi, non ama sottomettersi e qui possono esistere degli scontri. L'amore della Bilancia si mescolerà al senso di amicizia e si sentirà in dovere di perdonare molto all'Ariete, di dargli possibilità di riscatto in caso di errori. Due caratteri opposti e complementari, che possono trovare un denominatore comune se esiste l'affetto.

Ariete/Scorpione

Più che un rapporto affettivo, questa combinazione potrebbe divenire un incontro-scontro passionale. Entrambi i segni hanno per governatore Marte e le influenze di questo pianeta fanno emergere nell'Ariete l'impulsività e il senso di lotta in campo aperto; nello Scorpione le influenze si fanno sotterranee e la lotta si colora di piccole cattiverie, di improvvise vendette. L'acqua dell'elemento Scorpione può spegnere il fuoco dell'elemento Ariete e in questo caso (specie quando l'Ariete è al femminile) si può avere una crisi del partner che non è abituato a combattere in modo sottile e psicologico. Possono nascere grandi amori tra i due segni, ma ben presto entrambi si accorgeranno che la strada che hanno intrapreso è piena di trabocchetti.

Ariete/Sagittario

Anche in questo caso l'elemento dei due segni è il Fuoco, ma diversa è l'intensità del fuoco che nel Sagittario viene vissuto in modo più consapevole, e su piani più spirituali. I due segni provano un'istintiva simpatia e attrazione l'uno verso l'altro e s'instaura facilmente un'amicizia "per la pelle". Spesso accade che l'attrazione si trasformi in amore, in questo caso i due soggetti possono vivere insieme periodi di vita affascinanti e movimentati, costellati di viaggi e avventure di ogni tipo. Ma per il Sagittario può giungere un bel giorno il momento della riflessione, della maturità, che invece per l'Ariete, pare non arrivare mai. A quel punto, eventualmente, non faranno drammi, ma una pura amicizia potrà prendere il posto dell'amore e continuare nel tempo. Anche perché l'Ariete rimane spesso affascinato dalle idee sagittariane, dall'impronta di saggezza che esso spesso emana. Un ottimo rapporto amoroso, dunque, che talvolta si trasforma nella migliore delle amicizie.

Ariete/Capricorno

Il Capricorno guarda con un po' di diffidenza all'impulsività arietina, ma se un rapporto riesce a instaurarsi, può progredire alla luce del reciproco rispetto. L'Ariete trova un po' burbero il compagno, brontolone e poco mobile sul piano pratico; il Capricorno guarda con sufficienza allo spreco di energie dell'altro, lui che ne fa buon uso e che proietta il futuro sulla tenacia delle proprie azioni. Nel tempo possono intervenire dei problemi in un rapporto dove gli impulsi dell'Ariete possono venir giudicati eccessivi, così come i suoi improvvisi entusiasmi. Entrambi i segni hanno la tendenza ad autodeprimersi, potrebbe pertanto mancare l'aiuto reciproco per una ripresa. L'amicizia nasce tra un po' di incomprensioni.

Ariete/Acquario

In un primo momento i due segni provano reciproca simpatia, ma poi è soprattutto l'Acquario che s'infatua della forza espressa dalla personalità dell'Ariete, della forza che emana. Crede di trovare in lui quella sicurezza di cui ha bisogno e su questa appoggia spiritualmente. L'Ariete vive tale fiducia come segno di sottomissione dell'altro e, lentamente, tende a imporre le proprie idee, i propri progetti, le proprie scelte. È a questo punto che l'Acquario si desta, rendendosi conto che la sua libertà vale più di qualsiasi legame. Il rapporto può subire dunque scosse e crisi. In generale, i due segni possono rimanere ottimi amici, possono comprendersi e scoprire anche di essere compensatori in vari settori di vita.

Ariete/Pesci

La grande sensualità dei Pesci può affascinare l'Ariete che parte alla conquista di questo segno con il solito impeto. Ma manca della delicatezza, delle sfumature richieste dai Pesci per vivere i sentimenti secondo quel romanticismo che a loro piace. All'inizio l'impulsività arietina attrae, è una novità, esula dal ragionamento dei Pesci. Se il rapporto sfocia in qualcosa di più duraturo si possono dunque aprire due strade diverse: i Pesci divengono pian piano "vittime" di una situazione che non riescono a modificare, soffrono delle infedeltà più o meno velate dell'Ariete, si isolano non riuscendo a competere con i suoi ritmi; oppure si rendono conto fin dall'inizio che il rapporto si sta impostando su principi che non possono totalmente condividere.

Toro

♉

SIMBOLOGIA, MITO E LEGGENDA

Il simbolo grafico del segno (♉) raffigura la testa del toro, tradizionalmente animale sacro legato al culto della Terra e della fertilità.

I Greci identificarono nella seconda costellazione dello zodiaco il toro bianco amato da Pasifae, moglie di Minosse. Da questo amore sarebbe nato il Minotauro (un mostro con corpo umano e testa di toro). Altra leggenda riconosceva invece nella costellazione il Minotauro stesso.

ANALISI DEL SEGNO

Il tempo che va dal 21 aprile al 21 maggio delimita un periodo in cui la primavera è già assestata climaticamente. È adesso che nascono la donna e l'uomo Toro. Fecondità e solidità della stagione si riflettono perfettamente nei nativi. Del segno va subito sottolineata una lentezza meditativa, che lo porta a soppesare ogni cosa, per poter prendere decisioni giuste e, soprattutto, durature. Due caratteristiche saltano all'occhio: costanza e coerenza, che rendono il Toro un soggetto affidabile, con molto senso pratico. Certo in un quadro natale non positivo, questa tendenza viene spinta all'eccesso e si trovano, allora, soggetti per i quali l'accumulo di beni materiali e di denaro diviene un'esigenza primaria.

Le principali caratteristiche del segno del Toro sono la buona resistenza fisica e l'ostinazione. Vi è in questo nativo molta istintività nella sfera dei sentimenti e dell'amore. Non ricerca l'originalità, le complicazioni; ha un modo sano, diretto, semplice di rapportarsi agli altri, soprattutto in una relazione di coppia. In questo genere di rapporto, gli fa difetto, però, la comunicabilità; l'approccio si fa difficile per lui, ma una volta trovato il compagno o la compagna della sua vita, saprà dare un grande calore umano, tanto appoggio e sicurezza. È possessivo e geloso. Spesso si trovano nativi introversi. È un segno tradizionalista, tende a un proprio equilibrio di vita, ma troppo spesso dimentica di coltivare il lato spirituale. È un segno che, comunque, infonde un senso di tranquillità, di solidità. Certo, al Toro manca l'imprevedibilità dell'Acquario, l'estrosità dei Gemelli, ma, in compenso, di lui ci si può fidare. Esiste nel nativo una sorta di timidezza, di pudore dei sentimenti che suscita tenerezza, ma non bisogna lasciarsi trarre in inganno dalle apparenze. Sotto questa scorza ruvida esistono certezze costruite faticosamente e non illusioni; vi sono fatti, non parole!

Sensuale, ama le gioie dell'amore, ma anche quelle della buona tavola, delle comodità, che riesce a procurarsi. Spesso preferisce la vita all'aria aperta. Sa fare tesoro delle proprie esperienze e ha il dono della concentrazione, il che gli risulta molto utile, specie nel campo del lavoro. A volte appare lento nell'apprendere, ma questa lentezza rappresenta anche il suo punto di forza, perché gli permette di approfondire gli argomenti. È generalmente paziente, o meglio, diciamo che per arrabbiarsi sul serio gli ci vuole un certo tempo... ma poi è preferibile essere a qualche chilometro di distanza! Il Toro è un segno di Terra e della terra esprime la solidità, l'attaccamento al concreto. Dall'espressione di tale personalità si può desumere che il nativo sia provvisto di una discreta dose di egoismo che, a sua volta, gl'impedisce di desiderare di conoscere meglio il prossimo.

È diffidente verso l'esterno, usa prudenza in tutto. Le lotte che deve sostenere per la vita, tendono a sviluppare in lui un senso di sfiducia generale, di chiusura. Guarda al nuovo, all'insolito con una certa apprensione; preferisce i sentieri noti e conosciuti e, se deve accettare le novità, lo fa dopo averle viste collaudate da altri. Ha un temperamento ciclotimico, cioè con alternanze di entusiasmi e di malinconia. Esiste in lui una facile irritabilità di fondo, una iperreattività emotiva. Le sue reazioni possono essere o troppo controllate, o irruenti e improprie. È tendenzialmente introverso, nasconde le proprie inquietudini.

La natura di questo segno è magnetica, la personalità affascinante, l'intelligenza è piacevole e interessante. Il carattere dei nativi con un quadro positivo presenta onestà, profondità di sentimenti, simpatia. Occorre che non si lasci influenzare troppo dalle opinioni, dai sentimenti e dalle emozioni altrui. Il Toro non ama la solitudine, preferisce la compagnia di persone care, della famiglia. È un segno per lo più sedentario, non gradisce allontanarsi dai propri luoghi, ma qualche viaggio può dargli molte soddisfazioni. È amministratore piuttosto bravo e, anche se a tratti la sua energia trabocca, sa immediatamente ritrovare l'equilibrio e il buon senso. Capace di crearsi riserve, è previdente come le formiche e accantona quel tanto che nel momento difficile lo saprà trarre d'impaccio. Non è gli difficile conseguire un certo benessere materiale e anche il successo. Purtroppo, non di rado, tende a sacrificare la ricchezza interiore al raggiungimento di una solida posizione sociale. Il pianeta governatore, la voluttuosa Venere, lo renderà vulnerabile alle tentazioni della carne, alla pigrizia, ai piaceri esistenziali. È pertanto sottinteso che il denaro svolge un ruolo importante nella vita del Toro, perché con esso si possono appagare e comprare le comodità che migliorano lo stato di vita materiale. Il nativo è generoso; i suoi regali saranno, di solito, utili e pratici.

L'UOMO TORO

L'uomo Toro non è un progressista né un rivoluzionario. Generalmente diffida delle novità e le accetta solo quando sono già sperimentate. Tre sono le sue caratteristiche fisiche e psichiche: la forza e la resistenza fisica, nonché l'ostinazione. Il temperamento registra alternanza di euforia e di malinconia: vi è una spiccata tendenza al nervosismo e una facile irritabilità e reattività emotiva. Nasconde bene le inquietudini profonde, ma si disorienta facilmente. È meticoloso, abitudinario. Le sue esperienze sono sempre riportate alla dimensione del concreto. Il nativo non delude la fiducia riposta in lui ed è tendenzialmente onesto e corretto. Le facoltà subconscie che predominano nell'uomo Toro sono il magnetismo cosmico, la plasticità, la fecondità, la fatica, la risonanza prerazionale. Il suo modo di percezione è la sensitività imparentata al fiuto. Le sue migliori prestazioni le dà quando viene stimolato da un'energia positiva in affinità con la propria.

I difetti si esprimono principalmente attraverso l'egoismo e l'egocentrismo, l'accanimento nei desideri, la brutalità, la sensualità, gli appetiti grossolani. Spesso nei nativi si osserva un forte attaccamento alla propria madre quasi a confermare che gli impulsi infantili possono cercare comprensione solo nell'amore di madre. Li si ritrova così di frequente in famiglia fino a età adulta, incapaci di staccarsi da quel nido che fa da surrogato a un amore che non riesce a entrare nella loro vita.

Il nativo non cerca il suo ideale di donna fra le progressiste, le troppo emancipate o indipendenti con aspirazioni ambiziose, ma vuole una donna priva di stravaganze, paziente, serena e moralmente pulita, che sappia condividere con lui l'amore per la natura, per la casa e la famiglia, che sia disposta ad accettare le sue abitudini e le sue debolezze, che sappia esprimersi con calma e dolcezza, che partecipi ai suoi successi, che sia ordinata e che rispetti le tradizioni.

Una volta trovata la sua compagna, considera la propria scelta immutabile. Anche se non lo ammette è molto possessivo e geloso. Come marito-compagno potrà rivelarsi autoritario, di poche parole, nemico delle lunghe discussioni, egocentrico, ma sarà pieno di dolcezza e di attenzioni per la propria compagna. Il suo calore umano risulta appagante e concreto. Possiede anche un sano senso della famiglia per cui sa sacrificare tutto. Come padre sarà autoritario, ma anche amico dei figli. Un suo errore sta nel voler programmare troppo la loro vita, nel volerli simili a lui. Partecipa ai giochi dei piccoli, impartisce insegnamenti utili e pratici, si preoccupa eccessivamente per la loro salute: li vuole robusti. I suoi metodi educativi sono semplici, basati sui principi fondamentali di rispetto per il lavoro, per le tradizioni, per il denaro, di amore per la natura e per gli animali. Nel caso non abbia egli stesso figli, può ricorrere all'adozione.

LA DONNA TORO

La donna di questo segno si presenta con grazia, civetteria, che, unite a una praticità di fondo, le permettono di affrontare la vita con una sua filosofia personale. Lavoratrice, amante della famiglia, gelosa e possessiva, nasconde tra le pieghe di un sorriso una discreta cocciutaggine. Il tentativo di convincerla o di farle cambiare idea, risulta un esercizio difficile. Colloca le sue speranze nell'affetto di un partner che possa offrirle sicurezze materiali. Ricerca i legami stabili, il matrimonio. È razionale, riesce bene nei lavori manuali. Non le manca il senso artistico e spesso ha una bella voce.

Si potrebbe dire che la nativa ha un punto in più del compagno di segno: non ha problemi di comunicazione, sa essere frizzante e romantica. Crede molto nelle istituzioni, ama il bello, le comodità, ma può essere capricciosa. Sa far bene i conti, è buona amministratrice perché in fondo è realista e pratica. Il suo campo di amicizie è vasto, ama lo shopping e il confronto con gli altri. Tiene molto alla cura della propria persona, all'eleganza in generale. Tutte queste sue qualità si riflettono anche nella cura della casa, dei figli e del marito. In lei emerge l'amore per la buona cucina e questo può essere un punto dolente, poiché la costringe, spesso, a intraprendere diete di vario tipo.

Come moglie, è forse una delle più fedeli dello zodiaco. Ben raramente accetterà l'idea di una separazione e sopporterà qualunque cosa piuttosto che abbandonare il suo compagno. Per sua natura, è adatta alla vita domestica, quale padrona di casa perfetta, come buona madre e come moglie innamorata. Si dimostra ambiziosa poiché, sotto l'indole tranquilla, si agita una natura dominatrice. Spesso si rivela madre possessiva e questo non sempre giova ai figli. La scelta quasi inconscia del compagno la guida verso un uomo che abbia raggiunto una posizione sociale importante: questo le consentirà di dimostrare le sue doti d'ospitalità e di "fare salotto".

La donna Toro ha forte senso materno, è madre dolce, presente, anche troppo presente. Accade spesso, infatti, che per troppo amore "divori" i propri figli, ostacolando la loro libertà d'agire e le loro scelte. E non di rado, credendo di proteggerli da eventuali pericoli, ne soffoca la personalità. È sensibile ai complimenti, non si lascia sedurre tanto facilmente, la sua grande aspirazione è il matrimonio e la maternità; la sua ambizione è di raggiungere una solida posizione che le consenta di avere una bella casa, comoda e confortevole, di poter disporre di un conto in banca, di avere tutte le garanzie e le sicurezze per il futuro.

È riluttante a legarsi a un uomo povero, o con tendenze intellettuali, o ascetiche: vuole l'uomo forte, dotato di buone qualità morali, che sappia far fronte alle necessità, che la protegga e che sia un amante premuroso e fedele. Di lui deve piacerle tutto e allora sarà la compagna più tenera e affettuosa, devota e fedele. Come partner, presenta un'accentuata dolcezza, quella che Venere le conferisce, che fa di lei un essere estremamente seducente e femminile. E tutto ciò che nell'uomo Toro appare debolezza, in lei diviene fascino, amore raffinato del bello e del lusso.

IL BAMBINO TORO

Il piccolo Toro si distingue per il carattere ostinato, tenace. Porterà al successo, compatibilmente con la sua età, ogni idea che sarà in grado di sviluppare. L'educazione dovrà tendere a essere misurata, occorre procedere con tatto per evitare un aumento della caparbietà. Se provocati, sono bambini facili all'ira e, una volta presa una decisione, sarà difficile far cambiare loro idea, o influire in qualche modo su di loro. Il segno, infatti, si distingue per la sua staticità, e tende a essere fermo nelle idee e nelle convinzioni.

Il piccolo nativo ha una disposizione istintiva all'amicizia e alla gentilezza, ma risente delle contraddizioni. Se si riesce a convincerlo che ha commesso un errore, il suo amore congenito per la giustizia e per la verità, lo spronerà a riconoscere il proprio torto. La vitalità è forte, ma può esaurirsi rapidamente a causa di un temperamento irritabile e della facilità ad abbandonarsi alle tentazioni della gola. La personalità è chiaramente delineata fin dall'infanzia. Ha pochi ma sicuri punti di riferimento, che nel tempo non subiranno modifiche sostanziali. Può apparire perfino troppo prudente in questa sua autodifesa, ma in fondo non gli interessa essere giudicato un po' noioso e poco brillante.

Anche gli amici, quando esistono difficoltà, ricorrono a lui. Ha un carattere sincero, spesso allegro. Ma capita anche di vederlo incupirsi, senza apparente ragione. Significa che sta caricando la sua collera, rimuginando mentalmente i vari dettagli di una critica o di un rimprovero che non ha accettato. Dopo di che esplode incontenibile il suo furore.

IL TORO E L'AMORE

Alle prese con i sentimenti, questo segno appare introverso, timido nell'approccio, onesto, prevedibile. Tutto ciò lascia intuire come esista, spesso, per il Toro, il tormento del primo impatto, sia per la donna (in modo meno incisivo), che per l'uomo. Questo, però, non toglie alcuna delle qualità del nativo che, una volta superate le barriere psicologiche costituite dall'avviamento di un rapporto a due, si rivelerà tenace, costante, sicuro.

Dona tutto se stesso ed è colmo di premure, ma non sopporta l'infedeltà e in tal caso le sue reazioni fanno tremare i muri. Ama i fatti, meno le chiacchiere, e questo suo principio lo applica anche in amore. Una volta consolidato il rapporto a due, si rivela ottimo compagno, non mancando di dedizione. Allo stesso modo si preoccuperà di dare il meglio alla famiglia e ai figli. A volte, a causa della sua prevedibilità, viene definito un po' monotono, ma anche questo può essere interpretato come segno di stabilità. La nativa è più estroversa, più disinvolta, più capricciosa, anche se alla base, mantiene le caratteristiche di serietà, di metodo del segno e quella bravura che la contraddistingue sia nel mondo familiare, sia in quello della realizzazione personale al di fuori della famiglia.

Anche in amore, un grosso scoglio può essere costituito dall'ostinazione. Mai e poi mai i nati sotto questo segno ammetteranno che un rapporto è finito, che il matrimonio è fallito, e a questo punto potranno crearsi situazioni dolorose e conflittuali nel rapporto. Lo stesso accade alla nativa. D'altro canto, non si contano le espressioni affettuose quando c'è amore e affiatamento: sarà un compagno che non dimentica gli anniversari, che farà di tutto per coccolare la propria compagna, per viziarla e soddisfare i suoi desideri, soprattutto quelli materiali. Il fatto di essere prudente anche nelle questioni amorose, nulla leva all'intensità dei sentimenti, che nutre profondamente. Troppo radicato è in lui il senso del possesso e spesso è proprio questo sentimento che va a deteriorare l'amore: il partner può sentirsi "soffocare" da qualcosa che esula dall'amore, sente messa in discussione la sua libertà spirituale, e avverte come ossessiva la gelosia del compagno Toro.

IL TORO E IL LAVORO

Grande lavoratore, spicca per la sua tenacia. Sa dare molto, anche se lo fa quasi in silenzio, chiedendo in cambio fedeltà, fiducia, obbedienza.

Il soggetto Toro chiede la sicurezza economica al suo lavoro e utilizza, per riuscire a ottenerla, metodo, concretezza e coscienza. Preferisce, per non turbare il suo equilibrio, scegliere un'attività che non comporti rischi economici, ma che abbia un'entrata fissa. Può orientarsi verso professioni che abbiano contatto con la natura (agricoltura ed ecologia), con la casa (edilizia, arredamento), con il cibo (cuoco) e infine con il mondo della moda (stilista, truccatore, visagista, ecc).

IL TORO E LA SALUTE

a) I punti deboli del Toro – Il segno del Toro, nell'anatomia dell'uomo-zodiaco, corrisponde al collo. Sul piano patologico, il segno va soggetto a una serie di disturbi che partono dal diffuso torcicollo, alla sinusite, alla faringite, alla tonsillite. Nei casi con aspetti negativi nel quadro natale, possono comparire squilibri tiroidei, artrosi cervicale ecc. I ritmi del segno, al contrario di quelli dell'Ariete, sono lenti, regolari. Le energie non vengono bruciate, ma distribuite e conservate con senno; questo può portare, nei Toro più sedentari, a un aumento di peso. Vi è la tendenza ad apprezzare molto il cibo, spesso gli alimenti dolci, e ciò naturalmente non aiuta a mantenere la linea. Tra i disturbi che si riscontrano nel segno, bisogna catalogare le infiammazioni delle prime vie respiratorie e le malattie allergiche, patologie che il nativo condivide con il segno seguente, i Gemelli. Una sensazione che può affliggere questo segno è quella di difficoltà di deglutizione, senso di soffocamento, che avviene per un errato modo di inghiottire o per un trauma emotivo. Altri disturbi che possono insorgere nel segno, al femminile, sono infiammazioni degli organi riproduttivi o renali.

b) La dieta del Toro – Il nativo del Toro è un conservatore e lo è anche nelle scelte alimentari. Non ama molto i cambiamenti nelle proprie abitudini alimentari e preferisce cibi non ricercati.

Questo segno può trarre giovamento dallo iodio organico, per prevenire disturbi di funzionalità. Le verdure particolarmente suggerite per il segno, sono: le carote, le cipolle, il sedano, i cetrioli. Segno terrestre, nervoso, il Toro è un "lento"; caratterizzato da edonismo, da una tendenza a ricercare istintivamente i piaceri della vita; è dotato di un'"oralità" che, appunto, gli fa amare la buona tavola, gli alimenti dolci, gli amidacei. Non di rado si scoprono uomini e donne Toro ottimi cuochi. Tutto questo spinge il nativo, fin dall'infanzia, alla pinguedine, fino talvolta all'obesità, cosa sicuramente da evitare.

Occorre non eccedere nella quantità del cibo e abituarsi a consumare carni bianche, pesce e verdure, sacrificando primi piatti e intingoli. Una costante quantità di verdure, favorirà il mantenimento della linea e della salute. L'errore più grave che il nativo può commettere è quello di assumere quantità di pastiglie per dimagrire o per rimediare ad altri disturbi, tipo ipercolesterolemia, iperglicemia ecc. Un suggerimento utile è quello di sostituire il sale raffinato con il sale marino. Questo è più ricco di iodio, la sostanza tanto utile per stimolare in maniera assolutamente naturale la tiroide e, di conseguenza, il metabolismo.

LA PIETRA DEL TORO: LO SMERALDO

Lo smeraldo pare, anzitutto, legato a un prolungamento della giovinezza; calma l'ira, aiuta la memoria, previene i disturbi oculari e facilita il trattamento del diabete. Si dice che, posto sotto la lingua, aumenti le doti di chiaroveggenza. Predispone comunque alle amicizie. Dello smeraldo è stato anche detto che, essendo una pietra "intelligente", è in grado di entrare in sintonia con chi la porta. I Romani ritenevano che tenesse lontani i serpenti, che, nel vederlo, diventavano ciechi.

Pensando allo smeraldo, s'immagina il colore verde, ma questa pietra esiste anche in altre tinte: varietà eliodoro (giallo), varietà rossa, varietà acquamarina (azzurro-verde), varietà morganite (rosa). Appunto per il suo colore verde, riposa la vista. Il verde è un'energia positiva con potere d'integrazione. Per una curiosità astrologica, diremo che il verde è associato a Mercurio.

IL PIANETA DOMINANTE: VENERE

Il pianeta governatore del segno del Toro è Venere. È detto anche pianeta minore, poiché si muove lungo un'orbita circoscritta da quella terrestre. Viene comunemente detto il pianeta della bellezza, ma non solo. Astrologicamente Venere rappresenta la socievolezza, i piaceri mondani, l'arte. In particolare, in un tema femminile, ci rivela il grado d'affettività, di tenerezza; ci indica il grado di sensibilità. Venere in cattivo aspetto in un tema natale, potrà dare sì la possibilità di vivere incontri e rapporti umani, ma almeno uno tra essi potrà essere sfortunato, contrastato o tragico. In caso di aspetti molto negativi di questo pianeta nel tema, vi è la possibilità di turbe e frustrazioni affettive. Ma Venere simboleggia anche la disponibilità, la diplomazia, la cortesia. Indirizza il soggetto verso una rivalutazione del senso estetico, inteso come eleganza, bellezza, fascino, amore per le arti.

Insieme con Giove, Venere è gratificante. In buon aspetto indica un armonioso sviluppo dell'esistenza e la casa astrologica che ospita il pianeta ci indica i settori della vita che vengono sollecitati positivamente. Il tipo venusiano, cioè un soggetto con il pianeta Venere incisivo nel proprio tema natale, ama le comodità e i piaceri della vita materiale, l'eleganza, il lusso. Ha un fondo di bontà e a volte anche d'ingenuità. Il pianeta Venere rappresenta il modo emotivo con cui ci accostiamo alle cose. Mentre il Sole rappresenta il principio di attività (il modello maschile), e la Luna il principio di passività (o modello femminile), Venere simboleggia la conoscenza e la possibilità di colloquio tra i due. Mercurio definisce la comunicazione dal punto di vista verbale-intellettivo e Venere da quello istintivo-gestuale. Se si trova in cattiva posizione, si avrà la tendenza ad attribuire valore alle cose in dipendenza delle emozioni piacevoli che da esse si ricevono. Possono essere presenti anche vanità e eccessiva autostima (dovute in fondo a una forma di insicurezza latente). I mestieri legati a questo pianeta vanno dal cantante al musicista, dal disegnatore al parrucchiere, dall'estetista al cuoco. L'arte s'insinua infatti nelle potenzialità dei soggetti gratificati da Venere.

Quando questo pianeta si trova sull'Ascendente di un soggetto, di solito significa anche bellezza esteriore, fisica. Il pianeta Venere governa anche un secondo segno: la Bilancia. Ma diversa appare la sua simbologia nei due segni. Mentre in quest'ultimo segno Venere riporta i caratteri mitologici di Venere-Afrodite (magnetismo estetico), nel segno del Toro simboleggia maggiormente la Venere-Astarte (protettrice di armenti e mandrie).

IL SIGNIFICATO DEI PIANETI NEL SEGNO

☉ ***Sole:*** spirito pratico e concreto sempre presente nelle situazioni della vita. Costanza e tenacia.

☾ ***Luna:*** semplicità, spontaneità, tolleranza e amore per la bellezza e l'arte.

☿ ***Mercurio:*** precisione, cura minuziosa per i dettagli, metodo nell'attività mentale.

♀ ***Venere:*** sentimenti tenaci, dolcezza, affettuosità e amore per la vita.

♂ ***Marte:*** gelosia e ostinazione. Forte uso dell'instinto.

♃ ***Giove:*** materialismo, sensualità e senso pratico negli affari.

♄ ***Saturno:*** paura di perdite materiali. Idee fisse e introversione.

♅ ***Urano:*** capacità di realizzare gli obiettivi.

♆ ***Nettuno:*** evasioni attraverso la sensualità o l'arte.

♇ ***Plutone:*** accentua le caratteristiche del pianeta Marte.

LE DECADI DEL TORO

Se siete nati nei giorni compresi tra il 21 e il 30 aprile: i nativi hanno il doppio aspetto di Venere, pianeta benefico. Questo conferisce perseveranza, vitalità, carattere volitivo. Venere, simbolo dell'amore e della bellezza, consente di portare avanti con costanza gli amori e dà pacatezza al carattere. Dona, inoltre, tenacia sia nelle simpatie che nelle antipatie. Vi è prodigalità, specialmente con le persone care, e magnanimità di spirito.

Se siete nati nei giorni compresi tra il 1° e il 10 maggio: il pianeta personale è Mercurio, simbolo del sapere e dell'intelletto. Esso governa le caratteristiche più razionali dello spirito e della mente. Infonde decisione, avvedutezza, costruttività e un'attività mentale dinamica. Mercurio, nei suoi aspetti favorevoli, indica una personalità percettiva, studiosa, forte. Un aspetto negativo inclina verso uno spirito inquisitore, indiscreto, trascurato, drastico e negligente. Mercurio è il grande dominatore della mente. Senza l'influenza di Mercurio, non si godrebbe del dono di una buona memoria e di dialettica.

Se siete nati nei giorni compresi tra l'11 e il 21 maggio: il pianeta personale è Saturno, che simboleggia il tempo e che, nelle sue influenze, impone restrizioni. Governa le tendenze riflessive e meditative, che inducono i soggetti alla pazienza, alla prudenza, alla considerazione. I suoi poteri si estendono alla sfera della stabilità, della resistenza, della tenacia e della perseveranza. Sono indicati, in questa combinazione, guadagni nell'economia e negli investimenti oculati. Lo spirito è magnanimo, il carattere gentile e simpatico.

IL TORO E I SUOI ASCENDENTI

Toro asc. Ariete

La natura riflessiva del Toro acquista combattività e intraprendenza, mantenendo il suo senso pratico. Niente decisioni avventate o colpi di testa, quindi, ma un'energica azione diretta verso obiettivi immediati. Spesso può verificarsi un eccesso, a seconda del tema di nascita, di impulsi indotti dall'Ariete che, non sempre, la natura taurina di base riesce a controllare. Ha luogo allora una piccola lotta interiore: questi nativi dovrebbero cercare di conoscersi a fondo, per poter mettere a frutto le grandi qualità di entrambi i segni.

Toro asc. Toro

Pregi e difetti del segno s'intensificano. Aumenta il senso di difesa personale, per proteggere in particolar modo la propria sicurezza materiale. Questo può portare a vivere in una dimensione troppo restrittiva, che non consente al soggetto di espandersi e di evolversi. Si possono confermare caratteristiche quali l'egoismo e l'ostinazione. Tutto ciò può caratterizzare soggetti estremamente introversi, che da soli non riescono a vivere completamente le pulsioni e i sentimenti.

Toro asc. Gemelli

Il bisogno di variare le esperienze sollecita questi nativi a infrangere la routine e a rendersi più disponibili verso gli altri. Con la loro perseveranza riescono a realizzare sul piano pratico le idee, grazie anche all'aiuto di una mente versatile e ingegnosa. Può aumentare, in questa combinazione, un'ansia di fondo che s'accompagna alla fragilità interiore del Toro, e che richiede un'affermazione della volontà. Il sistema nervoso è particolarmente fragile e vulnerabile dall'esterno; questi soggetti difficilmente riescono a vincere l'ansia esistenziale da cui sono oppressi.

Toro asc. Cancro

Per la maggior parte dei nati in questa combinazione, l'equilibrio si fonda su un ordinato sistema di valori affettivi e di abitudini. La natura emotiva del Cancro arricchisce la vita interiore, ma può creare qualche difficoltà di adattamento. Ciò può mettere in crisi la parte Toro, che fonda il proprio equilibrio sulla realizzazione materiale. Si esaltano i valori della tradizione e della famiglia, tutte le forze saranno dirette a uno sviluppo armonico del nucleo familiare. Cresce nei soggetti il desiderio di vita tranquilla, di necessità di un contesto familiare quale porto sicuro.

Toro asc. Leone

Volitivi e ambiziosi, questi nativi inseguono tenacemente il successo. Pur avendo una visione realistica delle cose e delle persone, affrontano la vita con entusiasmo, generosità e orgoglio, ottenendo anche nei rapporti interpersonali ampie soddisfazioni. Cresce l'ostinazione e una certa introversione; in tali soggetti si può notare anche una forma di egocentrismo, a volte quasi infantile. L'ambizione può essere sprone a ricercare conferme e successi, specie nel sociale, ma può essere anche fonte di frustrazione nel momento in cui i nativi non si accontentano di ciò che hanno, e tendono a voler prevaricare gli altri. Il fatto di non volersi mai mettere in discussione può portare i soggetti a periodi di solitudine forzata nel corso della vita.

Toro asc. Vergine

Considerare la realtà in termini utilitaristici può risultare una limitazione per il raggio d'azione di questi nativi. Sanno, in compenso, crearsi solide basi esistenziali, essenziali per la loro stabilità psicologica che difficilmente indulge ai sogni. E questo doppio tuffo nella materialità, nella praticità (entrambi sono segni di Terra) non giova al lato spirituale, che viene dimenticato, accantonato. Ciò può portare, nel corso della vita, a momenti di bilancio sofferto e di crisi. Pur esistendo, alla base, una possibilità di comprensione tra i due segni, è quasi come se l'uno vedesse rispecchiati i propri difetti negli occhi dell'altro e questo può essere causa di insofferenze.

Toro asc. Bilancia

Il temperamento socievole si accompagna a una sana voglia di vivere, premesse per un inserimento positivo nella vita. Le esigenze estetiche e affettive possono assorbire molte energie; possono richiedere un doppio lavoro per giungere agli scopi prefissati. Il tutto non impedisce realizzazioni soddisfacenti. Si accentuano interessi e predisposizioni verso l'arte. Può diminuire l'introversione e aumentare il desiderio di socializzazione. Anche in questo caso i soggetti devono dirigere il rapporto verso sentimenti più di amicizia che d'amore: ne risulterà una collaborazione utile e fertile.

Toro asc. Scorpione

L'aggressività dello Scorpione tende a travolgere la pacatezza del Toro, risvegliandone i potenti istinti vitali. Lo spreco di energia aumenta, spesso in modo eccessivo, e le tensioni interiori agiscono complicando non poco il rapporto con gli altri. È una combinazione forte, ma anche con lati autolesionistici, di cui va preso atto. I due segni, opposti, si completano e si irritano a vicenda, e ciò può dar vita nei nativi a una lotta interiore. Due segni combattivi, con armi diverse, che possono giungere a danneggiarsi per troppo amore.

Toro asc. Sagittario

Sono generosi e ricchi di calore umano, questi nativi e riescono a conciliare serietà di principi e gusto per i piaceri della vita. Sognano l'avventura ma, in fondo, sono troppo conservatori per affrontare i rischi di nuove strade. Tuttavia, la capacità di fantasticare arricchisce molto la natura materialista del Toro, rendendolo più disponibile. I due segni indulgono nei piaceri della tavola e ciò può costituire un difetto da correggere. Occorre trovare un punto d'accordo nell'amicizia che può svilupparsi tra questi segni, dove la comprensione reciproca avrà un'importanza fondamentale.

Toro asc. Capricorno

Altro binomio di Terra, ossia massima concentrazione di aspirazioni al potere. I nativi sono caratterizzati da un grande rigore morale, che, tuttavia, non sfocia nell'intransigenza. Il soggetto partecipa alla vita intensamente, senza però distogliere il pensiero dai compiti severi che si è imposto. I due segni, però, nel tempo, esprimono sempre maggiore fermezza, fino ad arrivare a vere e proprie chiusure mentali, specie per quanto riguarda gli affetti. Non è consigliabile che il soggetto si irrigidisca sulle proprie posizioni, mentre dovrebbe cercare di capirsi a fondo.

Toro asc. Acquario

La concretezza del Toro è un buon supporto per la vivacità e gli spunti originali dell'Acquario. Tuttavia i nativi manifestano aspetti contraddittori, ma, con una maggiore indipendenza di spirito, possono anche realizzare un progressivo distacco dalle preoccupazioni materiali che tendono spesso a limitarli. Non sempre i nativi si trovano in accordo con se stessi, data la diversa natura degli elementi (Aria e Terra) che governano i due segni e che li spingono, a tratti, nel regno delle idee, oppure verso la realizzazione concreta di progetti meno utopici.

Toro asc. Pesci

Le sensazioni, le intuizioni che pervadono il segno dei Pesci, in questa combinazione possono trovare concretezza e fornire, poi, una base di realismo alle suggestioni della fantasia. Per contro, le capacità organizzative del Toro non sempre riescono a vincere una certa indolenza di carattere. In tale combinazione può aumentare l'autovittimismo, insito nei due segni, cosa che non fa altro che indebolire la volontà e ritardare l'evoluzione dei nativi.

LA SINTONIA CON GLI ALTRI SEGNI

Toro/Ariete

Benché l'Ariete sia energico e impaziente, piuttosto autoritario, i nativi Toro non dovrebbero avere difficoltà nell'andare d'accordo con questo segno. I Toro potrebbero trovare eccessiva l'impazienza e la fretta, ma l'esaltazione dovrebbe favorire il corteggiamento, dato che il Toro è molto emotivo, anche se ostinato quando viene sforzato. Sarà il Toro, governato da Venere, a far comprendere all'Ariete, governato da Marte, i suoi errori, ma questo avverrà in un secondo tempo.

Toro/Toro

Da un punto di vista di attrazione fisica, la combinazione è positiva e fortunata, ma possono verificarsi problemi a causa della reciproca gelosia e testardaggine. A meno che uno dei due non sia disposto a cedere, quando scoppia una lite e volano le parole, la serenità di coppia può entrare in crisi. Un punto a favore lo gioca il fatto che ognuno compatisce i difetti dell'altro, in pratica vi si specchia, e, se è vero amore, è disposto a perdonare errori e incomprensioni.

Toro/Gemelli

La personalità del nativo Gemelli potrebbe dimostrarsi troppo irrequieta per il Toro. Questi due segni discordano emotivamente. Il punto di vista di Mercurio sulle questioni intime non combacia con chi ha per governatore Venere. I Gemelli sognano volentieri a occhi aperti e vogliono poter fantasticare, mentre il nativo Toro è interessato più alle cose materiali della vita. La loro personalità violenta e istintiva soverchia il temperamento più arrendevole del nativo Gemelli.

Toro/Cancro

In generale, questa è una combinazione favorevole. Il Cancro ha diverse cose in comune con il Toro: ci tiene a una bella casa, a un affetto sicuro, cose che il Toro offre in un rapporto a due. Il nativo Toro dovrebbe ricordare che il Cancro è estremamente sensibile e finirà per ritirarsi entro il proprio guscio se si sentirà infelice nella sfera degli affetti. Entrambi tengono a un'armonia familiare, all'importanza delle tradizioni, alle proprie radici, e rispetteranno questi aspetti nell'altro.

Toro/Leone

Venere e il Sole, i due governatori, formano una buona combinazione, specie quando ciascuno compatisce e comprende le insufficienze dell'altro. Entrambi sono dotati di attrattiva sessuale e vantano doti fisiche. Il magnanimo Leone è proprio ciò che si adatta ai nativi Toro, che amano le cose migliori dell'esistenza. Se il nativo Toro controllerà la tendenza a essere geloso e lascerà che il Leone prenda quel tanto di sopravvento che basta a illuderlo di dominare, tutto procederà nel migliore dei modi. Forse il nativo Toro potrà rimproverare quel bisogno di "visibilità" che assilla il Leone e tende a farne un protagonista. Questo per il Toro è dispendioso e inutile. Manca, secondo lui, di concretezza.

Toro/Vergine

Il nativo Toro dovrebbe fare attenzione al fascino dei nati nel segno della Vergine, se è vero che si deve diffidare dell'amore a prima vista. In questa unione, il nativo Toro non troverà spesso, purtroppo, ciò che cercava. Egli non ama essere criticato, e la critica è la prima arma usata dai nati nel segno della Vergine. A meno che il nativo Toro non sia disposto a sottoporsi a un continuo esame, farà bene a pensarci due volte prima di decidere di dividere, per sempre, la vita con un nativo Vergine.

Toro/Bilancia

La combinazione contempla l'uguaglianza dei governatori: per entrambi i segni il pianeta dominante è Venere. Ciò rende più positiva l'unione, a meno che non esistano influssi negativi di altri pianeti. Nella combinazione c'è comunanza d'interessi, e un accordo fisico e mentale. Venere, dea dell'amore, aiuta il rapporto tra i nativi, questo fino a che uno dei due non divenga infedele, dopodiché i conflitti potrebbero essere forti. La combinazione, comunque, è favorevole a un'unione tra i due segni.

Toro/Scorpione

Questa combinazione fa parte di quelle in cui ognuno dei due nativi ammira l'altro. In entrambi esiste un forte impulso sessuale, cosa che gratifica l'unione sul piano fisico. Esiste però anche un'uguale intensità nella gelosia coltivata da entrambi, dato meno positivo. È proprio il nativo Toro che, con la sua fedeltà, potrà tenere cementata l'unione ed evitare l'impulsività negativa dello Scorpione. Malgrado i suoi pregi, si sa che lo spirito vendicativo non fa difetto ai nativi Scorpione.

Toro/Sagittario

La tendenza al dominio espressa dal nativo Toro male si accorda con gli aneliti di libertà del nativo Sagittario. Quest'ultimo è franco, generoso e tali caratteristiche, proprie di chi è nato sotto il governatore Giove, potrebbero urtare contro la gelosia del nativo Toro. Proprio il Toro potrebbe rendersi conto che non servono rimproveri né argomentazione alcuna contro la natura irrequieta del Sagittario.

Toro/Capricorno

In questa combinazione, se ognuno comprendesse i problemi dell'altro, le unioni potrebbero avere esito positivo. Il governatore Venere (Toro) si accompagna bene col governatore Saturno (Capricorno), dal punto di vista emotivo. Entrambi i nativi hanno bisogno di incoraggiamento e adulazione, ma toccherà al Toro prendere l'iniziativa. Inizialmente il Capricorno potrà apparire freddo, ma l'affettività venusiana riuscirà a sciogliere la prudenza e la diffidenza insita nel Capricorno. Un'unione un po' combattuta tra due "duri" dello zodiaco, ma che può crescere.

Toro/Acquario

È un'unione che può incontrare molte difficoltà. L'Acquario, nella sua imprevedibilità, può sconcertare il nativo Toro e può divenirgli addirittura incomprensibile, dato che quest'ultimo ama la vita tranquilla. Al contrario, le abitudini pacate del Toro, a lungo andare, potrebbero innervosire il dinamico Acquario. In questo modo possono aver luogo scontri e conflitti. Entrambi amano gli agi e le comodità, hanno però punti di vista differenti su come procurarseli. Un'altra cosa che potrebbe irritare il nativo Toro è la poca confidenza che l'altro potrebbe riservargli.

Toro/Pesci

Di solito quest'unione risulta felice, malgrado la diversità dei due nativi. I Pesci, sentimentali e romantici, troveranno un grande conforto nel nativo Toro, facile alla comprensione. Nettuno, governatore dei Pesci, ha affinità con Venere. I Pesci impressionabili, ricchi d'immaginazione, remissivi, a volte passivi, hanno proprio le caratteristiche che il Toro ricerca. Anche da un punto di vista artistico, i due hanno molto in comune e questo aiuta e aumenta anche l'armonia spirituale.

Gemelli

♊

SIMBOLOGIA, MITO E LEGGENDA

Il simbolo grafico (♊) così formato, rappresenta la dualità, l'azione dei contrari. Nel periodo stagionale occupato dal segno, la natura si muove ed è vivace. La mitologia antica presenta una ricca casistica di leggende relative ai Gemelli. La più conosciuta si riferisce a Castore e Polluce, che dividono tra loro vita terrena e vita spirituale, separati e legati al tempo stesso.

Madre dei Dioscuri fu la bella Leda, sposa di Tindaro, che dopo aver generato tre figli legittimi, venne sedotta da Giove, presentatole sotto le spoglie di un cigno. Fu così che concepì un uovo, da cui nacquero Elena (la donna fatale della guerra di Troia) e Polluce. Quanto a Castore esistono due versioni del mito: se alcuni lo danno come figlio di Giove, altri lo considerano invece progenie di Tindaro.

ANALISI DEL SEGNO

È un tempo di pre-estate quello in cui nascono la donna e l'uomo dei Gemelli. Tuttavia il clima si presenta ancora variabile, e questa variabilità viene come assorbita dal segno che si dimostra mobile, sia mentalmente che fisicamente. L'elemento dei Gemelli è l'Aria e, come questa, i nativi sono inafferrabili, sfuggenti, volubili. Sono instabili e lo sono in tutti i settori di vita. In senso fisico, poiché non va loro di starsene fermi; in senso psichico, perché la loro curiosità è sinonimo di sete di sapere. Sfornano idee nuove, molto spesso valide; osservano, ma non si fissano su un unico argomento, anzi si ritrovano a essere occupati contemporaneamente in lavori o situazioni diverse. Tutto ciò può risultare ammirevole all'occhio di chi li frequenta saltuariamente, faticoso per chi sta loro accanto. Con le loro mille faccende, finiscono con l'essere definiti superficiali e un po' lo sono, ma questa superficialità viene sfruttata dal nativo a proprio favore.

È intuibile che tali doti giungano a costituire vantaggi e svantaggi. Il vantaggio consiste nell'essere in parte "impermeabile" a certi dolori della vita; infatti, il soggetto non ha molto tempo da dedicare ai rimpianti. Per lui sono importanti il presente e il futuro. Lo svantaggio consiste nel non riuscire a realizzare programmi a lunga scadenza, includendo tra questi quei "romanzi amorosi" che impegnano tanta parte della vita di alcuni, ma che per lui non costituiscono un dramma particolare. È sempre condizionato da nuove sollecitazioni; è versatile, ha intelligenza rapida e vivace, ha estro e inventiva. Sa usare il proprio istinto, sa utilizzare la più piccola bugia col massimo candore. È un simpatico irrequieto. Più che in altri segni d'Aria, in questo segno si possono avere polarità opposte. Esiste il tipo sensibile, emotivo, mutevole nell'umore e nelle espressioni. Esiste anche il tipo che sa calcolare e controllare le proprie passioni, la propria emotività.

La gestione del rapporto amoroso è il punto dolente nell'esistenza del nativo, che deve lottare tra opposti desideri: quello di un rapporto familiare costante e quello di un irrefrenabile desiderio di libertà. Molto spesso tende a stabilire un rapporto colmo d'amicizia e d'affetto, d'affiatamento reciproco. Se però s'innamora sul serio, beh, in tal caso questo legame rimarrà un punto fermo della sua esistenza.

I Gemelli hanno fantasia, estro, il campo del lavoro offre loro più di una possibilità di scelta e d'inserimento. Sono loquaci, la loro personalità è affascinante, trascinante. In loro si può riscontrare una sensazione definibile come "ansia di spazio", cioè la necessità di avere a disposizione spazi sempre nuovi in cui muoversi e agire. Amano, naturalmente, i viaggi brevi o lunghi. Rricercano e sollecitano il dialogo, le relazioni con l'esterno che reputano molto importanti. È il segno dell'improvvisazione, delle occasioni da non perdere.

A questo punto viene da chiedersi: non presenta lati negativi il segno dei Gemelli? Sì, certo, come l'abitudine a mentire, ma le bugie che talvolta racconta nascono più da una grande fantasia, che dal desiderio di nuocere. Sa, infatti, esprimersi con semplicità e candore. Inoltre, talvolta, è inaffidabile e manca spesso di puntualità. Tuttavia, non ha colpa se giunge in ritardo o se non arriva affatto! È capace di farsi perdonare e di farsi accettare così come è: pieno di interessi e di imprevisti. I Gemelli sono sensibili, raffinati anche in amore. Tuttavia, il loro affetto, la tenerezza, la passione dipendono dalle personali condizioni di spirito. Possono infatti esprimere calore e tenerezza in un momento e subito dopo mostrarsi freddi e indifferenti. Se la loro attenzione è concentrata su qualche problema a livello mentale, subentra una totale indifferenza fisica e questo può creare qualche problema di fraintendimento. La capacità di estraniarsi complica spesso i rapporti sentimentali, ma volendo, sanno essere molto comunicativi. Nel corso della vita dei Gemelli esistono molteplici relazioni amorose, ma le persone interessano loro più da un punto di vista intellettuale che fisico.

In apparenza il segno appare libertino e volubile; in realtà cerca la compagnia di persone intellettualmente diverse. La mentalità è aperta e il nativo desidera vivere nel modo più indipendente possibile. È bene ricordare comunque che alcuni tendono ad assumere un atteggiamento d'indipendenza per nascondere un complesso d'inferiorità. Questa disposizione andrebbe controllata ed eventualmente eliminata, iniziando con il mostrarsi calmi e per nulla irritati di fronte alle piccole avversità. Tocca al nativo comprendere se stesso e migliorare le facoltà della sua mente. Deve trarre vantaggio dalla naturale propensione alla creatività e deve studiare qualsiasi tecnica che possa fargli acquisire una maggiore disinvoltura.

L'UOMO GEMELLI

Il nativo non accetta tragedie passionali, gelosie, possessivismi, né sopporta tutto questo; sa ascoltare la partner e contemporaneamente seguire il programma preferito alla radio. Al vero uomo Gemelli viene spesso sconsigliato il matrimonio, ma vi sono casi in cui un Ascendente compensatorio mitiga certe caratteristiche pronunciate. Non serba a lungo rancore; le amicizie, le relazioni sociali, l'esterno in generale sono argomenti importanti per lui, per la propria realizzazione nel gruppo. Ha poco tempo anche da dedicare alla spiritualità, all'introspezione. Si trascina dietro, lungo la vita, la sua aria spensierata e questo può giovare al suo fisico oltre che al suo spirito. La psicologia dell'uomo Gemelli è quella del fanciullo che non vuole crescere, che chiede tenerezza ma che stenta a darla, una psicologia infantile, egocentrica, fantasiosa, irrequieta. Vi sarebbero cose da correggere in lui, come l'impulsività eccessiva, la permalosità. La tendenza a procrastinare è un'altra cattiva abitudine: l'indipendenza di pensiero va rispettata, ma non deve servire da scusa per calpestare senza riguardi i sentimenti degli altri. L'unica, insostituibile bandiera rimane quella della libertà, fisica, mentale, spirituale, a cui non può rinunciare.

I Gemelli hanno il grande pregio di captare, inquadrare, verificare istantaneamente le situazioni con mente lucida, così come sanno fare ottimo uso della parola: vivono nella realtà contingente e, senza concessioni al passato, si proiettano sempre in avanti. Il successo nella vita arride loro grazie alla presenza di spirito, all'abilità nel manipolare gli eventi, alla capacità di proporre gli argomenti. E questo fa sì che siano ottimi insegnanti, perché riescono a stimolare e a comunicare la loro fame di novità agli altri. Allo stesso modo, potranno essere ottimi giornalisti o abili manager, perché sanno afferrare immediatamente e riproporre il succo degli eventi, agendo con dinamismo. Anche nel commercio e nella politica sanno fare da mediatori, conducendo bene le trattative.

Sono portati a spendere per piccole cose che porteranno solo un beneficio temporaneo; d'altra parte ai Gemelli piace l'eleganza, tipica anche del fisico: alto, asciutto. Lo sguardo di questi uomini è, nel contempo, mobile e magnetico.

LA DONNA GEMELLI

Come il suo compagno zodiacale, questa nativa presenta una vita movimentata nelle idee e nel fisico. Sarà, perciò, difficilmente raggiungibile, arrestabile, contattabile. Solitamente mercuriale anche nel fisico, tendente allo slanciato e al magro, presenta un sorriso quasi infantile, una gentilezza composta, spirito d'adattamento, comprensione verso tutti. Spesso si dimentica dell'interlocutore dopo poco tempo, ma immediatamente concede calore umano. Le piace essere sportiva, affabile, e stimolante da un punto di vista culturale. Adora viaggiare. Tutto il movimento che si sprigiona da lei determina un grosso dispendio di energia nervosa. Se per caso si lega a compagni di altri segni (il problema non sussiste con un compagno Gemelli), la si ritrova facilmente in crisi: lui non capisce, lui è geloso, lui vieta le sue amicizie... e così via. Questi sono i problemi maggiori nei legami della nativa. Dove, invece, si mostra sprizzante di energia e simpatia sono i salotti, i convegni pubblici e culturali, gli spettacoli. Il suo fascino miete molte vittime che, ben presto però, si dovranno rendere conto della sua inafferrabilità. La maternità l'affascina e la terrorizza al tempo stesso; questo accade perché non si ritiene all'altezza del compito e intuisce la propria immaturità. Tuttavia, se si ritrova con dei figli è madre tenera e affettuosa, qualche volta distratta, e lascia loro autonomia e libertà. È una madre-amica.

Una donna di questo tipo desidera mantenere le sue abitudini fuori della sfera domestica anche dopo il matrimonio. Il talento la porta a rivolgersi, di solito, verso professioni ben remunerate, correndo il rischio di venir giudicata interessata, perché pretende un giusto compenso per il suo lavoro. In casa odia il disordine, ma attende che altri lo governino. Può essere molto utile al marito sul piano professionale, anche se ama misurarsi con il sesso opposto. In lei è forte l'impulso protettivo e difficilmente sacrificherebbe l'armonia familiare per una relazione extraconiugale. La sua mente attiva desidera apprendere ogni sorta di nozioni e teorie, rendendola eccezionale nella conversazione.

IL BAMBINO GEMELLI

La prerogativa più spiccata del piccolo Gemelli è senz'altro l'inventiva. Vede il mondo esterno come una miniera da scoprire, da raccontare. Il gioco del vero e del falso lo attrae, non perché abbia desiderio di ingannare con la bugia, ma perché ama osservare le reazioni. Le idee che si rincorrono nella sua testolina fantasiosa devono essere messe alla prova e attivate verso tali obiettivi: il divertimento, la libertà personale, la curiosità. Il bambino deve soddisfare queste sue esigenze che lo spingono ad assumere con gli adulti un atteggiamento di istintiva autodifesa. Per lui non esistono regole tanto severe cui non ci si possa sottrarre con un sorriso e un po' d'astuzia. È sempre circondato da tanti amici poiché ha bisogno di dialogo. La "lotta" in famiglia consiste nel fargli apprendere quelle regole che rifiuta, nell'insegnargli l'ordine e la programmazione anche nelle sue piccole attività. Tipici sono infatti il rifiuto a qualsiasi coercizione e la ricerca di un successo immediato.

Non è compito semplice per i genitori allevare questi ragazzi, che andrebbero sempre tenuti occupati, con inventiva. Qualsiasi compito dovrebbe essere loro proposto come una gara, o reso interessante incoraggiando creazioni personali. Di fronte all'impertinenza provocatoria occorre, invece, intervenire energicamente. La tattica migliore è quella di venire a patti con loro, magari è poco educativo, ma con una tale personalità sfuggente è l'unico metodo da adottare. Li vediamo fragili e lo sono, ma sono anche testardi, non sarebbe bene prenderli di punta. In fondo necessitano di tanto affetto e tante conferme.

I GEMELLI E L'AMORE

Le prerogative di questo segno rimangono l'allegria, la tenerezza, lo spirito d'avventura. Anche all'argomento amore i Gemelli dedicano una buona parte della loro immaginazione, e questo li porta a lanciare e ricevere messaggi in e da tutte le direzioni. Al nativo piace innamorarsi, il suo gioco è leggero, non impegnativo, è affascinante. La compagna o il compagno futuri si lasciano trascinare volentieri in un vortice di galanteria, di sorrisi, di seduzione. La sua mobilità, estesa a tutti i piani di vita, ha un magnetismo particolare. Tutto questo è stimolante e funziona bene fino a che il rapporto è in fase iniziale. Qualche problematica sorge quando nel rapporto a due s'impone una certa routine. I nativi divengono più nervosi, irrequieti, si sentono avvolti dai sottilissimi fili dell'abitudinarietà, del quotidiano, della monotonia. Reagiranno così con l'autodifesa diventando anche bruschi e a volte infedeli, ma soprattutto incostanti. Per i Gemelli, di solito, è più importante il fascino della conquista e dell'avventura, che la realizzazione di questa.

La grande immaginazione predispone il soggetto a una disponibilità completa nei confronti della vita e verso svariate possibilità, tutte improntate al principio di libertà, al movimento. Un segno mobile, i Gemelli, ma anche imprevedibile, e queste caratteristiche unite a una certa instabilità non offrono garanzie in un settore delicato e profondo come l'amore. Questo intelligente, divertente, loquace nativo manca infatti di profondità. Sa immedesimarsi nella parte scelta, sa anche recitare, smitizzare, ironizzare; è sentimentale e capriccioso, non passionale.

Sa fare ingelosire il partner, spesso senza motivazioni fondate, emanando semplicemente insicurezza in quel rapporto che dovrebbe essere a due, ma in cui affiorano troppe figure, amicizie ecc. L'uomo valorizza negli altri soprattutto le doti intellettive, vuole essere stimolato intellettualmente, vuole essere sorpreso. La donna si rispecchia nelle caratteristiche del compagno di segno, e vi aggiunge il capriccio, le bizze che ricordano una deliziosa, eterna fanciullezza. A un buon numero di Gemelli verrebbe voglia di chiedere: ma perché vi sposate? Tuttavia anche costoro si sposano; d'altra parte un buon Ascendente può aiutare nel vivere più positivamente questa scelta di vita. Eppure, si trovano molti Gemelli reduci da relazioni o matrimoni finiti con la separazione.

Disponibili a vari contatti umani, la tendenziale spinta al disimpegno li rende sentimentalmente freddi e superficiali, dunque non esattamente pronti a dedicarsi ai legami veri. L'amore per loro è uno dei tanti aspetti della vita, senz'altro meno divertente di una serata in compagnia di amici. Si avvicinano all'amore spinti da curiosità, per la necessità di provare e sperimentare tutto, ma raramente perché mossi da autentiche necessità affettive.

Possono essere preda d'infatuazioni intellettuali e maliziosamente spinti a esperienze sessuali di vario tipo, senza per questo farsi coinvolgere; in ciò sono aiutati dalla loro cerebralità. La difficoltà di base a maturare e a impegnarsi in rapporti profondi può fermarli allo stadio adolescenziale dei giochi amorosi. Sono degli istrioni affascinanti, affrontano l'amore come uno spettacolo in cui mettersi alla prova nel ruolo di seduttore. Si esibiscono, quasi, in attesa di conferme. Spesso sfuggono prima che il gioco divenga troppo serio. Possono, però, ritrovarsi innamorati di persone con intelligenza notevole e pronta e, nello stesso tempo, innamorati delle proprie capacità intellettive, fermarsi in un rapporto duraturo. Questo sarà un legame di tipo fraterno, un po' freddo, ma in compenso esisterà una sintonia mentale.

Se ci si chiede quali sono le persone che possono colpirli, bisogna rispondere che lo sono i tiratori scelti, capaci di colpire un bersaglio mobile. Infatti, i Gemelli si muovono più rapidamente di quanto possiamo pensare. Si lasciano però conquistare volentieri da compagni di viaggio e di divertimento, da persone con cui amano condividere l'imprevisto e la stravaganza. Preferiscono persone tolleranti e comprensive del loro desiderio di mescolarsi in più situazioni, e che siano in grado di far credere loro di avere sempre un'uscita di sicurezza. In tutte le relazioni sentimentali il soggetto è incostante, prudente; nella maggioranza dei casi la sua partner avrà carattere e aspirazioni opposte, perché i Gemelli amano trovarsi in un ambiente sereno, che li compensi della continua tensione nervosa e del continuo movimento che hanno in sé. Non sono certo tipi da offrire amore appassionato: la ragione domina i sentimenti e li analizza costantemente. Seduttori nati, sono fra i corteggiatori più brillanti.

La donna Gemelli ha effetto sugli uomini per il suo fascino, flirta volentieri, ma sente istintivamente quando la situazione potrebbe divenire pericolosa, e tronca istantaneamente ogni rapporto. Di solito e inconsciamente esclude un rapporto troppo facile, raramente riesce a legarsi a un uomo che le offra una vita regolare, tranquilla, fatta di routine e di regole. Se poi si lega a un uomo del genere, cercherà di suscitarne l'entusiasmo informandolo di tutto e di tutti, sostenendolo al punto da rendersi indispensabile. Non è certo quella che si definisce una "casalinga", ma sa organizzare e improvvisare una riunione, e mantenere vivi i rapporti sociali e di amicizia, conciliando il lavoro domestico con l'attività lavorativa. Di solito ha una mentalità piuttosto maschile che le conferisce una certa sicurezza. È, tuttavia, compagna ideale, capace di adeguarsi alle circostanze più insolite. Nel matrimonio riesce sempre a modellarsi al partner con una certa abilità, ma rifuggirà da personalità scialbe, poiché la sua natura attiva necessita di sprint e d'indipendenza.

I GEMELLI E IL LAVORO

Le professioni congeniali ai Gemelli sono legate al mondo della comunicazione, della letteratura, delle arti, della scienza, del giornalismo. Tanto l'uomo che la donna Gemelli sono fatti per attività polivalenti e itineranti. Non bisogna però aspettarsi regolarità e metodo nel lavoro; infatti i loro orari sono fantasiosi e discontinua l'applicazione. Tutto ciò fa intuire che cercheranno di lavorare per lo più in maniera indipendente.

La donna Gemelli non ha problemi nella ricerca di un lavoro: le si addicono tutte quelle attività che implicano impegno mentale, ma anche il contatto con il pubblico, la vendita. Il punto debole rimane un'estrema sensibilità e un'emotività che incide anche sull'umore giornaliero. Non concepisce inoltre come sia possibile consacrare la propria vita ad accumulare denaro: solitamente si accontenta di quello che ha, senza troppi problemi. Esiste però un altro tipo di donna Gemelli, più materialista, pratica, affarista, scaltra. A volte, entrambe le nature coesistono. Il tipo Gemelli esprime nel lavoro la sua natura vivace, curiosa e pronta a recepire tutte le novità. È predisposto alle attività che richiedono contatti, viaggi e scambi intellettuali. Possedendo un'eccellente dialettica, il nativo potrebbe svolgere con successo la professione del cronista o del giornalista. Grazie alla sua capacità d'immedesimarsi nella realtà, potrebbe fare l'attore. Potrebbe altresì dimostrare attitudine all'insegnamento e all'arte dello scrivere.

I GEMELLI E LA SALUTE

a) I punti deboli dei Gemelli – Il temperamento dei Gemelli, come quello dell'Ariete, è sempre sotto tensione anche se le motivazioni dello stress sono fondamentalmente diverse. La forza fisica è meno solida di quella dell'Ariete, ma notevole è quella nervosa. Il tratto più positivo del segno è l'apertura mentale verso ogni conoscenza ma, per legge di polarità, diviene anche il tratto più negativo, poiché diventa stimolo allo spreco di energie, specie mentali. Questo, a lungo andare, logora la mente e provoca ansia, depressione, esaurimenti. I Gemelli consumano energie e anche calorie. Per questo motivo, spesso possono permettersi un'alimentazione superiore alle loro necessità senza temere aumenti di peso, anzi conservandosi magri e snelli, e per la magrezza possono apparire ancora più fragili.

I nativi dovrebbero vivere in un clima di mezza montagna o di collina, non esporsi all'umidità, fare attenzione agli sport violenti o pericolosi, non portare pesi. Il segno dei Gemelli governa le braccia (gomito escluso), le spalle, tutte le terminazioni nervose e le funzioni respiratorie. L'influsso maggiore viene esercitato sull'apparato respiratorio soggetto a raffreddori, bronchiti, pleuriti e polmoniti. Lungo i gradi del segno si trovano la trachea, la scapola, la clavicola, la tiroide. Anche la bocca dello stomaco fa parte dei punti deboli dei nativi oltre che l'ultima vertebra cervicale e le prime due vertebre toraciche. Sono questi i punti da tenere maggiormente controllati.

Il sale biochimico o minerale di cui necessita questo segno è il cloruro di potassio, la cui funzione nell'organismo è quella di aiutare il funzionamento della milza e del pancreas. Rivitalizza, inoltre, le fibre del corpo e rende possibile l'utilizzazione della fibrina, una proteina presente nel sangue, fondamentale per i processi di coagulazione. Quando esiste una lieve carenza di questo sale minerale si ha un senso di fame continua, appaiono afte all'interno della bocca e smagliature nei tessuti.

Quando invece si dà una carenza grave di questo sale minerale, può calare l'udito per infiammazione nell'orecchio interno, si manifestano infiammazioni di gola, ci si sente deboli, può apparire un prediabete per pigrizia pancreatica. Esistono fonti alimentari dalle quali attingere il cloruro di potassio, e sono: infuso di equiseto, carote, cavolfiori, fagiolini verdi, sedano. L'accortezza tuttavia è di avere una buona e completa alimentazione per evitare disturbi anche fastidiosi.

b) La dieta dei Gemelli – Un segno nervoso, quello dei Gemelli, anche nel suo rapporto con il cibo. Non ha molto tempo per curare l'alimentazione, perciò mangia di fretta, non cura la preparazione, non dà la giusta importanza a un atto fondamentale della vita. Dovrebbe consumare i prodotti della stagione in cui è nato (tarda primavera-estate), momento in cui la natura è particolarmente prolifica. Il nativo è distratto, e allora, come l'Ariete, mangia velocemente, mastica poco e male e tutto questo non giova alla digestione.

Possono manifestarsi gastralgie, aerofagie. La mobilità e l'alternanza del suo sistema neurovegetativo influisce sui tempi di digestione. I suoi ritmi non sono rispettati, compreso quello del sonno. Tutto ciò gli può procurare, col tempo, disturbi quali gastriti, ulcere allo stomaco, discinesie biliari.

LA PIETRA DEI GEMELLI: IL TOPAZIO

Il topazio è un minerale di lucentezza vitrea, generalmente giallo (ma può presentare anche una tonalità azzurro-verdastra), il colore della luce solare che, in questo periodo, raggiunge il suo massimo. Questa pietra è di aiuto per ovviare ad alcuni difetti del segno dei Gemelli, come la dispersione e l'eccessiva loquacità. Il topazio riesce infatti a incanalare le grandi energie del soggetto, in modo da rendere il nativo più attento nell'agire e nel parlare. Questa pietra influisce positivamente sui Gemelli, consentendo loro di mantenere la testa fra le nuvole ma i piedi finalmente ancorati a terra.

IL PIANETA DOMINANTE: MERCURIO

Il sempre giovane dio alato della mitologia era il messaggero degli dèi. Simbolicamente rappresenta il principio armonico e intelligente della vita. Astrologicamente, Mercurio influisce sull'intelletto e sul ragionamento. Governa l'insieme delle facoltà mentali percettive. Un Mercurio positivo nel tema natale, regala capacità oratorie, inventiva, versatilità, elasticità psicofisica. E ancora, facilità d'apprendimento in ge-

Ⅱ

nerale (delle lingue straniere in particolare) e capacità d'improvvisazione. Al contrario, se negativo, lo si collega alla menzogna, all'inganno, all'incostanza e all'introversione. È l'astro più veloce e leggero del sistema solare. Il linguaggio, la scrittura, qualunque tipo di messaggio, viene diretto da Mercurio.

Chiarisce anche le turbe del sistema nervoso, e, a seconda della sua posizione e degli aspetti che forma con gli altri pianeti, può influire positivamente o negativamente sulla salute mentale.

Mercurio è l'energia del pensiero, ma il pensiero non è altro che il movimento che si produce nella coscienza sotto tre modalità: subconscio, conscio, superconscio, di cui Mercurio è l'agente trasmutativo. Mercurio è il "pensiero cosmico", lo spirito universale nel suo aspetto divino. Mercurio-Gemelli trasforma le energie prerazionali-cosmiche in influsso psichico. In questa funzione, egli agisce non tanto come elemento immorale, quanto a-morale. Ogni norma morale suppone lo sviluppo della ragione. L'energia prerazionale dei Gemelli non comporta ancora, riflessa nell'uomo primitivo, né la distinzione tra il bene e il male, né il ragionamento, né la volontà che caratterizzano poi l'uomo-Leone, ma soltanto la sensitività, l'istinto, il desiderio. È per questo che si rimprovera spesso ai Gemelli (con aspetti negativi nel tema natale) di sottrarsi senza troppi scrupoli alle leggi della morale tradizionale. Mercurio è pure il metallo allo stato liquido che, per la sua condizione fisica, scorre su qualsiasi superficie lo si collochi, ed è pertanto inafferrabile. L'età che lo identifica è quella compresa tra il momento in cui il bambino inizia a parlare e la pubertà.

Mercurio è anche simbolo di instabilità endocrina, con appetito e polso irregolare, con alternanze di sovreccitazione e depressione. Anche i muscoli sono interessati da Mercurio (specie quelli delle braccia e delle spalle). Sia le nevrastenie che le amnesie, i tic, gli strappi muscolari, la balbuzie, le psicosi, sono da attribuire a Mercurio. Ma anche le nevralgie, le nevriti, le paralisi agli organi periferici, i mal di testa di origine nervosa.

II

IL SIGNIFICATO DEI PIANETI NEL SEGNO

☉ *Sole:* disinvoltura e umorismo.
☾ *Luna:* versatilità, giovinezza di spirito, distacco emotivo.
☿ *Mercurio:* intelligenza brillante, dialettica persuasiva. Abilità manuale.
♀ *Venere:* vita sentimentale animata e senso estetico sviluppato.
♂ *Marte:* tendenza ad aggirare gli ostacoli e spirito polemico.
♃ *Giove:* diplomazia, successo in attività intellettuali.
♄ *Saturno:* mentalità scientifica. Indica talvolta poca spontaneità.
♅ *Urano:* inventiva, predisposizione alle discipline psicologiche.
♆ *Nettuno:* ricerca della spiritualità. Mancanza di senso pratico.
♇ *Plutone:* accentua le caratteristiche del pianeta Marte.

LE DECADI DEI GEMELLI

Se siete nati nei giorni compresi tra il 22 e il 31 maggio: il pianeta personale dominante è Mercurio, conosciuto come il simbolo del sapere e preposto alla parte razionale della mente. Se è in posizione positiva, conferisce una personalità sveglia, ingegnosa, percettiva, intellettuale, studiosa e forte. Se è in posizione negativa, rende inclini all'indiscrezione, all'incapacità, alla negligenza, all'eccessiva esuberanza.

Se siete nati nei giorni compresi tra il 1° e il 10 giugno: il pianeta personale è Venere, simbolo dell'amore e della bellezza. Denota una natura non soggetta a facili cambiamenti. Anche le simpatie e le antipatie tendono a rimanere immutabili. Esiste una tendenza a essere spericolati, dispotici e ostinati. Grande, d'altra parte, la generosità. Lo spirito è magnanimo.

Se siete nati nei giorni compresi tra l'11 e il 21 giugno: questa è la terza decade dei Gemelli e i pianeti personali sono Saturno e Urano. Essi formano una combinazione inconsueta col pianeta dominante, Mercurio. L'influenza di questi tre pianeti è ritenuta prevalentemente mentale e i nativi di questo periodo hanno una mente molto brillante e possono rivelarsi veri geni. Le loro idee, i loro pensieri sono molto più avanzati dell'età e dell'epoca in cui essi vivono.

I GEMELLI E I LORO ASCENDENTI

Gemelli asc. Ariete

L'Ascendente Ariete conferisce forti impulsi di volontà, d'intraprendenza, e di dinamismo. Il tipo che ne deriverà sarà quindi rapido nel pensare e nell'agire, anzi talora addirittura precipitoso, sempre pervaso da grande entusiasmo, ma sovente privo di perseveranza. È comunque una natura affascinante, esuberante, destinata per le sue caratteristiche a ricoprire, nella vita, posti di comando. Può anche accadere che in questa simbiosi, si vengano a perdere componenti di candore e di ingenuità per raggiungere una consapevolezza non esente da autocritica.

Gemelli asc. Toro

Quando l'intelligenza dei Gemelli si unisce alla natura pragmatica del Toro, le doti dei primi scioglieranno la rigidità e la pesantezza del secondo, rompendo lo stretto vincolo del Toro con la Terra e quella sua incapacità di elevarsi nel mondo del pensiero che sovente lo priva di ogni slancio immaginativo. Ne risulterà un soggetto pronto a esercitare la propria intelligenza nella praticità della vita reale e teso alla conquista del successo. Allo stesso tempo, la razionale freddezza dei Gemelli, amalgamandosi con la sensualità calda del Toro, genererà un giusto equilibrio affettivo.

Gemelli asc. Gemelli

Indica l'estrinsecazione di tutte le caratteristiche tipiche del segno nelle loro numerose sfumature e sfaccettature. Ne può scaturire una natura brillante, versatile, spiritosa e interessata a tutti i problemi del mondo, talvolta, però, mancante della capacità di penetrare a fondo il vero senso delle cose, della vita e del mondo.

Gemelli asc. Cancro

Al lato dei Gemelli intellettuali, controllati e critici si unisce quella ricchezza di sentimenti, di convinzioni poco obiettive, di pensieri non sempre chiari, e quell'atteggiamento spesso vago e indeciso del Cancro. Tutto questo può generare una natura con forti sentimenti, legata intimamente alla famiglia e ancora di più alla vita. L'unione tra intelletto e istinto può essere fonte di una grande intuizione e di una grande capacità di cogliere al volo le situazioni. Ne risulta una natura imprevedibile, ma interessante, ricca d'immaginazione costruttiva.

Gemelli asc. Leone

Questa è una buona combinazione perché porta a un atteggiamento positivo verso la vita e l'umanità. L'intelligenza è viva e la volontà forte, e anche la consapevolezza della propria personalità è in rilievo. Questi nativi assumono un atteggiamento generoso, dignitoso e ambizioso che li aiuta a conseguire, senza difficoltà, posizioni importanti e a estrinsecare tutte le loro notevoli capacità.

Gemelli asc. Vergine

Tra il segno d'Aria, Gemelli, e il segno di Terra, Vergine, esiste in qualche modo una caratteristica comune che, nella simbiosi acquisterà una sua spiccata rilevanza: il modo di pensare freddo e privo di sentimentalismi. Grazie a questa componente di pura razionalità, l'individuo sarà molto controllato e costantemente padrone delle situazioni. Il nativo ha slanci spirituali, desiderio di comunicare e tutta la leggerezza ariosa, tipica dei Gemelli. Certo può talvolta venire appesantito dalla componente terrestre della Vergine. In questo caso la sua duttilità e la sua elasticità verranno permeate da un acuto senso dell'ordine e, insieme, del dettaglio.

Gemelli asc. Bilancia

Questa combinazione è composta da due segni d'Aria che accomunano la loro intelligenza e il loro fascino. L'intellettualismo dei Gemelli s'arricchisce degli interessi artistici della Bilancia, della sua gioia di vivere, della capacità di godersi la vita e del suo atteggiamento equilibrato. Può uscirne una personalità preoccupata delle apparenze, con inclinazione alla volubilità.

Gemelli asc. Scorpione

Molto interessante questa combinazione per il forte influsso che lo Scorpione esercita sui Gemelli. Il soggetto ha intelligenza acuta, rapida nell'afferrare un pensiero e nell'approfondirlo. Fortemente cerebrale, non è superficiale né curioso, ma attento alla profondità e all'approfondimento.

Gemelli asc. Sagittario

È una combinazione che mette in risalto i lati migliori dei due segni, e dalla loro fusione si genera un soggetto con caratteristiche decisamente positive, attivo e capace di elaborare attentamente progetti di vasta portata. Il nativo è in grado di stabilire buoni contatti sociali e umani. Persiste l'amore per la novità, per i cambiamenti, tipico dei due segni. La natura sarà disinvolta, giusta, obiettiva.

Gemelli asc. Capricorno

È una simbiosi in cui i Gemelli offrono la loro capacità intellettuale, la loro versatilità, il loro slancio e la loro elasticità mentale, mentre l'Ascendente offre la sua grande capacità lavorativa, la perseveranza e la forza di concentrazione necessaria al segno. Il carattere perde in parte la tipica leggerezza dei Gemelli e, peraltro, la lentezza del Capricorno si scioglie per dar luogo a un soggetto più socievole e disinvolto.

Gemelli asc. Acquario

Anche l'Acquario ha una sua instabilità di fondo, e questa unione di segni dà come risultato un soggetto nettamente intellettuale che fonde una mentalità realistica e chiara con idee moderne e progressiste. Una natura aperta a progetti stravaganti e dotata di forte entusiasmo per realizzarli. Il nativo è pronto a combattere per le proprie idee e per difendere i deboli: in pratica ne risulta un idealista.

Gemelli asc. Pesci

Sono due segni totalmente differenti e la mente fredda, chiara e cosciente del primo si fonde con quella sentimentale, istintiva e spesso nebulosa del secondo. A volte, la limpidezza di idee, la riflessione, la logica dei Gemelli risultano incompatibili con la natura volubile e passiva dei Pesci. I soggetti vivranno contrasti interiori rilevanti tra intelletto e sentimento, ma ne può scaturire una mente più umana, o un sentimento più ragionevole.

LA SINTONIA CON GLI ALTRI SEGNI

Gemelli/Ariete

In un rapporto affettivo dove esistano divergenze sull'argomento sesso, questi due soggetti s'incontrano con qualche difficoltà. L'Ariete è passionale e istintivo, e può giudicare snervante il tipo Gemelli freddo e calmo, la cui cerebralità gioca un ruolo importante nelle questioni amorose.

Gemelli/Toro

Questi due segni sono poco adatti l'uno all'altro a causa della diversa sensibilità. I Gemelli, dominati da Mercurio, s'interessano a tutte le attività mentali, e la loro grande passione per le novità non è compatibile con la mentalità realistica del Toro, dominato da Venere. Il Toro è lento, sedentario, fedele, e troverebbe difficile adattarsi al tipo irrequieto dei Gemelli.

Gemelli/Gemelli

La combinazione sembra buona e ognuno dei due dovrebbe comprendere la natura mutevole dell'altro. Gli impulsi e i desideri sono reciproci. Un problema potrebbe esser costituito dall'Ascendente Scorpione di uno dei due. Nel caso, però, che i soggetti abbiano vocazioni corrispondenti, l'unione è ottima.

Gemelli/Cancro

Il segno del Cancro, che ama la casa, potrebbe trovare i Gemelli troppo amanti della vita extradomestica e troppo ambigui. Lo spirito conservatore del Cancro non accetta il desiderio costante di cambiamento. Ma anche la tendenza alla malinconia del Cancro può rivelarsi insopportabile per i Gemelli. La combinazione può essere positiva quando è la donna a essere Gemelli e l'uomo nel Cancro, specie se vi sono figli a occupare il tempo della madre Gemelli.

Gemelli/Leone

Non è una combinazione facile, perché il Leone ama con il cuore mentre i Gemelli con la fantasia. Superficialmente esiste affinità tra i due segni: entrambi sono attirati dal prestigio, dall'adulazione, dal mondo. Ma in casa il Leone, appassionato, si troverà a lottare contro l'irragionevolezza dei Gemelli, che gli rimproverano di essere troppo materiale, possessivo ed esigente in amore.

Gemelli/Vergine

Anche questa non risulta una combinazione più di tanto favorevole per la felicità di coppia. Mercurio domina, in modo diverso, entrambi i segni e finisce col metterli alla prova. Nei Gemelli, Mercurio è calcolatore, nella Vergine è esigente e critico. Il realismo della Vergine potrebbe venire contrariato dal desiderio di novità dei Gemelli. Entrambi amano l'ordine, la pulizia, le amicizie, l'arte, e questi sono gli unici punti in comune.

Gemelli/Bilancia

Può essere una buona combinazione per una vita di coppia. Entrambi hanno elementi in comune e pochi contrasti. Gli interessi sono similari e nel tribunale del matrimonio la Bilancia risulta il "giudice" e i Gemelli la "giuria". Gli interessi intellettuali e artistici sono compatibili e la Bilancia capirà entrambi gli aspetti della natura dei Gemelli.

Gemelli/Scorpione

Da un punto di vista intellettuale i Gemelli sono adatti, come compagni, al nativo Scorpione; tuttavia, in campo fisico e sessuale i Gemelli sono troppo riservati per soddisfare lo Scorpione, la cui natura gelosa e possessiva urterà il desiderio di libertà del partner. Alcune unioni possono tuttavia resistere, anche se rappresentano delle vere e proprie mine vaganti.

Gemelli/Sagittario

I due segni sono accomunati da un unico scopo: l'indipendenza assoluta materiale e spirituale. È una combinazione compatibile. Entrambi i segni si distinguono per franchezza e generosità, e li unisce un unico amore: la libertà individuale. I cambiamenti sono graditi a entrambi. Si incontrano, dunque, su un terreno comune, e possono far progetti per la vita con tranquillità. Anche se qualche volta vi sarà un po' di burrasca, sarà più per amore di discussione che per divergenze profonde.

Gemelli/Capricorno

Il carattere saturnino del Capricorno è in difficoltà, messo a contatto con i Gemelli. Il Capricorno è paziente, i Gemelli no. Si profilano dissensi e divergenze nell'accordo. La spinta a eccellere che è nel Capricorno, senza riguardo per gli ostacoli, si rivelerà insopportabile per i Gemelli. Il Capricorno è un lottatore che continuerà a insistere per ottenere il sopravvento, cosa mal sopportata dai Gemelli.

Gemelli/Acquario

Gli istinti umanitari dell'Acquario trovano un porto accogliente nei Gemelli. Urano, il pianeta governatore dell'Acquario, è ricco di sorprese e cambiamenti e ciò si addice perfettamente al nativo Gemelli. Si avrà una vita in comune stimolante e quando l'Acquario vorrà restare solo, i Gemelli non si offenderanno. Questa è una condizione passeggera e verrà superata dai due segni.

Gemelli/Pesci

Se i Gemelli si uniscono ai Pesci, mettono a repentaglio la loro libertà, perché il compagno pretende che essi rinuncino a tutti gli interessi extradomestici per dedicare ogni pensiero a lui. La natura sensibile e diffidente dei Pesci si rivela intollerabile per i Gemelli, amanti dell'autonomia. Questi ultimi devono essere pronti a mutare completamente abitudini e personalità se vogliono essere felici con tale compagno devoto, ma un po' possessivo.

Cancro

SIMBOLOGIA, MITO E LEGGENDA

Il simbolo grafico (♋) del Cancro raffigura le chele dell'animale legato ai miti della siccità e della Luna. L'immagine ricorda l'incontro di due germi vitali, oppure l'uovo, simbolo del processo di gestazione.

Nella costellazione del Cancro i Greci identificarono il granchio che cercò di mordere il piede a Ercole, nell'intento di ostacolare l'eroe, impegnato a combattere contro l'Idra di Lerna. Il granchio ebbe la peggio, finendo schiacciato da Ercole, ma la dea Era (irriducibile nemica del figlio illegittimo di suo marito Zeus), glorificò l'animale assumendolo in cielo come quarta costellazione dello zodiaco.

ANALISI DEL SEGNO

Il tempo che va all'incirca dal 22 giugno al 22 luglio segna l'inizio della stagione estiva. Il Cancro, segno cardinale, rappresenta appunto il cardine, l'inizio di stagione. La calura si fa lentamente sempre più intensa, ma contemporaneamente si assiste anche all'inesorabile declino della luce; giacché con il solstizio d'estate il giorno inizia ad accorciarsi in maniera impercettibile e le ore notturne ad allungarsi. È in questo periodo che nascono la donna e l'uomo del Cancro.

Tale segno risente a livello inconscio dell'incombente declino della stagione. Il nativo tende all'introversione, la sua personalità è più istintiva che razionale. Il suo astro governatore, la Luna, gli conferisce la capacità di vivere in una dimensione tutta sua che spesso si scontra con il mondo reale. Può apparire distratto, sognatore, creativo, intuitivo. Uno dei suoi punti di forza è la memoria e infatti ha un filo diretto con il passato in generale e con il proprio passato in particolare. Questo lo porta a essere tradizionalista, a valorizzare casa e famiglia. Anche l'amore è un punto importante nella sua vita, l'amore in senso lato e quello materno in particolare.

Il Cancro necessita più di altri di affetto, di calore umano; è, infatti, contrassegnato da note d'infantilismo. Altra peculiarità è l'inclinazione a farsi influenzare. Può risentire a livello psicofisico di situazioni affettive insoddisfacenti, di rapporti deludenti, tutte cose che ne minano l'equilibrio interiore. L'amore, i rapporti umani non sono fine a se stessi, bensì un veicolo in cui i nativi si concentrano per trovare una pacificazione interiore. Si tratta, dunque, di un segno sensibile, emotivo, il quale ha difficoltà a trovare le spinte che potrebbero spronarlo sulla via della propria realizzazione. È stato definito morbido, il segno del Cancro, ma non bisogna dimenticare che la sua corazza è dura e dimostra, a volte, una discreta determinazione e cocciutaggine. Sa rinchiudersi nel proprio guscio di fronte a reazioni negative esterne, sa essere molto ostinato. È questa la sua forma di reazione passiva. È un lunare, non solo in quanto un po' lunatico, ma anche in quanto facile preda di romanticismo notturno.

I Cancro sono timidi e posseggono, spesso, facoltà medianiche. La personalità è interessante, a volte enigmatica. Il nativo è riservato, ma questo non interferisce col senso d'amicizia e con l'innata allegria. In lui vi è orgoglio e anche una buona dose di egocentrismo, non vanità. Data la tendenza all'individualismo, sa attribuire il giusto valore alle proprie doti. Altre virtù sono la rettitudine, la schiettezza, la generosità. Sa ispirare fiducia. La chiave delle sue qualità si trova nella memoria riflessiva. I sentimenti sono profondi, vulnerabili nella loro fragilità, ma tutto questo, spesso, rimane nascosto, segreto. Il rancore lo conosce di rado, anche se non dimentica un'offesa o un torto subiti. Tende a essere protettivo e difensivo nei confronti degli altri, quasi considerandoli sempre alla stregua di "bambini" da proteggere. È di solito molto comprensivo.

Il senso d'osservazione è sviluppato. Esiste una buona coordinazione tra corpo e mente, e l'attenzione è sempre vigile. Cerca di analizzare i propri pensieri e i propri impulsi, non sempre, invece, riesce a dominarli. La fantasia è sviluppata e al nativo piace riflettere su fatti e avvenimenti passati; l'abilità di ricostruirli nella sua mente è un'altra delle sue prerogative. Non bisogna però che esageri in questa attività immaginifica. Presenta un dialogo interessante e non rivela difficoltà nell'apprendimento in generale. Infatti, nella maggioranza dei casi, è versato allo studio. Presenta, talvolta, una certa aggressività che serve spesso come autodifesa; se unita alla volontà, lo aiuta a superare i vari ostacoli della vita. Tipiche anche la pazienza e la forza d'animo, che consentono di portare a termine imprese in cui l'impazienza di altri segni si dimostra fallace. La costituzione del Cancro è robusta, ma sono sconsigliati i traumi fisici e soprattutto quelli emotivi, che possono lasciare strascichi davvero pericolosi. Non bisogna pertanto abusare delle energie del proprio sistema nervoso e, possibilmente, occorre evitare le preoccupazioni, il cattivo umore, la depressione, la paura e i complessi derivanti da cattiva salute, i quali, a loro volta, influiscono negativamente sulla stessa.

La lettura può essere una compagnia positiva per questi soggetti, salutare, così pure, un tuffo nel verde. Si sentono collezionisti e non buttano mai via niente, tuttavia il loro vero archivio sta nell'anima. Sui loro oggetti-ricordo è bene non intervenire mai limitandosi al massimo a toglierne la polvere. Mancano un po' di spirito pratico e di ambizione. Proprio per questo motivo la loro ascesa può essere lenta; spesso scelgono una professione da artisti, che li coinvolga poco o niente nei problemi pratici della vita. Il denaro rappresenta un mezzo e non una conquista, serve loro per le necessità contingenti.

Sono personaggi fascinosi, delicati, sensibili; le loro vicende affettive possono assumere toni passionali e passare attraverso difficoltà davvero grandi. Il Cancro, infatti, tende a sublimare e a trasfigurare l'amore, il che può aumentare le delusioni. Può destare amori improvvisi e fatali, ma non è un segno facile da amare.

L'UOMO CANCRO

Si ritrovano note di immaturità nella psicologia dell'uomo Cancro che tende a proporsi capricciosamente quando vuole conquistare qualcosa, o a ricorrere all'arma del vittimismo, o, ancora, a mostrarsi suadente e dolce. Psicologia complessa, ma, in fondo, lineare, una volta compresi i suoi meccanismi. In lui si agita una profonda e indistinta malinconia, che si esprime nella nostalgia di un passato prossimo (il passato della vita attuale) mentre, inconsciamente, le malinconie risalgono a ricordi inconsci, risalenti a stadi di vita diversi, non necessariamente migliori. Nelle questioni affettive è tenero, premuroso, affettuoso. Vi è spesso devozione verso la partner e la gelosia fa parte del carattere. Questa va controllata. L'uomo Cancro è un po' Edipo, un po' Narciso. Il primo per l'evidente riferimento al complesso individuato da Freud, e che vede al suo centro la complessa dinamica dei rapporti tra madre e figlio (tanto che il nativo ricerca spesso nella partner una figura materna); il secondo per il legame che il temperamento cancerino ha con l'immagine di se stesso, che contempla continuamente in un processo di introversione.

È tendenzialmente un conservatore e un tradizionalista; dà grande importanza ai ricordi. La sostanza tradizionalista del suo carattere è determinata dall'incapacità di staccarsi da ciò che gli è diventato caro, per qualche motivo, perché legato a un ricordo o a un avvenimento. Questa inclinazione si riflette anche nell'attività professionale, perché, diffidente davanti al progresso, frena le sue possibilità di accrescimento e si ostina a guardare indietro. Vive rimuginando le esperienze già vissute, rendendo difficile il suo inserimento nel campo del lavoro; non mostra adattabilità, è suscettibile e poco sottomesso. La tenacia lo può aiutare, nel tempo, a scoprire le proprie energie sommerse. In quel momento, pur esitando ad agire e ad affrontare la realtà, una volta presa una decisione, procederà senza ripensamenti lasciandosi guidare dall'istinto.

L'uomo Cancro ama i viaggi, specie in gioventù, mentre questo interesse cala nella seconda parte della vita. Sul piano fisico data la sua proverbiale pigrizia, può tendere alla pinguedine. Come padre, è affettuoso, spesso è convinto di essere un genitore perfetto. Sente la paternità in modo viscerale, emotivo, immediato. Può soffrire, durante il parto, come la compagna. Tuttavia, non si rivela in seguito un padre portato a dare una mano nelle faccende pratiche del figlio. Sente più vicino a sé una figlia femmina, la avverte maggiormente disponibile al suo affetto. È possessivo e geloso, può divenire invadente nella vita dei figli, e richiede da loro uguali sentimenti. L'età della socializzazione dei figli diviene un piccolo tormento: gli è difficile accettare positivamente le loro amicizie, come pure l'interesse che essi dimostrano per argomenti che esulano dal contesto familiare. Di solito l'intesa è maggiore con figli Cancro.

LA DONNA CANCRO

Si nota subito una certa aria sognante, materna, femminile, malinconica a volte, ma dolce. Anche la donna Cancro concentra i valori di vita nell'unione armoniosa, nella casa, nei figli. Mostra un grado maggiore di vulnerabilità generata dalla labilità nervosa, dall'equilibrio psichico instabile.

Dovrebbe allenare la propria volontà al fine di valorizzare certe sue qualità che rimangono spesso soffocate, anche a causa della sua dedizione al compagno di vita e alle persone che le stanno vicine. Nelle migliori condizioni, quando il quadro natale è positivo, è una donna piena di simpatia, affezionata, protettiva. È paziente, si adatta alle varie situazioni e si ritiene soddisfatta di quanto le viene dato. Sa rendere attraente anche il luogo più umile, qualsiasi casa. È servizievole e, in cambio della sua devozione, viene amata e rispettata. È la personificazione di tutte le letterature che idealizzano la madre.

Tuttavia, come madre, se è ideale nella prima infanzia dei figli, che "avvolge" calorosamente nel suo amore protettivo, può divenire un po' ossessiva ed eccessivamente protettiva quando crescono, impedendo loro di tagliare quel cordone ombelicale che li lega a lei talvolta morbosamente. Come moglie, se esistono aspetti negativi nel quadro natale, le native tenderanno alla tristezza, all'umore mutevole, saranno refrattarie a migliorarsi e si crogioleranno un po' troppo nell'autovittimismo. Si sposano facilmente, magari in giovane età; le loro inclinazioni naturali attirano le simpatie e gli uomini disposti ad accasarsi, in particolare quegli uomini che, inconsciamente, ricercano nella loro compagna il lato materno, quasi a continuazione della vita familiare lasciata da poco.

La nativa cerca protezione nel partner e quasi sempre la trova, soprattutto quando il suo carattere si dimostra eccessivamente debole, avendo bisogno della guida e dell'aiuto del marito per affrontare i problemi che la vita presenta. Metterà il marito su di un piedistallo e lo idealizzerà, ma alla prima delusione, il trauma spirituale sarà gravissimo. Queste mogli sono appassionatamente possessive e assorte nella vita familiare. Tutto considerato, il carattere è squisitamente femminile e l'uomo che le sposa trova in loro una grande femminilità.

La donna Cancro cerca il suo ideale nell'uomo compito e serio, che rivela un forte senso di responsabilità, un attaccamento al lavoro, capacità realizzatrici, e che sia pieno di premure e di attenzioni: un fiore, un gesto che possono intenerire. All'inizio di ogni conquista, è un po' timida, tende a mostrare dolcezza e sottomissione. Ci tiene a sembrare debole, fragile e vulnerabile, si propone con tutta la sua femminilità. Ama i rapporti chiari, stabili e tradizionali. Il suo traguardo è il matrimonio; casa, figli e famiglia sono da lei considerati come il vero compimento della sua esistenza. È affettuosa e previdente, sa tenere da conto tutto ciò che possiede e spesso s'impegna a far aumentare il patrimonio. Vuole la certezza di poter vivere bene in ogni caso ed eventualità. A volte riesce a compiere anche cose grandi e importanti.

IL BAMBINO CANCRO

Il bambino Cancro tende a cambiare d'umore a seconda dell'atmosfera che lo circonda. Ha antenne sensibili e percepisce intuitivamente gli stati d'animo degli adulti. Bisogna, tuttavia, per questo emotivo segno d'Acqua, fare una distinzione tra maschi e femmine. Il bambino è tendenzialmente meno vulnerabile della bambina, spesso portata a una precoce drammatizzazione dei sentimenti. A queste si dovrebbe dare la sensazione di essere autonome. Occorre evitare, soprattutto, che l'idealizzazione dei genitori condizioni le scelte che faranno da adulte. Per dare un aiuto al bambino Cancro, sarebbe il caso di evitargli confronti e competizioni con i compagni e non esporlo a umiliazioni.

Riguardo alla sua variabilità d'umore e ai suoi capricci, bisognerebbe usare una certa fermezza. Non circondandolo di cure esagerate e raccomandazioni legate alla salute fisica, si può evitare che si senta più fragile dei coetanei. Il dare sicurezza è la prima cosa da fare nei suoi confronti, e questo si raggiunge iniziando a responsabilizzarlo fin dall'infanzia, ovviamente in proporzione all'età. È importante non dargli l'idea di essere solo o, peggio, abbandonato a se stesso, ma guidarlo senza fargli pesare addosso la nostra presenza.

L'inconscio del piccolo Cancro, unito alla fantasia, è una miniera inesauribile di idee, di piccoli progetti, di sogni. È bene guidarlo anche in questo, indirizzandolo verso lo studio di materie che preferisce, lasciandolo, più grandicello, libero nelle scelte scolastiche. Occorre inoltre disabituarlo a farsi compiangere nel momento delle prime scaramucce sociali, va invece incitato a reagire ragionevolmente. L'alimentazione è importante, e fargli comprendere l'importanza della qualità del cibo lo aiuterà nella prevenzione da adulto.

IL CANCRO E L'AMORE

Il malinconico, tenero, instabile segno del Cancro affronta l'argomento Amore in modo particolare: con timore. Timore generalizzato verso la vita che non vorrebbe mai affrontare, e dalla quale prende le distanze costruendosi una corazza esteriore, tessuta d'intelligenti autodifese, fatte di logica, di diffidenza, di aggressività. Questo vale per la vita, ma in amore è tutto più difficile: non esiste corazza nel campo dei sentimenti, dove vengono meno anche le autodifese usuali.

Così i nativi tendono a sostituirle con elaborati meccanismi mentali, che possono mettere alla prova l'affetto, la pazienza, la disponibilità del partner. Il compagno o la compagna di vita si troveranno, spesso, nella difficoltà di capire l'alternanza delle loro espressioni, l'instabilità emotiva che complica le cose e che spesso produce l'effetto opposto ai loro tentativi di acquisire più affetto o più comprensione. Purtroppo, spesso è così: riescono a complicarsi la vita, ma ancor più gli affetti. In loro pare esistere, a volte, una sfumatura di masochismo e di sadismo, poiché, più o meno inconsciamente, fanno soffrire il partner, torturandosi a loro volta profondamente. Tutto ciò scaturisce da una sensibilità esasperata e da un'incapacità a rilassare la propria mente. Nella ricerca del compagno di vita, si nota, spesso, nel Cancro la tendenza a legarsi a partner di non spiccata personalità, per poter poi esercitare una sorta di plagio.

Tenera, dolce, anche la donna, ma con meno asperità caratteriali se decide di realizzarsi nella famiglia; con più durezze colei che cerca la realizzazione nel sociale. Questo segno mantiene, comunque, in amore qualche piccolo complesso e ciò si manifesta nel momento in cui il piedistallo della sua realizzazione, per qualche motivo, vacilla. L'estrema suscettibilità alimenta ombre nel rapporto, ombre che spesso non esistono, ma che nascono da una grande insicurezza.

IL CANCRO E IL LAVORO

Anche il settore del lavoro vede il nativo impegnato nella ricerca di un ambiente "caldo" e ricettivo dove elaborare le sue qualità intellettive e di collaborazione. Le facoltà analitiche della mente sono interessanti e indicano chiaramente la via professionale, quella del lavoro, mentre sono spesso latenti i talenti artistici che non sempre vengono considerati. Tuttavia è l'individualità del Cancro che deve trovare il modo di esprimersi per raggiungere il successo: il segno, sebbene riceva aiuti esterni, riesce a crearsi il proprio destino da solo grazie ai suoi meriti. Il successo, infatti, arriva verso la metà della vita e continua.

Occorre fare attenzione se si è impiegati in società o in associazioni, perché vi sono tendenze che indicano un carico eccessivo di responsabilità che dall'esterno calano sul nativo. Un certo successo può arridere a coloro che si dedicano agli affari con iniziative personali. Questo richiede, comunque, una buona preparazione, un buon carico di coraggio e di forza d'animo. Il campo finanziario può indicare cicli mutevoli, ma la capacità di guadagno è generalmente buona. Il nativo a volte sente il desiderio di rischiare e di speculare, ma è consigliabile non rischiare troppo né tentare di arricchirsi rapidamente. È vero che esiste un buon intuito, ma non per tutti i nativi del segno. È possibile infatti riscontrare qualche difficoltà finanziaria nella prima metà dei venti anni, dei trenta e dei sessanta, ma applicando il principio del risparmio, radicato nel segno, il nativo riuscirà a far fronte a queste difficoltà.

L'amore per la casa, per il passato e per la storia fa sì che tra i cancerini si incontrino spesso degli arredatori di successo, degli archeologi, degli artigiani precisi, dei bravi insegnanti, assistenti e ginecologi. I buoni risultati sono possibili nelle professioni in cui l'immaginazione e la soggettività hanno un ruolo importante. Grazie all'influsso della Luna, Signora del segno, alla donna Cancro, madre ideale, sono adatte le professioni di pediatra, ostetrica e insegnante.

IL CANCRO E LA SALUTE

a) I punti deboli del Cancro – In generale i segni Cancro, Vergine, Pesci si contendono la costituzione più delicata dello zodiaco, questo per motivi legati soprattutto alla loro psicologia e alla sensibilità particolare. La forza lunare, che governa le acque dell'oceano e che influisce sulle maree, governa anche gli umori e i fluidi del corpo e quelli della mente, creando così una tipologia emotivo-instabile e che, soprattutto, tende a somatizzare ogni tensione in particolar modo relativamente alle funzioni digestive. Il segno del Cancro mal sopporta lo stress, la competizione, le lotte per la vita. La sua corazza caratteriale, simile al guscio del granchio, gli procura dolori di stomaco, digestioni difficili, gastriti e ulcere.

Il Cancro governa anche le ovaie e l'utero, tutto ciò che è in rapporto con la procreazione. La Luna regola anche i cicli riproduttivi degli animali, governa la gravidanza e il parto, ne determina il momento. Governa le funzioni vegetative autonome dell'organismo e il sonno. Nel feto regola l'accrescimento, che dura (di regola) dieci mesi lunari.

Governa anche la nutrizione. Anatomicamente ha un riflesso sullo stomaco, sul duodeno, sul pancreas esocrino. Ha attinenza col succo gastrico e con le produzioni enzimatiche digestive. Regolando le funzioni vegetative e autonome, la Luna governa anche il cervelletto e le vie nervose dell'innervazione viscerale, i gangli spinali, la muscolatura liscia, l'ormone oxicitina che determina la contrazione dei muscoli pelvici.

Il punto più debole del segno del Cancro resta comunque la psiche, collegata al suo sistema neurovegetativo. Da qui nascono gli stimoli ai disturbi e le somatizzazioni, anche gravi.

b) La dieta del Cancro – I nativi del Cancro, come si è visto, sono sensibili e caratterizzati da un'emotività importante, che si estrinseca nell'instabilità nervosa. I nativi tendono a interiorizzare, più di altri, i problemi, le ansie, le insicurezze e questa interiorizzazione va a colpire lo stomaco in particolare. Spesso si lamentano di avere digestioni difficili, di soffrire di peso sullo stomaco e così via. Si può dedurre da ciò quanto sia importante, per i cancerini, l'argomento alimentazione, ma ancor più lo stato d'animo esistente al momento del rito del pasto. È molto importante mettersi a tavola con animo sereno, senza ansie o ire represse.

I nativi sono abbastanza buongustai e tendono a inestetici aumenti di peso. La dieta per questi nativi deve essere ricca di proteine naturali e di fluoruro di calcio, che è il sale minerale elettivo del segno. Questo sale minerale può essere trovato nel latte, nello yogurt, nei ravanelli, nelle cipolle rosse, nel crescione, nella verza, nella zucca, negli agrumi. Un po' di lievito di birra potrebbe completare gli apporti di vitamine del gruppo B.

LA PIETRA DEL CANCRO: LA PERLA

La perla è positiva per la vista e mantiene la giovinezza. Va bene indossarla in caso di insufficienza epatica e pancreatica, e cura anche qualche piccola mania, come quella dell'eccessiva pulizia e della paura dei microbi. La polvere di perla è fredda, dolce, dà forza, allunga la vita, è benefica per gli occhi e rende luminosa la pelle. Cura la febbre, la tosse, il bruciore agli arti, l'ipertensione. Inoltre, la perla è indicata nelle affezioni dell'apparato urinario e del sistema respiratorio. Ha effetto sedativo e cura l'insonnia e l'isteria. È ipotensiva.

IL PIANETA DOMINANTE: LA LUNA

Questo luminare, in quanto a importanza simbolica, ha diritti d'uguaglianza con il Sole. Lo si studia per definire la sensibilità profonda, le emozioni fluttuanti, lo stato emotivo e il modo con cui viene espresso. Esalta o deprime l'espressione materna e, ampliando l'analisi, spiega i rapporti con la figura materna. Sintetizza le ansie, i timori profondi a cui, spesso, non sappiamo dare spiegazione immediata. Il ruolo della Luna è stato di primaria importanza nel processo d'identificazione delle corrispondenze astri-uomo. Alcune manifestazioni del mondo fisico terrestre, inoltre, sono chiaramente in rapporto con i suoi movimenti. La posizione della Luna in un tema natale è molto importante, almeno quanto quella del Sole e dell'Ascendente, perché chiarisce la personalità del soggetto, quella subconscia in particolare. In un tema maschile essa rappresenta l'anima, ossia il principio femminile e fornisce indicazioni sulle forze inconsce del soggetto.

I caratteri fondamentali che caratterizzano la Luna dal punto di vista astrologico, sono: la femminilità, la passività, l'oscurità, la sensibilità, la fecondità, l'indolenza, l'instabilità e la capricciosità. Nell'antichità questo luminare è stato venerato più del Sole. A Babilonia la Luna era la divinità del mondo terrestre, mentre il Sole era quella del mondo sotterraneo. In Egitto era il contrario. Simboleggiava la potenza della vita che risorge, che rinasce dalla morte, processo le cui fasi sono assimilabili a quelle dell'astro notturno.

Da sempre la Luna ha attratto l'interesse umano, anzitutto per la sua relativa vicinanza alla Terra e per la sua velocità; inoltre essa appare fisicamente mutevole. Oltre a questo, alcune manifestazioni del mondo fisico terrestre sono chiaramente in rapporto con i suoi movimenti: le maree soprattutto. È il principio femminile dell'universo, polare a quello maschile. Le attribuzioni astrologiche della Luna vengono confermate e chiarite dal ruolo attribuito a questo luminare nella mitologia e nella scienza. Secondo la tradizione egizia, lo scarabeo che rappresenta l'energia del Cancro è la forza vitale rigeneratrice, attraverso cui il Principio vitale opera le sue trasformazioni, passando dalla manifestazione sensibile (nascita), alla manifestazione sul piano non sensibile (morte), e viceversa.

La Luna analogamente presenta tre facce: luminosa (Selene), crescente e decrescente (Artemide) e oscura (Ecate).

La Luna era chiamata il frutto che si riproduce da se stesso: essa scende nel mondo della notte e risorge grazie alla propria potenza. In questo modo simboleggia la potenza della vita che risorge, che rinasce dalla morte. Essa scompare per tre giorni, per poi risorgere. Nel segno del Cancro, la Luna mantiene il suo significato originale di Madre delle entità umane. È l'energia dell'anima in quanto principio divino che partecipa dell'Essenza e della Sostanza.

I nativi Cancro, come la Luna dalle fasi mutevoli, sono instabili e versatili; tuttavia, radicati nella vita prepersonale, sono molto attaccati alle tradizioni e ai costumi, e influenzati dalle tendenze ereditarie.

I cancerini possono essere divisi nei tre aspetti della Luna: i Selene, tipi rari che si trovano nelle espressioni di certi artisti del suono e del colore. I tipi Artemide sono più numerosi. I meno evoluti si distinguono per il fatto che il carattere non è ancora completamente formato; sono semplici, molto sentimentali. L'abitudine e la sensibilità condiziona le loro reazioni. Rimangono attaccati a valori antichi, non amano prendere iniziative né effettuare cambiamenti su se stessi. Sono sempre indecisi, pieni di dubbi che possono divenire patologici. Gli Ecate sono coloro che, più che mai chiusi in se stessi, rifiutano l'evoluzione e adottano l'autolesionismo a tutti i livelli di vita.

IL SIGNIFICATO DEI PIANETI NEL SEGNO

☉ ***Sole:*** buona memoria e capacità di immedesimazione nei vari ruoli della vita.

☾ ***Luna:*** amore per la vita domestica e familiare. Sviluppata intuizione.

☿ ***Mercurio:*** notevole fantasia e memoria, ma poco senso pratico.

♀ ***Venere:*** imprevedibilità negli stati d'animo. Attaccamento alle tradizioni familiari. Ricerca di protezione.

♂ ***Marte:*** incupimento e rabbia. Difficoltà di convivenza in famiglia. Tenacia.

♃ ***Giove:*** controllo dell'emotività. Generosità, gentilezza e ospitalità.

♄ *Saturno:* tendenza all'isolamento. Introversione, vulnerabilità affettiva.
♅ *Urano:* allontanamento da casa. Arredamento stravagante della casa. Nervosismo.
♆ *Nettuno:* immaginazione e sensibilità esaltate. Senso materno esteso alla vita sociale.
♇ *Plutone*: crisi familiare, rinnovamento delle condizioni di vita. Lotta contro l'ambiente

LE DECADI DEL CANCRO

Se siete nati nei giorni compresi tra il 22 e il 30 giugno: il pianeta personale di questa decade rimane la Luna, l'importante simbolo delle forze vitali e il naturale riflettore del Sole. Come si è visto, questo luminare governa la casa, il focolare, gli ideali e la maternità. I nativi di questa decade sono comprensivi e dolci, non amano le conflittualità. Hanno una natura incerta, insicura, possono avere capacità medianiche. Il carattere non è facile e tendono a coltivare le proprie debolezze.
Se siete nati nei giorni compresi tra il 1° e l'11 luglio: il pianeta personale di questa decade è Marte, simbolo delle energie. Questa influenza risulta energetica per il Cancro, è attiva e costruttiva. Marte diviene un aiuto materiale per questi nativi, per sbloccare in particolare gli aspetti negativi dell'orbita materna, rappresentata dalla Luna. Vi sarà uno sprone maggiore a conseguire il successo in varie imprese. La combinazione Luna-Marte è fortunata poiché la forte aggressività di Marte induce i nativi a raggiungere le mète prima solo sognate.
Se siete nati nei giorni compresi tra il 12 e il 22 luglio: i pianeti personali di questa decade sono Giove e Nettuno, in conflitto tra di loro. Si sa che Giove è il pianeta della fortuna, in buon aspetto, e anche della felicità, mentre di Nettuno si sa che inclina alla trasformazione, governa lo spirito e le facoltà artistiche, inventive. Può agire caoticamente sulla mente, inducendo insicurezze, e dando al carattere l'impronta di mutevolezza e di imprevedibilità. Certamente la battaglia più importante da vincere per questi nativi è quella contro se stessi.

IL CANCRO E I SUOI ASCENDENTI

Cancro asc. Ariete

Il nativo Cancro, tutto sentimento e sensibilità, unito al segno dell'Ariete, che esprime forza e volontà, dà luogo a una combinazione che vede la natura del soggetto lottare con se stesso per far prevalere, ora il sentimento, ora la volontà. Il carattere sarà ambizioso, incostante, tuttavia aperto al rinnovamento. Deve trovare un suo equilibrio interiore.

Cancro asc. Toro

La fusione dell'elemento Acqua con un segno di Terra come il Toro fa emergere un predominio dei sentimenti sulla ragione, e crea una natura capace di partecipare alle gioie e ai dolori degli altri, comprendendoli. Rimane la capacità di difendere i propri interessi, emerge il senso d'organizzazione.

Cancro asc. Gemelli

Questa fusione genera una grande attività intellettiva, uno stimolo alla conoscenza, ma rimane l'incidenza del sentimentalismo cancerino. Ciò provocherà il desiderio di approfondire i legami con gli altri. La versatilità dei Gemelli può arricchirsi di tanta consapevolezza.

Cancro asc. Cancro

Grande importanza riveste la vita dei sentimenti, molto si basa su di essa. Aumenta l'intuizione, l'immaginazione, il senso umanitario, e tutto questo intensifica notevolmente la carica di simpatia espressa dai nativi. Accresce l'amore per la famiglia, per la vita a due, per la casa. Il nativo sa imporsi mète raggiungibili nel corso della vita.

Cancro asc. Leone

Gli impulsi si fanno passionali e vengono guidati anche dalla volontà. Il soggetto tende a vivere conflitti interiori, che tuttavia vengono controllati dalla ricettività cancerina. Crescono le ambizioni, senza però assumere forme appariscenti e la forza leonina si esprime nella difesa degli ideali.

Cancro asc. Vergine

La fusione di segni dà come risultato un carattere ricettivo, disponibile verso l'esterno. Esiste intelligenza che tende all'approfondimento delle cose e delle persone. Il soggetto vive intensamente il campo delle amicizie, ed è sensibile agli apprezzamenti e all'affetto che gli vengono dall'esterno.

Cancro asc. Bilancia

Proprio il segno della Bilancia può conferire maggiore equilibrio, dando stabilità alla mutevolezza cancerina. C'è la capacità di conquistare un posto nella vita. Più moderatamente saranno vissuti i sentimenti e con più senso della realtà. Anche creatività e senso estetico diventano maggiori.

Cancro asc. Scorpione

I due segni appartengono all'elemento Acqua, che va ad aumentare la passività del soggetto, ma lo aiuta anche a essere più deciso nelle sue scelte. Sa difendere i propri ideali e i propri principi. Il carattere particolarmente romantico non impedirà la conquista del successo.

Cancro asc. Sagittario

Qui gli elementi, Acqua e Fuoco, sono contrastanti, e possono produrre nel soggetto una continua lotta tra estroversione e introversione. Si osservano profondità, spirito ricercatore, interessi molteplici, ma anche sensibilità e vulnerabilità estreme.

Cancro asc. Capricorno

I due segni sono opposti nello zodiaco e questo produce oscillazioni, ma anche una spinta inconscia a partecipare di più alla vita. Non mancano timidezza e inibizioni che frenano il soggetto. Cresce anche la consapevolezza di sé, ma il soggetto rimane combattuto tra l'esteriorizzazione di se stesso e le chiusure che si crea.

Cancro asc. Acquario
Qui vi sono contrapposizioni forti che portano a grosse lotte con se stessi. Il dissidio interiore si moltiplica, la personalità appare molto contraddittoria. Tuttavia rimane il fascino di una personalità sfuggente che dovrebbe effettuare trasformazioni del proprio io. Un carattere difficile con cui convivere, ma estremamente interessante.

Cancro asc. Pesci
Questi due segni insieme aumentano grandemente la tendenza alla passività e alla ricettività. Il soggetto vive prevalentemente in un suo mondo fatto di impressioni, sensazioni, e tutto ciò farà da guida nella vita del nativo. Egli riuscirà quasi sempre a trasformare tutto questo in arma di difesa personale, usando la tenacia che non gli manca.

LA SINTONIA CON GLI ALTRI SEGNI

Cancro/Ariete
Si potrebbe definire poco saggia un'unione di questo tipo. Specialmente perché il Cancro, governato dalla Luna, produce un temperamento non compatibile con l'aggressività marziana dell'Ariete. Il Cancro vive molto nel passato e non ama essere contrariato. L'Ariete, invece, orgoglioso e progressista, non ha problemi ad alzare la voce, o a discutere, salvo chiedere scusa poco dopo, ma questi fatti verranno ingigantiti dalla mente del Cancro che tenderà a chiudersi in se stesso.

Cancro/Toro
Può risultare una combinazione positiva. Entrambi i segni amano i valori casa-famiglia e hanno bisogno dell'affetto dell'altro. Possono armonizzare da un punto di vista emozionale, ma in questo caso è il Cancro a dimostrarsi estremamente emotivo, pronto a richiudersi se qualcosa lo ferisce, e non sempre il Toro possiede quella diplomazia, anche amorosa, e quella delicatezza necessaria.

Cancro/Gemelli

Il nativo Cancro fa molta fatica a comprendere e a seguire le evoluzioni, anche fisiche, dei Gemelli, che, al contrario di lui, stanno malvolentieri in casa. Questo è già un punto di non accordo. I Gemelli ricercano le novità, mentre il Cancro non le sollecita, ama la tranquillità. Per l'estroversione che possiedono, il più delle volte i Gemelli non comprendono la complessità psicologica del compagno. Migliori appaiono le possibilità di accordo se la donna è Gemelli e l'uomo Cancro, specie quando vi siano dei figli che frenano la mobilità della nativa Gemelli.

Cancro/Cancro

È una combinazione che può trasformarsi in una storia felice, in una simbiosi, dato che ognuno ha profonda comprensione per le qualità o i difetti dell'altro, per i suoi desideri e necessità. Possono, tuttavia, esistere casi in cui regna il disaccordo, e ciò è dato anche da Ascendenti diversi. In questo caso è l'esperienza personale e le lezioni dell'infanzia che possono aiutare. Certamente, tutti e due possiedono la tenacia del granchio, delle sue chele. È in gioco la comprensione di entrambi.

Cancro/Leone

Di solito risulta un'unione positiva, perché la Luna del Cancro riflette la luce solare del Leone. Tuttavia vi è molto da dire su un'unione simile, e bisogna tenere in considerazione la disponibilità del Cancro di "riflettere" la personalità leonina. La generosità del Leone è capace di perdonare le crisi di malumore, cui il compagno Cancro va soggetto ogni tanto, crisi che risultano influenzate dalla Luna. Ma a lungo andare questo tipo di ménage potrebbe stancare il segno più forte; il Leone potrebbe, insomma, una buona volta mettersi a ruggire.

Cancro/Vergine

Il nervosismo, le necessità e le richieste della Vergine potrebbero risultare eccessive per la tranquillità del Cancro. Anche nel rapporto amoroso il Cancro ha da ridire, poiché la Vergine sfronda anche gli affetti dai risvolti tipicamente sentimentali e romantici del compagno. Il Cancro è sentimentale, ma anche reticente, spesso malinconico, e questo risulta snervante per la Vergine. Inoltre, quando il Cancro si rinchiude nel suo guscio, non bastano tutti i discorsi e i rimproveri della Vergine per farlo desistere, anzi. Ne risulta un rapporto nervoso, senza la serenità necessaria.

69

Cancro/Bilancia

La Bilancia esprime sentimenti di libertà che concordano con molta difficoltà con i sentimenti esclusivisti del Cancro. Finché esiste uno stato di innamoramento tutto può procedere positivamente, ma nel momento in cui sorgessero contrasti seri, questi due soggetti potrebbero immusonirsi l'uno verso l'altro. La Bilancia ama essere notata e valutata, specie in società, e questo può suscitare nel geloso Cancro polemiche e momenti di depressione. L'egoismo infantile del Cancro potrebbe anche approfittare delle qualità di giustizia e lealtà della Bilancia.

Cancro/Scorpione

In questa combinazione domina senz'altro l'elemento più forte, ossia lo Scorpione. Il Cancro si mostra al solito reticente e il compagno può supplire a ciò. Entrambi i segni sono gelosi e possessivi, ma un rimedio a questo può essere rappresentato dalla grande capacità affettiva di tutti e due i segni. Le energie spesso deboli del Cancro possono venire rinfocolate dall'eccesso di energia che emana dallo Scorpione, e un rapporto di coppia può risultare positivo.

Cancro/Sagittario

È difficile che i due segni arrivino a legarsi o a sposarsi. Questo a meno che uno dei due non sia disposto a cambiare la propria personalità. Il Cancro ama tutto ciò che lo entusiasma del Sagittario e cerca di intrappolarlo con la rete della tenerezza. Ma l'inganno non può durare a lungo, e l'intuito del Sagittario fa il resto. Sarà impossibile per il Cancro tenere legato il Sagittario, anche perché se per il primo la casa è la sua dolce e cara reggia, per il secondo è solo il posto dove cambiarsi d'abito.

Cancro/Capricorno

Il Capricorno è il segno opposto zodiacalmente al Cancro, ma questo non è poi tanto determinante nella vita. I due segni infatti, per la legge degli opposti che si toccano, hanno diverse cose in comune. I complessi e le insicurezze del Capricorno vengono leniti dalla simpatia e dalla tenerezza del Cancro. Entrambi sanno lottare, fianco a fianco, per scopi simili o comuni. Infine, il Capricorno può realizzare i sogni del Cancro e quest'ultimo gioisce di riflesso della sicurezza del compagno.

Cancro/Acquario

Vi sono cose dell'Acquario, manifestazioni e atteggiamenti che al Cancro non vanno proprio giù. Primo fra tutti quel desiderio di vita sociale e mondana che porta l'Acquario a stare più fuori che dentro casa. I fini e gli scopi sono differenti, poiché se l'Acquario è lieto di dividere i successi e i plausi, il Cancro ama solo le sue cose personali. I gusti del Cancro sono riservati, quelli dell'Acquario sono dominio del mondo. Il governatore Urano, pianeta eccentrico, irrita e sconvolge la Luna del Cancro. È un rapporto che risulta molto difficilmente positivo, a meno che uno dei due non intenda sottomettersi completamente all'altro.

Cancro/Pesci

Se lo vediamo astrologicamente, questo rapporto ha molti punti positivi. Sono due segni sentimentali e teneri, con personali momenti di malinconia e di irascibilità da cui escono rinnovati entrambi. Potrebbero esistere anche occasioni di liti, comunque l'unione può essere felice. Entrambi tengono alla casa, alle amicizie, al possesso di beni e anche al fatto di portare a termine i propri impegni.

Leone

SIMBOLOGIA, MITO E LEGGENDA

Il simbolo grafico (♌) del segno raffigura in modo stilizzato la coda del leone, il re degli animali, emblema della forza e della potenza. Il leone è un animale che si ritrova in molte antiche religioni e mitologie. Esso rappresenta simbolicamente la potenza, la sovranità, il Sole; pertanto è un'incarnazione del dio, della forza solare e della superiorità dell'eroe.

I Greci riconobbero nella quinta costellazione dello Zodiaco il leone di Nemea, affrontato e ucciso da Ercole, come prima delle sue dodici mitiche prove.

ANALISI DEL SEGNO

Il tempo che va all'incirca dal 23 luglio al 23 agosto, segna il culmine dell'estate. È in questo periodo che nascono la donna e l'uomo del Leone. L'analogia stagionale ci richiama a concetti quali la forza e la vitalità. E, in generale, il segno del Leone è sinonimo di forza, spesso più interiore che esteriore; significa anche fierezza sorretta da orgoglio. Il temperamento di Fuoco dona capacità d'esteriorizzazione, reazioni pronte, audacia, ma soprattutto desiderio di conquista, di successo. Il Leone è spontaneo, leale, fiducioso. La generosità è uno dei suoi tratti anche se spesso, non è generata da una fonte completamente disinteressata.

Il nativo sprigiona energia che può investire positivamente chi orbita nelle sue vicinanze, ma vive anche periodi di mollezza, di pigrizia fisica e mentale. Quando esistono forze prorompenti, come nel caso di questo segno, è facile che i confini ammissibili risultino mal delineati. Ed ecco che insorge il pericolo che una natura così impulsiva, possa sfociare in tratti d'egocentrismo, che convogliano ogni energia nell'autosoddisfazione. Al Leone piace essere padrone incontrastato della savana, questo significa anche che vuole poter prendere le decisioni che preferisce (e vederle approvate); vuole poter esprimere la propria autorità; vuole poter criticare senza essere criticato; e vuole potersi nascondere in fondo alla tana quando lo raggiunge la freccia della sconfitta, ma per uscirne poco dopo in cerca della rivincita.

Deve imparare l'introspezione, deve frenare l'ambizione, controllare la presunzione e la vanità. Certo, i nativi hanno grandi possibilità di riuscita se solo non viene a mancare loro l'obiettività, perché le qualità sono molteplici.

Nel campo affettivo-familiare sono veramente generosi, ma amano comandare. Sanno rimboccarsi le maniche all'occorrenza ed essere grandi trascinatori, in qualunque impresa. Il loro entusiasmo è contagioso. Sanno mirare al sodo e non si perdono in piccolezze, in meschinità. I loro desideri sono numerosi, ambiziosi, ed essi agiscono senza sosta per soddisfarli tutti. Tendono, specie se la fortuna non arride loro, a condurre un tenore di vita al di sopra delle loro possibilità, e ciò può creare problemi. Nel segno esiste regalità, ma anche teatralità, a volte tendenza al dramma. È, tuttavia, un attore leale che sa sempre pagare i suoi debiti con la vita. In questo senso, si dice che sia il miglior "pagatore" dello zodiaco.

I nati sotto questo influsso sono noti per le superiori doti fisiche e per le grandi possibilità di recupero, anche dopo qualche malattia. Per loro natura, sono profondamente sensibili e possiedono quel particolare grado di forza magnetica che li mette in condizione di ridestare le simpatie altrui. Hanno senso dell'umorismo, ma spesso non accettano quello altrui; il carattere è espansivo e procura loro molte simpatie.

L'orgoglio è grande. Il carattere mostra sincerità di propositi; il Leone si ascolta, crede in se stesso. È anche nervoso, ma non tende a conservare rancore. La sua collera, però, può divenire violenta e temibile. È un indipendente e un individualista, e non si piega facilmente.

Ha buona intuizione e facoltà d'osservazione, è infantilmente felice quando può agire a modo suo. Le sue qualità analitiche s'infrangono sugli scogli dell'amore, dove si lascia dominare dall'impulso. Gli interessi sono vasti e vari, e questo anima il suo dialogo. Anche in materia di affari usa la logica e le capacità di giudizio. Di solito conduce una vita fin troppo attiva, specie fino alla maturità, quando, improvvisamente, s'impigrisce e trascura anche il minimo esercizio fisico. La sua personalità attrae gente, pubblico, folle, ma il riuscire a vivere una vera amicizia sarà per il nativo l'esperienza migliore. Non è molto prudente, e le emozioni saranno il suo peggior nemico.

Esistono naturalmente anche note negative, a seconda del livello evolutivo. Anzitutto, difficilmente sa rinunciare: per lui non esistono la rassegnazione, l'umiltà e la sconfitta. Quando, durante la sua esistenza, passaggi negativi lo obbligano alla ritirata, diviene irritabile, intrattabile, sa dare in escandescenze; meglio, allora, lasciarlo solo a leccarsi le ferite. A questo segno piacciono i complimenti, le adulazioni, anche perché lui non li considera tali, ma ha l'intima convinzione che, in fondo, gli siano dovuti. Ama circondarsi di una piccola o grande corte, ne ha bisogno per far risaltare ed esaltare la propria personalità. Tra tutti i segni, i Leone hanno possibilità di riuscita maggiori, e questo non tanto perché siano fortunati, ma perché essi stessi riescono a trarre il meglio dalle occasioni della vita. Tutto ciò è da addurre all'energia, alla creatività, alla disciplina che sanno imporsi, alla consapevolezza delle responsabilità.

L'UOMO LEONE

L'uomo Leone è un tipo romantico; in amore è appassionato e devoto. I sentimenti sono profondi, ma il suo giudizio è meno sicuro. A causa dell'intensità delle sue emozioni deve consentire al suo cuore di decidere. Ama i bambini, ma in seguito se ne occupa poco, è un padre affettuoso, ma distratto. È portato all'indulgenza con loro; il segno comunque non indica molti figli. Ama molto una bella casa e tutte le comodità.

Di natura è per lo più sedentario ma, nello stesso tempo, tende a non rimanere a lungo nello stesso posto, si stanca e vuole cambiare. Lo si può trovare a vivere conflitti con i propri genitori. La seconda parte di vita lo vede sistemato meglio, con casa e famiglia. È adatto a un lavoro intellettuale piuttosto che fisico. Ha la pazienza e la costanza di impegnarsi per un proposito o un progetto finché non l'abbia realizzato. Molti Leone hanno una mentalità adatta agli affari o a una carriera professionale. Possono diventare buoni banchieri, mediatori, venditori. Altri sviluppano le doti artistiche soprattutto nel settore teatrale. Anche le attività in relazione con un grande pubblico sono adatte all'uomo Leone, perché ha una personalità che sa imporsi. È bravo a guadagnare, ma altrettanto bravo nello spendere, a volte troppo. Tende a volersi divertire con il proprio denaro. Specie nella prima metà di vita è troppo prodigo, deve imparare a investire. Deve diventare più prudente nelle questioni economiche, più attento in ciò che concerne il gioco e il divertimento. Gli piace correre rischi; questo fa parte della sua natura. Non dovrebbe lasciarsi attirare dal miraggio della ricchezza in tempi brevi. Viaggerà parecchio nella sua vita; viaggi frequenti, brevi o lunghi, lo impegneranno con soddisfazione.

Il nativo si adatta facilmente alla vita domestica. Provvede ai bisogni della famiglia generosamente ed è orgoglioso delle persone care. Per se stesso sogna di essere al centro dell'attenzione generale, e desidera che tutto gli ruoti attorno. Nelle sue idee è irremovibile; il suo amore è assolutista, si autoconsidera l'autorità unica all'interno della propria casa. L'atteggiamento verso la vita risulta convenzionale e non tollera la slealtà da parte della compagna, in particolare. Con una moglie autoritaria e brontolona sarebbe infelice, tuttavia sa scegliere bene la partner. La compagna deve essere all'altezza delle sue aspettative in ogni senso e spesso la copre di regali. Questi gesti comunque non sono privi di un nascosto egoismo, dato che in società anche la sua immagine ne trarrà giovamento a fianco di una moglie elegante e prestigiosa.

LA DONNA LEONE

La donna del Leone si distingue per un fascino suo particolare. La sua prestanza fisica, il suo incedere felino, la fierezza che emana, attraggono molte tipologie maschili. Occorre dire che spesso, purtroppo, è attratta, in generale, da partner deboli e privi di amor proprio, quasi che una scelta istintiva la spingesse a voler affermare la propria forza che richiede sottomissione da parte maschile. Altre volte, attratta dalla bellezza e dalla prestanza fisica, si ritrova poi a dover tentare di trasformare in esseri positivi, partner non elevati spiritualmente. Gli uomini, in generale, sono sedotti dalla personalità e dal temperamento della donna Leone, difficilmente, però, pur sposandola, riescono a conquistarla. Per molti versi simile al compagno di segno, si distingue per l'importanza che dà ai figli, a cui non farà mancare nulla, a costo di sacrifici propri. Anche se rispetta la loro libertà e autonomia, desidera guidarli in tutti i sensi. Ama la casa, ne fa una piccola reggia, ma brama anche la vita di società che soddisfa in lei la vanità latente. Può essere brillante e vivace.

Molto curata ed elegante, cerca il suo ideale nell'uomo che la circonda di attenzioni e, come già detto, può sbagliare le scelte per superficialità. Desidera essere vezzeggiata, ed essere fatta oggetto di regali e omaggi. Non dimostra di essere né abitudinaria, né tradizionalista, e questo le consente di adattarsi all'uomo amato. Sa essere un'ottima padrona di casa e ciò fa sì che il suo salotto divenga una mèta ambita di amici. Per lei è indispensabile sentirsi libera sotto ogni aspetto e, pur non disdegnando il corteggiamento, è raramente infedele.

Dimostra le caratteristiche del compagno zodiacale in fatto di gelosia e possessività, e non perdona i torti. Può sopportare qualche debolezza del compagno di vita, mai l'infedeltà, che viene vissuta come un insulto alla propria regalità. In questo caso la rottura avviene naturalmente. Si propone come moglie meravigliosa per un uomo di mondo e ambizioso. Nutre idee aristocratiche, è dotata di tutto quello che può renderla affascinante in società. È anche buona amministratrice e aiuta il marito, intrecciando relazioni vantaggiose.

IL BAMBINO LEONE

Fin da piccolo il bambino Leone mostra una personalità decisa, ben delineata, caratterizzata da una certa volontà e da qualche punto di prepotenza. Non manca in lui il desiderio di mettersi in mostra a ogni occasione, e può sentire la competizione affettiva verso i fratelli e nei confronti dei genitori. Con il tempo cerca di assumere anche una posizione dominante in famiglia. Questa si espanderà nel momento della socializzazione scolastica, dove sarà sui compagni che eserciterà la propria autorità, creando un vero e proprio gruppo di cui diverrà "capo" per doti naturali. Il senso del dovere si dimostrerà nell'applicazione che dedicherà alle cose intraprese, studi compresi. Sopportando male, per sua natura, la critica, farà di tutto per evitare di meritarla. Di solito il carattere non è complicato, poiché accetta le osservazioni e i rimbrotti giusti, tentando di modificare i propri atteggiamenti. Ha, però, una grande suscettibilità che non va urtata; bisogna dunque risparmiargli le umiliazioni, meglio una punizione severa. Occorre lasciargli sempre una certa libertà d'azione, questo può solo rinfocolare una tanto necessaria fiducia in sé.

Crescendo, questi bambini si rivelano buoni capi, ma pessimi gregari. A loro non piace e non interessa tutto ciò che è mediocre o banale, e non si piegano oltre la propria volontà. I loro affetti sono intensi, appassionati, profondi. Iniziano subito a dimostrare che sanno superare le difficoltà, usando la volontà. Non è il caso di usare con loro le mezze misure o i mezzi termini. Quando emergono per lo più i difetti del segno, i genitori dovrebbero cercare di plasmare il figlio, incoraggiandolo nelle sue virtù. La vitalità di solito è intensa e non è facile tenere a bada il piccolo Leone. Occorre incanalare queste energie e fargli praticare uno sport non violento, dove possa tentare di raggiungere dei buoni risultati.

IL LEONE E L'AMORE

Bisogna usare una certa cautela per parlare con il Leone di questo argomento. Visto in generale, questo segno può riassumere il significato di amore sintetizzato in: conquista, passione, possessività. L'approccio di questi nativi non è problematico, l'autosicurezza certamente li aiuta. Partono, così, all'attacco, attirati da qualcosa di particolare, di speciale, e questo "qualcosa" può presentarsi sotto forma di un certo tipo di carattere o di una qualità fisica, ma può essere anche un tratto superficiale. Il Leone conosce l'arte dell'adulazione e la usa, così come ricorre alla premura e alla galanteria. Il tutto viene espresso con molta passionalità e dedizione. A questo punto un eventuale partner può o arrendersi o fuggire. È qui che il nativo, che tende a usare sempre le stesse strategie amorose, dovrebbe comprendere, invece, che rinnovarsi ogni tanto fa bene. Non farlo denota tanto una certa presunzione come pure un'indifferenza nei confronti di diverse psicologie. Ad ogni modo, i nativi si buttano sulle loro conquiste con irruenza, senza accorgersi, a volte, di riuscire invadenti. Questo segno di Fuoco ricerca il meglio: il partner più bello, più intelligente, più corteggiato; e la generosità può arrivare all'eccesso con l'oggetto delle sue attenzioni. Sa dare molto, ma spesso non si accorge di dare quasi esclusivamente in termini materiali, il che fa sospettare che tanta munificenza serva a esorcizzare paure e insicurezze più profonde. Nei nativi Leone si agita una sostanziale ingenuità che può essere usata a loro danno. Sono gelosi e possessivi, anzi esclusivisti. A loro piace sovrastare tutto anche il loro partner e questo può comportare grossi dubbi nella scelta di un compagno o compagna di vita. Si può cadere nell'errore di una scelta molto inferiore, come qualità, a quella desiderata.

La donna Leone si distingue dal compagno di segno per una maggior sensibilità; anche per lei l'amore ha toni passionali, ma vi è molta dedizione sepolta sotto la dignità. Esistono pochi partner alla sua altezza, e questo è un guaio, poiché quando la nativa Leone è stanca di cercare, decide di accontentarsi e qui cominciano i guai. Il nativo Leone ha un temperamento focoso e trascinante, in amore dona se stesso con grande generosità e la sua solarità gli fa vivere ogni storia con intensità. È sano, forte, impulsivo, anche la sua sessualità è calda e prorompente. Nel matrimonio egli impegna molte energie e sostiene ambizioni e progetti del compagno. È naturalmente attirato dal meglio, da ciò che brilla di più, da chiunque possa essere esibito come un fiore all'occhiello. Anche in amore ama muoversi da protagonista e cerca di assicurarsi sempre che le luci siano puntate su di lui. È costantemente teso a fare qualcosa di straordinario per il proprio partner. Non si accontenta né di avventure né di storie banali, poiché anche in questo caso deve distinguersi dai comuni mortali. Le sue storie amorose saranno, perciò, per lui uniche e irripetibili. Esiste però un periodo nella vita, in cui all'improvviso questo suo bisogno di prestigio cessa: diviene, allora, un mecenate, In quel momento cambiano le persone che lo interessano, e di solito fanno parte di ceti sociali meno fortunati. In lui si nasconde sempre un pigmalione che sogna. Il suo temperamento può ribellarsi solo nel caso in cui i soggetti presi sotto le sue cure riprendano una loro autonomia, senza dimostrargli la riconoscenza che egli si aspetta.

Il bisogno di suscitare l'ammirazione della persona amata è l'imperativo che lo spinge a dare il meglio di sé in ogni occasione. Per il Leone, infatti, amore significa una persona in adorazione. Il suo modo di dimostrarsi innamorato è sbalordire, suscitare applausi e consensi entusiastici del partner. Il momento in cui vengano a mancare atteggiamenti di adorazione da parte del partner può segnare la fine del suo stesso amore. Risulta chiaro che l'altro, il partner, è lo specchio della vanità del Leone, specchio che deve sempre rimanere lucido.

IL LEONE E IL LAVORO

L'ambiente di lavoro per il Leone è un palcoscenico dove egli afferma la propria personalità; amando il prestigio, naturalmente, si distingue dagli altri e mette a frutto tutte le sue capacità e i suoi talenti, con l'ambizione che questi siano riconosciuti. Gli si addicono tutte le attività che richiedono senso organizzativo, predisposizione ai contatti. Il Leone è molto eloquente. Può riuscire in qualsiasi campo, grazie all'innata capacità di volgere ogni situazione a proprio vantaggio e purché ci sia la possibilità di carriera. Gli uomini e le donne del Leone possono diventare ottimi medici o infermieri, e bravi politici.

IL LEONE E LA SALUTE

a) I punti deboli del Leone – Sì, anche questo essere regale ha i suoi punti deboli, di cui non ama sentir parlare peraltro. Tuttavia esistono anche se sul piano della salute, questo segno gode di un'ottima reputazione. Essendo in relazione con il Sole, astro che dà vita, di solito la costituzione è robusta, equilibrata e resistente. Il segno del Leone è in rapporto analogico con il cuore, muscolo che distribuisce il sangue in ogni punto dell'organismo e presiede a tutti i tessuti e organi che sono in rapporto con la circolazione. Da qui si può comprendere la sua predisposizione cardiovascolare a degenerare in disordini circolatori. Anche la vista fa parte dei suoi punti deboli, così come gli eritemi solari e le scottature. Come il segno dell'Ariete, anche il Leone è predisposto a fasi acute, intense, con punte febbrili elevate, cosa che abbrevia l'evoluzione della malattia. L'influenza leonina si estende anche all'occhio destro, alla schiena, alla colonna vertebrale. Pertanto si possono dare scoliosi, mal di schiena, malattie delle vertebre dorsali o, a seguito di pericolose cadute, paralisi del midollo spinale. A tutto ciò va aggiunta la tendenza agli eccessi, che caratterizza i nativi e i segni di Fuoco in generale. Vi è la predisposizione a sprecare le proprie energie, a danneggiare il fisico. Il nativo Leone dovrebbe invece tenere un grande equilibrio nell'alimentazione che, specie nell'età matura, dovrebbe essere semplice e frugale. Si salva dalle malattie psicosomatiche che affliggono tanti altri segni, perché è psichicamente forte.

Di solito gode di buona salute fino a oltre i quarantanni. Dopo occorre fare prevenzione, e questa è una cosa che fa malvolentieri, poiché qualsiasi tipo di restrizione lo intristisce e lo deprime. Anatomicamente questo segno governa la funzionalità cardiaca, la spina dorsale, l'avambraccio sino al polso compreso. Nel suo segno vi sono corrispondenze con lo stomaco e con il pancreas. Verso la fine del segno esistono corrispondenze con il fegato. È inoltre in relazione con la sesta, la settima e l'ottava vertebra toracica. L'inizio del segno corrisponde alla pleura.

Il suo sale minerale è il fosfato di magnesio, la cui funzione nell'organismo è quella di aiutare il funzionamento del sistema nervoso, d'irrobustire i muscoli e la struttura ossea, di facilitare la formazione dell'albumina (sostanza proteica con azione fluidificante nel sangue). Quando esiste una carenza lieve della suddetta sostanza, il soggetto soffre di tic alle palpebre, di crampi ai piedi e alle gambe (dovuti a contrazione dei muscoli), di scatti nervosi e di crisi di pianto immotivato. Le fonti alimentari da cui può attingere questo importante sale minerale sono: cipolle, cetrioli, lattuga, mele, susine, mirtilli, noci.

b) La dieta del Leone – I nativi Leone dovrebbero profittare del tempo estivo per scrollarsi di dosso gli stress accumulati durante i periodi lavorativi. Purtroppo non disdegnano i lauti pranzi, i condimenti, la panna, i formaggi: tutti cibi ricchi di grassi saturi che possono essere causa anche di colesterolo alto con conseguenti affezioni cardiocircolatorie. Sarebbe bene ridurre il consumo di carni rosse, sostituire i grassi saturi con quelli vegetali. Dovrebbero consumare più verdure, cereali, legumi, meglio se integrali. Qualche piccolo vizio è consentito ai buongustai, ma bisogna anche aggiungere che alcool e fumo non sono proprio adatti alla natura leonina. Oltre a questo la cosa più importante è evitare lo stress, il nervosismo, e non abusare mai delle proprie energie, cosa a cui invece il nativo tende. Al Leone piace stare a tavola, anzi a capotavola di allegre compagnie, ma proprio tutto ciò lo può indurre all'abuso.

È lavoratore infaticabile, è impulsivo e la sua impulsività può dimostrarla anche nei confronti delle pietanze. Ama il piatto abbondante e appetitoso. Tuttavia sarebbe bene prevenire eventuali disturbi circolatori, mantenendo la pressione arteriosa entro valori normali, preoccupandosi del proprio peso forma non tanto per evitare problemi d'abbigliamento, ma per restare sani. I Leone, come tutti del resto, necessitano di proteine, ma questo non significa concedersi quotidianamente una imponente bistecca rossa. Le proteine si trovano anche nella carne bianca, nel pesce, nei legumi, e non bisogna pensare che questi alimenti non siano gustosi.

LA PIETRA DEL LEONE: L'AMBRA

L'ambra è una resina fossile prodotta da una conifera, vissuta nel Terziario ed estintasi da 40 milioni di anni. Il colore di questa pietra varia dal rosso cupo all'arancione, dal bruno scuro al latte (rare le colorazioni verdastre e nerastre, dovute alla presenza di particolari sostanze organiche). Molto spesso l'ambra può inglobare al suo interno resti di animali e vegetali di ambiente tropicale, talvolta ben visibili.

Se bruciata l'ambra emana un forte profumo d'incenso. Come virtù le si riconoscono la proprietà di calmare e stimolare i rapporti intersoggettivi, di favorire il successo personale e di essere un buon antidepressivo. Combatte inoltre le allergie e i dolori articolari, soprattutto alla spina dorsale; abbassa la febbre; stimola il sistema endocrino, la milza e il cuore; agisce infine su quasi tutti i tipi di infiammazione.

IL PIANETA DOMINANTE: IL SOLE

Il suo glifo simboleggia il cerchio zodiacale stesso, in cui il Principio si manifesta attraverso il movimento che gli è proprio. Come astro, il Sole è la fonte della vita psichica dell'universo. È il prototipo dell'uomo; come lui sintesi di Essenza e di Sostanza, legame tra i differenti regni della natura. Come l'uomo, inoltre, nasce e muore (in apparenza), per rinascere. È il centro-fulcro-cuore dell'individuo.

Il culto del Sole ha origine nei "Veda", dove viene chiamato l'anima superiore. Impiega circa un anno per compiere un'orbita completa e dunque il suo "passo" giornaliero è di circa un grado. Rappresenta il concetto maschile, la luce, il caldo, l'azione, la volontà, la forza centripeta. Indica anche la capacità di sintesi, la capacità di riuscita, la creatività. Il Sole il più importante dei luminari, governa il segno del Leone e la quinta casa dell'oroscopo generale. Da un punto di vista psicologico simboleggia l'io, la lucidità razionale. Rivela, infatti, i tratti fondamentali di una personalità. Per questo, il segno zodiacale in cui si trova, assume molta importanza. Dalla sua posizione si può dedurre l'ego di un nativo. Il suo studio, in un tema natale, consente di chiarire in che direzione si muove il soggetto, gli obiettivi di fondo che lo spronano, il grado di determinazione rispetto al destino, al karma che lo contraddistingue. L'età della vita umana che gli corrisponde è quella compresa tra i 20 e i 40 anni. Quando si trova sull'Ascendente tende a sottolineare soggetti longilinei, con folta capigliatura, proporzionati e generalmente di bell'aspetto. Per la donna simboleggia il principio maschile (*animus*) e il compagno nella sfera affettiva, ma anche il padre in quanto autorità.

Il Sole non è un pianeta, ma l'astro centrale, avente luce propria, che vivifica tutti i pianeti e li illumina, e attorno al quale essi gravitano. Il suo geroglifico è la stessa Ruota Zodiacale, cioè il principio, l'Uno che si manifesta attraverso le sue dodici energie sul piano dell'universo (macrocosmo) e dell'uomo (microcosmo), identici nella loro origine e nella loro evoluzione. Se il Sole è stato indicato come interprete del segno del Leone, è proprio perché questo astro è il simbolo della creatura umana che nel Leone si sviluppa come individuo libero e, nel complementare segno dell'Acquario, raggiunge il suo apogeo come irradiante dispensatore della luce che porta in sé.

IL SIGNIFICATO DEI PIANETI NEL SEGNO

☉ ***Sole:*** orgoglio e ambizione. Sincerità e generosità.
☾ ***Luna:*** esteriorità. Ampiezza di vedute. Senso estetico.
☿ ***Mercurio:*** capacità di sintesi. Immaginazione fervida. Conversazione brillante.
♀ ***Venere:*** egocentrismo in amore. Possessività e gelosia.
♂ ***Marte***: fierezza. Magnetismo e attrazione fisica.
♃ ***Giove:*** amore per le cerimonie. Manie di grandezza. Superbia.
♄ ***Saturno:*** desiderio di potere. Rispetto di se stessi. Responsabilità.
♅ ***Urano:*** entusiasmo innovatore. Ricerca di esperienze vivificanti. Libertà di pensiero.
♆ ***Nettuno:*** idealizzazione dei sentimenti e della bellezza.
♇ ***Plutone:*** affermazione di sé. Esaltazione della libertà.

LE DECADI DEL LEONE

Se siete nati nei giorni compresi tra il 23 e il 31 luglio: il pianeta governatore di questa decade è il Sole. Questo stimola molto le attività mentali e fisiche dei nativi. Il doppio aspetto del Sole è molto positivo, dà vibrazioni benefiche. Il nativo ama molto i cambiamenti e le riforme. La natura è entusiasta e grande è l'abilità di guidare gli altri. Il nativo deve migliorare le proprie tendenze negative e in questo caso il Sole garantisce buona fortuna.

Se siete nati nei giorni compresi tra il 1° e il 10 agosto: il pianeta personale è Giove, conosciuto come simbolo della fortuna e come pianeta della saggezza. Esso influisce sulle tendenze intellettuali, morali ed emotive. La natura è nobile e agisce sempre onoratamente e con gratitudine. Giove decreta un ambiente circostante armonioso, favorendo il raggiungimento del successo e aiutando ad annullare certi difetti.

Se siete nati nei giorni compresi tra l'11 e il 23 agosto: il pianeta personale è Marte, simbolo della forza e della lotta. Influisce sulle tendenze energiche, coraggiose e costruttive. Marte aiuta anche a superare i punti di debolezza e di negatività. Darà impeto a tutti gli sforzi; ché senza questa risorsa sarebbe difficile realizzare le aspirazioni importanti prefisse. La combinazione del Sole con Marte è potente e aggressiva, e costringe, o quasi, i nativi a raggiungere i propri scopi.

IL LEONE E I SUOI ASCENDENTI

Leone asc. Ariete

Due segni di Fuoco che si fondono. Può prodursi una personalità forte e intraprendente, che si sente spinta verso una necessaria realizzazione, sia materiale che morale. Con le sue sole forze può raggiungere, nella vita, posizioni di primo piano, nel campo sociale e delle finanze. Anche la vita affettiva vede il nativo ricolmo di grandi capacità d'amare, e, nello stesso tempo, protettivo.

Leone asc. Toro

Una combinazione che crea una personalità incisiva, capace d'imporsi, con una vivace vita interiore la quale, a volte, ha il sopravvento sulle facoltà razionali e pratiche. Malgrado la passionalità, esprime coerenza e perseveranza. Tutte le conquiste della vita saranno raggiunte con l'ambizione del Leone, e con la tenacia e la costanza del Toro. Aumenta la gelosia e la possessività in amore.

Leone asc. Gemelli

L'elemento Aria comporta un consumo del Fuoco leonino. Pertanto sfumano le tendenze come quella di voler predominare a ogni costo, che diviene piuttosto consapevolezza del proprio valore e delle proprie potenzialità. Il ragionamento si fa più obiettivo e aumenta la generosità. Al comune senso di giustizia e alla disponibilità verso l'esterno si unisce, qui, un forte idealismo. Maggiore infedeltà in amore.

Leone asc. Cancro

Esistono contrasti in questa personalità in cui si agitano forze opposte (quella dell'Acqua e quella del Fuoco), che determinano alti e bassi della sicurezza interiore, alimentando la forza, ma anche il potere di autodepressione. Le capacità persistono e possono spianare la vita sul piano socio-finanziario, mentre qualche problema può essere vissuto sul piano affettivo-sentimentale. Nel nativo si riscontra una forte tendenza alle comodità, a ogni genere di agio, e alla pigrizia.

Leone asc. Leone

È un essere genuino, che però raddoppia, oltre ai pregi anche i difetti tipici del segno. Si riscontra allora un desiderio molto forte di dominare persone e situazioni, che può indurre il nativo al dispotismo e all'egocentrismo. La natura è più che mai irruente e impulsiva, grande è la forza di volontà e l'autosicurezza. Rimane, interiormente, un idealista e un ingenuo che può anche essere raggirato con relativa facilità.

Leone asc. Vergine

Questi due segni si contrastano a vicenda e può instaurarsi una lotta per la libertà sostenuta dal Leone, mentre la Vergine tende a legarsi a principi suoi, a volte anche rigorosi. Il nativo diviene metodico, capace di buone valutazioni sul piano pratico, generoso. Qualche inibizione può frenare il desiderio di emergere. Può anche affiorare un perfezionismo latente che renderà il nativo più insofferente verso se stesso e gli altri.

Leone asc. Bilancia

In questa combinazione convivono sensi di forza con componenti equilibrate e dolci. Si fondono la capacità di riuscire nella vita e nella professione con una maggiorata capacità d'intendersi con gli altri e di comprenderli. Si modera l'impazienza e l'insofferenza. Aumenta invece il desiderio di godersi le conquiste fatte e la vita in generale. L'amore può essere vissuto con minore impetuosità e con una nota di dolcezza in più.

Leone asc. Scorpione

Vengono acuiti ambizioni e desideri, aumenta la forza interiore e quella fisica che ne fa un grande lavoratore con obiettivi ben precisi. Sarà tuttavia più che mai distratto dalla vita affettiva che acquista in importanza, dove s'imporranno sentimenti intensi, forti, possessivi. Non vive sempre bene la propria impulsività e la socialità è raramente spontanea. Tende fortemente a ruoli di comando sia fuori che dentro casa.

Leone asc. Sagittario

Un maggiorato idealismo emerge da questa combinazione che non perde nulla della propria forza, ma rinfocola alti ideali nella vita. Possono ampliarsi gli orizzonti e non cala l'ambizione mentre i rapporti con gli altri s'intensificano e divengono produttivi. Può attenuarsi l'egocentrismo e le amicizie possono avere un valore diverso. Il senso di giustizia si consolida rendendo il nativo attento a qualsiasi ingiustizia. L'amore diviene più romantico e assume toni lirici.

Leone asc. Capricorno

Le doti razionali e pratiche del Capricorno guadagnano una forza in più per raggiungere i propri scopi. La lotta per la vita diviene più dura, ma la vittoria non tarda a venire. Il nativo riesce a superare ogni ostacolo con grande volontà e tenacia. Non sono più importanti le cose superficiali, come i piccoli piaceri, i divertimenti, mentre sono posti in primo piano i propri progetti. La famiglia acquista in importanza e la natura è meno irrequieta.

Leone asc. Acquario

In questa combinazione aumenta l'orgoglio e la sicurezza di sé. Gli altri assumono forma vaga, mentre aumenta l'egocentrismo. Si riscontra una tendenza ad allargare la cerchia delle amicizie e delle conoscenze, che però non influenzeranno il nativo. La sicurezza di sé diviene fermezza e aumenta le possibilità di successo su un piano sociale e professionale.

Leone asc. Pesci

La fusione tra coscienza del proprio valore e accettazione passiva, e tra prontezza di riflessi e tendenza a perdersi nei sogni, comporta purtroppo conseguenze nel modo di agire, che appare nebuloso e non trasparente. Personalità problematica, in lotta con se stessa, diffidente, influenzabile dall'esterno, ma poco flessibile interiormente.

LA SINTONIA CON GLI ALTRI SEGNI

Leone/Ariete

Normalmente questa è un'unione positiva per entrambi i segni. Hanno la stessa emotività. Tuttavia, il Leone tenterà di imporre la propria superiorità all'Ariete e se, ogni tanto, potrà attirare l'attenzione su di sé o mettersi in mostra, le cose andranno bene. Anche l'impetuosità amorosa e sessuale dell'Ariete troverà sbocco nel cuore ardente del Leone. In fondo il Leone ammira le tendenze aggressive dell'Ariete.

Leone/Toro

Data la natura dei due governatori, rispettivamente Sole e Venere, questa combinazione darà vita a un amalgama positivo, soprattutto se entrambi si sforzeranno di capire i difetti e le debolezze dell'altro. Anche le qualità fisiche dei due segni si compensano, al punto di sembrare fatti l'uno per l'altro. Il Toro, tuttavia, non dovrà palesare la propria gelosia e concedere al Leone di mettersi in mostra o di attirare l'attenzione su di sé. A queste condizioni l'unione può risultare felice.

Leone/Gemelli

Fondamentalmente esistono diverse similitudini tra questi due segni; sono attirati dalle stesse cose: compagnie mondane, fascino, adulazione, tuttavia la combinazione non risulta delle migliori. Il Leone ama appassionatamente, mentre l'amore dei Gemelli è ideale. Passati i primi tempi dell'innamoramento, i Gemelli considereranno la passione del Leone troppo invadente, troppo prepotente. L'amore del Leone non troverà rispondenza, specie nella vita intima e questo potrà abbatterlo. L´unione è abbastanza difficile e bisogna fare attenzione.

Leone/Cancro

Malgrado la diversità degli elementi (Fuoco e Acqua), questa è un'unione che può riuscire bene. Un giudizio superficiale fa dire che il Cancro è inadatto al Leone, ma tra loro esiste una compatibilità reale, fornita dalla compatibilità dei governatori. La Luna (Cancro), riflette la luce del Sole (Leone), e il Leone adora che gli altri vivano della sua luce riflessa. La generosità del nativo sa perdonare l'umore instabile del Cancro, e anche i suoi scoppi d'ira che sono da riportare all'influenza lunare.

Leone/Leone

A prima vista pare una combinazione accettabile, ma purtroppo in pratica non è tale. I nativi Leone sono soggetti positivi, che amano emergere e sovrastare, non amano avere concorrenti. Anche nel sociale vogliono emergere in prima persona, e se i due coniugi si contendono privilegi di questo tipo e il comando della situazione, la cosa non può progredire. L'unico modo per salvare il ménage a due è che la donna si accontenti di essere regina in casa e il marito si dedichi agli affari.

Leone/Vergine

Possono esistere molte probabilità che questa unione si riveli felice. Il Leone, magnanimo, può sorvolare sul fatto che il compagno è pignolo e troppo metodico, mentre la Vergine può essere orgogliosa della natura solare, amabile e allegra del Leone, che va a colmare le sue lacune caratteriali. Il Leone, dal canto suo, rispetta e ammira anche la brillantezza mentale del compagno, a lui chiede solo di essere il sole attorno a cui deve girare la famiglia. In questo caso tutto andrà per il meglio, ma occorre un periodo d'assestamento e un po' di buona volontà da parte di entrambi.

Leone/Bilancia

Molto sensibile, la Bilancia può risentire dell'irruenza leonina e del suo desiderio di dominio. Malgrado ciò molte unioni di questo tipo possono andare in porto. I due governatori (Sole e Venere) sono molto compatibili tra loro. Entrambi i segni amano il lusso, le comodità, e tutti e due sono sensibili alle adulazioni. A seguito di questo la Bilancia può convincersi che ciò che va bene al Leone va bene anche per lei.

Leone/Scorpione

La combinazione propone due personalità forti e brillanti che hanno molto in comune. L'unione riesce meglio se la moglie appartiene al segno del Leone. Una moglie Scorpione potrebbe risultare troppo esigente per un Leone. La gelosia fa parte di entrambi i segni e anche la possessività, e questo può provocare conflitti familiari. In teoria i desideri si conciliano e anche certi lati caratteriali. Occorre però che ognuno definisca i propri ruoli, dato che a tutti e due piacciono i posti di comando.

Leone/Sagittario

Molto buona di solito questa unione, dove si abbinano due diversi tipi di Fuoco che possono convivere benissimo. Entrambi amano cambiare, amano gli stimoli della vita e amano il divertimento. L'unico rischio è che entrambi hanno una natura autoritaria, e questo può far nascere grossi problemi se il Leone tenta di prevalere sul Sagittario. La natura indipendente di quest'ultimo si ribellerebbe e l'unione potrebbe entrare in crisi.

Leone/Capricorno

Il contegno serioso, lento del Capricorno può mettere in crisi il Leone, di natura spensierata e allegra. Inoltre, il Leone perdona e dimentica; il Capricorno non è facile all'ira, ma ha il difetto di rinfacciare e di non perdonare. Questa combinazione pare non formare la base ideale per una reciproca comprensione, e ciò è rilevabile soprattutto nel campo sessuale. Il Capricorno ha natura diffidente quando si tratta di moventi altrui, mentre il Leone entra cantando nell'arena, senza curarsi delle conseguenze. Il Capricorno può trovare indisponente l'atteggiamento bonario e ottimista del Leone.

Leone/Acquario

Di solito questa è una buona combinazione. I due governatori Sole e Urano sono compatibili. Il Leone ama le sorprese e l'Acquario non ha problemi a procurargliene. Entrambi i segni hanno una generosità che si riversa all'esterno. Il Leone di solito ama il mondo e l'Acquario l'umanità, e questo favorisce un'associazione che comporta il contatto con il pubblico. Anche nelle questioni intime esiste una comprensione per i desideri e le necessità dell'altro. La loro vita non dovrebbe contenere tristezze data la mobilità impressa dall'Acquario.

Leone/Pesci

I Pesci sono ipersensibili ed elusivi; dunque un temperamento energico come quello del Leone potrebbe disturbarli notevolmente. I Pesci sono impressionabili e si sentono feriti anche per screzi immaginari. Divengono pertanto insopportabili e pericolosi. Tutto ciò non è facilmente accettato dal Leone, che si sente adulato dalla sottomissione degli altri. Il risentimento dei Pesci, se si abusa della loro pazienza, sarebbe impossibile da dominare. Quanto al Leone gli sarebbe preclusa ogni possibilità di emergere.

Vergine

SIMBOLOGIA, MITO E LEGGENDA

Il simbolo grafico (♍) della Vergine raffigura la lettera M, che presso molte tradizioni antiche è una lettera sacra legata al concetto di mare. Simbolicamente il mare si associa alla figura femminile, alla fonte della vita, alla madre. Il mito legato al segno è quello di Demetra, dea della fertilità, e di Persefone, sua unica figlia, che fu rapita da Ade e che divenne regina degli Inferi, ottenendo però di trascorrere metà dell'anno sulla Terra.

Un altro mito racconta che Demetra affidò a Trittolemo, figlio del re di Eleusi, una spiga di grano. Questi percorse tutto il mondo insegnando agli uomini l'agricoltura. L'analogia tra le due storie è evidente: sia Persefone che il seme del grano devono trascorrere i sei mesi invernali sotto la superficie terrestre, quindi salgono a godere la luce del sole, che rappresenta allegoricamente la vita. Il segno della Vergine è rappresentato dall'immagine di una giovane ragazza che porta la spiga e il covone.

ANALISI DEL SEGNO

Il tempo che va all'incirca dal 24 agosto al 23 settembre, è un periodo di raccolti; è il momento in cui la terra si prepara a ricevere le prossime sementi. Smorzato il solleone, tutto si acquieta e s'immerge in un silenzio d'attesa. È in questa stagione che nascono la donna e l'uomo della Vergine.

Il segno riporta immediatamente ai toni autunnali: il suo apparire (sia nella donna che nell'uomo) è sobrio, serio, contenuto. Vi traspare una maturità interiore, espressa attraverso un senso umanitario che può giungere a punte di sacrificio personale. I nati sotto il segno della Vergine tendono a essere precisi nelle loro cose, esatti, analitici: tutto ciò serve loro per procurarsi sicurezze, conferme quotidiane ai propri dubbi, a un'instabilità interiore che può conferire irrequietezza mentale e spirituale. La Vergine ama la chiarezza, il pulito in senso materiale e spirituale, il ragionamento, ma questo soprattutto perché ella stessa necessita di tali formule per vivere bene. Tra le schiere dei nativi si possono trovare figure che spingono all'eccesso alcune loro caratteristiche:

moralisti, intransigenti a oltranza, polemici, critici; coloro cioè che rendono a volte un po' faticosa la vita agli altri oltre che, naturalmente, a se stessi. Ma di loro ci si può fidare, soprattutto nel campo professionale e del lavoro. Hanno senso del dovere, sentono le loro responsabilità ma pretenderebbero (e spesso con ragione) che la fatica e l'abnegazione venissero loro riconosciute. Riescono con successo nei lavori manuali, di loro si dice che hanno "le mani d'oro". Sanno prefiggersi degli scopi, dei fini, e dedicarvisi per lungo tempo con costanza, pazienza e sacrificio. Tendono a essere risparmiatori.

Malgrado le loro non poche qualità si ritrovano spesso in crisi di fronte alle grandi scelte della vita; allora si sentono soli e inutili, e questa è una delle peggiori sensazioni che i nativi possano provare. Il segno della Vergine ha problemi specialmente nel campo affettivo-sentimentale. Più che in altri settori di vita, in quello affettivo, si esprimono quel suo riserbo, scambiato spesso per timidezza, e un innato pudore nel manifestare i sentimenti; il soggetto esercita un continuo controllo su se stesso, per cui paga spesso uno scotto sotto forma di autorepressione. Donne, uomini della Vergine appaiono per lo più distaccati, formali, a volte freddi e calcolatori. Ma tante volte, dietro il loro sguardo intelligente e acuto si agitano tempeste interiori: passioni represse, impetuosità imbrigliate. Pochi sanno come per questo segno sia difficile, talvolta doloroso, combattere contro se stesso.

Il fatto che nell'incedere e nel procedere dei nativi non vi sia l'irruenza dei segni di Fuoco o l'ostinazione (quasi invadente) dei segni d'Acqua, fa sì che vengano mal giudicati e male interpretati. Questo avviene spesso per chi non ama fare clamore attorno a sé, e coloro che preferiscono agire in silenzio o difendono la propria privacy vengono tacciati di falsità, asocialità e così via.

È un segno di Terra, razionale, che basa il proprio agire sul ragionamento. Purtroppo vi sono tappe della vita in cui un eccesso di raziocinio può portare all'infelicità e, infatti, il nativo si crea da solo una parte di problemi; un'innata tendenza al pessimismo fa il resto. Un dono elargito a questo segno è l'intuito. Ha una comprensione profonda della natura umana, delle ragioni altrui, e può aiutare a comprendere la verità, può avvertire dei pericoli. La costituzione fisica è buona, ha buona resistenza alle vicissitudini della vita. Il temperamento riflessivo e nervoso invita a evitare eccessi che andrebbero a minare la resistenza fisica e nervosa.

Il vivere all'aria aperta, il sole, il rilassamento possono mantenere una buona salute. Il segno trae più soddisfazione da attività intellettuali che da quelle fisiche, con questo non trascura gli sport. Particolarmente laboriosa, la Vergine non coltiva ambizioni, perciò non vuole essere al primo posto, lo rifugge, preferisce restare dietro le quinte.

L'UOMO VERGINE

I nativi sono riflessivi, studiosi e amano la lettura. Questo li fa divenire depositari di saggezza e cultura. La mente ha ampie vedute, spesso equilibrate, capacità intellettuali superiori. Sono cortesi, diplomatici, di aspetto elegante, sono buoni statisti. Possono apparire piuttosto freddi e riservati, ma ciò è dovuto all'indipendenza di pensiero e d'osservazione. Il comportamento e il contegno s'impongono al rispetto e all'ammirazione altrui.

Gli ideali, riguardanti l'ambiente domestico, sono importanti; tuttavia per natura i nativi sono irrequieti, e questo provoca il desiderio di cambiamenti. Una certa monotonia di vita porta a irritarli. In casa sono esigenti, anche con se stessi: non sopportano il disordine. Pur essendo metodici, non tollerano la routine e devono evadere ogni tanto dall'ambiente consueto, anche per brevi periodi. Riescono a convivere meglio con soggetti che hanno similitudini con loro, e non sempre vengono compresi, sia in famiglia che fuori. Problemi possono sorgere, infatti, proprio nel campo della parentela e spesso sarebbe meglio allontanarsi dalla famiglia.

L'uomo Vergine è industrioso, cosciente, a volte troppo. Il lavoro è una cosa importante e all'interno di questo, la rapidità di giudizio gli consente di apportare continui miglioramenti. Può intraprendere anche la carriera di professionista in più campi (legge, medicina, letteratura). Anche la ricerca è un settore interessante, poiché tutto ciò che è analisi è indicato per lui. Molte grandi menti del mondo scientifico sono nate sotto questo segno. I nativi si dimostrano pratici in ogni cosa che intraprendono, e infatti è positiva qualsiasi attività che metta in rilievo le loro doti. La perseveranza è un altro punto da tenere presente.

Quando cerca la propria compagna, l'uomo della Vergine dovrebbe valutare l'eventualità di trovare una partner dello stesso segno. S'interessa sì all'amore, ma non nel senso passionale, possessivo della parola. Si dimostra più convenzionale, tradizionalista, e in lui scatta soprattutto un'inconscia ricerca che si svolge nel sociale a lui familiare. È anche disposto a vivere una vita privata basata su regole associative, quasi come se fosse un'impresa commerciale. Spesso rimane celibe. Di solito si nota una certa avarizia e questo può essere un ulteriore motivo alla scelta del celibato. Tuttavia è senz'altro in grado di provvedere con prodigalità alla famiglia, ma resta pedante, facile alla critica, stizzoso. Due sono i punti di cui spesso si lamenta: la salute e le spese. Tiene in grande conto la sua casa, preservandola da ogni negatività. Sembra restìo a dominare quanto a cedere.

I nati nel segno della Vergine amano i propri figli, in modo tenero, ma anche apprensivo, giungendo alla gelosia. Possono divenire troppo indulgenti nei loro confronti o troppo severi. Sono, infine, dei salutisti convinti, preoccupati dell'igiene personale, attenti nell'alimentazione.

LA DONNA VERGINE

La donna del segno presenta la stessa riservatezza del compagno zodiacale, esprime una freddezza esteriore per tutto quanto è amore e sesso. Ciò non significa che, interiormente, non viva gli impulsi dei sentimenti, ma istintivamente li frena, li analizza, li reprime. Procede a un'autocensura. È moglie lodevole sotto molti aspetti. Il suo concetto di matrimonio è che esso sia un'associazione legale, quasi da trattare come un affare. Di solito è ottima casalinga. L'ordine impera nella sua casa e mette quasi a disagio i visitatori che riterranno d'obbligo adottare le pattine per il pavimento e non muoversi dalla loro sedia. È efficiente, evita gli sprechi, sa dirigere, curare. Può dimostrarsi di umore mutevole, può essere brontolona, o lagnarsi di mali o di mancanza di soldi. È parsimoniosa e tiene al patrimonio domestico.

Il partner potrà rendersi conto che, il giorno in cui si dimenticherà di portargli il caffè a letto, o i vestiti non saranno appesi al loro posto, o non farà nessuna osservazione sulle scarpe sporche, beh, quel giorno segnerà l'inizio della fine dell'amore. Dal lato emotivo non è perfetta, nutre ansie, insicurezze, tensioni. Nell'intimità emerge la sua cerebralità e non coltiva passioni travolgenti o desideri. Il segno della Vergine rispecchia l'ordine delle cose, l'analisi, la critica.

Attenta, discreta, critica, può apparire troppo controllata, fredda, distaccata. È insensibile? Tutt'altro, molto spesso rinchiude sogni, desideri, parole a doppia mandata: in questo modo soffoca la propria personalità e sacrifica all'autocontrollo affetti, soddisfazioni, salute fisica. Eppure non può e non deve "lasciarsi andare" fino a che situazioni e persone (soprattutto persone) non abbiano dato garanzie sufficienti. In questo segno, al femminile, si trova bellezza fisica non aggressiva, ma distaccata, tranquilla. Lo sguardo è quasi severo. Un'eleganza innata, anche nel portamento, distingue la donna Vergine.

Ma dietro a limpide facciate si agitano impulsi profondi, insicurezze che creano tensione. Le barriere che costituiscono l'autodifesa difficilmente vengono abbassate, manca perciò un risanamento mentale che potrebbe evitare quasi inevitabili somatizzazioni fisiche. Fragilità psichica, autorepressione, tutto concorre a far sì che ricerchi affannosamente la tranquillità nel settore interessi.

IL BAMBINO VERGINE

Questo bambino è poco bambino, dato che presenta più razionalità che emotività. Il fisico può essere gracile, la resistenza alle malattie non è grande. Tende ad apparire assorto, silenzioso, preferisce ascoltare piuttosto che parlare. Dimostra fin da piccolo la curiosità nel ricercare, scoprire, indagare dentro le cose. È un figlio tranquillo: preferisce i giochi di pazienza alle avventure rischiose. Cerca di conquistare l'affetto degli adulti con l'obbedienza, tutto ciò anche se si dimostra schivo nel chiedere o dare tenerezza. Si rivela disponibile e si aspetta il meritato premio.

Tiene molto al regalo di un salvadanaio che curerà e che osserverà crescere in consistenza. Apparendo mite non si pensa che già a quell'età possa interiorizzare i sentimenti, le emozioni; non appena vive i suoi rapporti interpersonali si perde nella timidezza. A scuola si dimostra diligente, s'impegna in attività ripetitive, piuttosto che creative. Sa esibirsi in prove di memoria. Non fa parte dei gruppi più ribelli e, magari, violenti; preferisce difendersi con le argomentazioni logiche. Sa puntualizzare criticamente gli errori dei compagni o le spiegazioni superficiali degli adulti. Non ama lottare per un primato. Con questi bambini, i normali schemi educativi vanno quasi ribaltati. Sono i genitori che devono sollecitare i figli, far loro vivere qualche emozione, proporre cambiamenti. Soprattutto bisogna incoraggiarli a superare la scarsa fiducia in sé, valorizzando le loro iniziative, facendo loro un complimento. Per suscitare reazioni spontanee e liberarli dagli ingranaggi della loro razionalità, occorre l'esempio. Ci vuole anche calore per sciogliere la loro ansia. Una cosa da non dimenticare è quella di tenerli lontani dalle discussioni familiari, perché di questo potrebbero risentire notevolmente.

LA VERGINE E L'AMORE

Parlando del rapporto di questo segno con i sentimenti e con l'amore in particolare, potremmo sintetizzare il tutto in questa triade: prudenza, controllo, calcolo. Queste parole suonano come una doccia fredda sul fuoco che dovrebbe alimentare un sentimento nobile come l'amore, ma bisogna precisare che, inconsciamente, i nativi si autoimpongono comportamenti che non sono altro che un'autodifesa. Dentro di loro, nel profondo, vi è spesso una grande capacità di dare, ma anche desiderio di ricevere. Spesso i soggetti Vergine non sanno offrire nel modo giusto, poiché vengono frenati da un pudore il più delle volte fuori luogo, dalla tendenza alla critica, dall'esigenza di vedere il partner all'altezza del loro ideale. Si può dire che essi non si accontentino anche se a volte, invece, si adattano (cosa diversa dall'accontentarsi), e sopportano situazioni frustranti, rivelando doti autolesionistiche.

La naturale riservatezza blocca gli slanci più spontanei di amore e alimenta incomprensioni da parte degli altri. Ogni sentimento è analizzato, discusso e vissuto con dubbi e ansie. I soggetti Vergine hanno la primaria necessità di legarsi a partner che sanno indagare nell'intimo e capire che la loro è solo una freddezza apparente. I nativi s'innamorano lentamente, con prudenza appunto (con i piedi di piombo), ma sono anche lenti nel risolvere una situazione insopportabile o stagnante. Questo perché prendono le cose troppo sul serio, ma anche perché si crogiolano nelle loro ansie, le analizzano, le osservano al microscopio, soprattutto si autopenalizzano, si sentono responsabili più del necessario. Rassicurati, comunque, dalla tenerezza del compagno o della compagna, i nativi costruiscono una vita concreta, serena, solo apparentemente statica.

Particolare è il fascino della nativa Vergine, che, come il compagno di segno, ha il dono dell'intelligenza, della parola che affascina (quando ne ha voglia), ma poi interviene la critica, a volte la polemica. Dovrebbe imparare a far scorrere (in certe occasioni) una saracinesca che chiuda il cervello, che interrompa il flusso dei ragionamenti. Il nativo, solo se si sente incoraggiato, incomincia a fare qualche timida confidenza e poi procede con diffidenza, con ironia, con incredulità. Non è molto romantico e può considerare il matrimonio con la fredda mentalità dell'intellettuale.

Pare calcolatore e di difficile comprensione per la donna. In lui esiste il complesso dello scapolo che deve essere demolito con gentilezza. In realtà, apprezza molto la pace domestica, ma per quel suo innato pudore non ne parla. In compenso la sua rettitudine morale è una garanzia per la vita in comune.

Come lavoratore è infaticabile, felice di rendersi utile. Desidera che la sua compagna si comporti da persona adulta e consapevole, non tollera capricci e stranezze. Necessita di ordine e semplicità, e a queste condizioni sarà sincero, leale e fedele.

Anche la nativa è sentimentalmente timorosa, non manifesta grandi passioni. Timidezza e riservatezza non incoraggiano né lei né gli altri. Prima di giungere a trovare il suo compagno di vita, passa attraverso delusioni amorose. Ha un bagaglio di sogni con cui parte alla ricerca dell'amore, sogni che perde strada facendo. La nativa è affettuosa, irradia protezione e sa risvegliare la tenerezza negli altri. Il suo intimo desiderio è di aiutare l'amato a realizzarsi. Una volta sistemata, sa fare di necessità virtù; di tanto in tanto in lei fa capolino la mania del perfezionismo. Il suo compagno deve saper soddisfare le sue esigenze pratiche: complimenti e considerazione sono il cibo per la sua anima. A volte scatta la molla che la fa divenire gelosa e possessiva, e allora diviene anche facilmente permalosa. Uno dei suoi difetti è quello di voler condizionare la condotta delle persone che ha vicino.

Per questo segno gli amori appassionati sono per lo più sconosciuti, ma anche le delusioni cocenti. I nativi amano, in genere, gli amori difficili che richiedono qualche rinuncia, quasi ad autopunirsi; riescono a darsi meglio intellettualmente che fisicamente e cercano, nel partner, anche la persona amica. S'incontra raramente un nativo Vergine che presenti una vita sentimentale senza ostacoli e questo è in parte da attribuire a lui stesso, al suo eccesso di riflessione e di critica. Diffida delle esagerazioni emotive in generale, le sue esigenze morali risultano forti e spesso prevale lo spirito di sacrificio.

Quando ha deciso di amare, la sua capacità di dedizione è quasi senza limiti. Decisamente un amore senza complicazioni e senza preoccupazioni non lo interessa. La sua cerebralità ha bisogno di stimolanti sfide; questo anche in amore.

Nella vita della nativa raramente si verificano avventure saltuarie e senza importanza. Il suo cuore è dominato dall'intelletto e tutti gli affetti vengo sistematicamente analizzati. Non cerca il principe azzurro, ma il compagno che le dia quelle garanzie di cui ha bisogno. Una volta trovato s'inserisce, quasi, nella vita del compagno e la organizza. Vive i sentimenti come una missione da compiere; una relazione puramente erotica esiste di rado.

Compagna comprensiva, rivolge i pensieri al futuro, e questo può far perdere di importanza al presente. Per diverse native l'amore può divenire un complesso, ne soffrono e si tormentano, mentre dovrebbe esistere più ottimismo. Dovrebbero cercare di vivere senza schemi prestabiliti. La donna della Vergine può divenire in un ambiente familiare o di lavoro l'anima insostituibile per l'operosità, l'interesse, la creatività che dimostra. L'amore per questo segno è, dunque, celato nel profondo dell'essere ed è dimostrato attraverso la lealtà, la fedeltà, un'intima condivisione di sentimenti; purtroppo non si può chiedere a un soggetto della Vergine di manifestare affetto con gesti, carezze e baci. Ai nativi, pertanto, si può suggerire, al contrario che ad altri segni, maggior calore, passionalità, partecipazione. La cosa migliore da fare è lasciarsi andare.

LA VERGINE E IL LAVORO

Nel campo del lavoro i nativi si trovano spesso in perfetto accordo con eventuali soci, anche se i soggetti Vergine pretendono libertà d'azione. Più alterne appaiono le risorse finanziarie nel corso della vita. Questo segno vive il rapporto con il denaro in modo ansioso e i suoi atteggiamenti variano dal risparmio alla prodigalità. Esiste una notevole capacità di guadagnare e solo raramente i nativi si trovano in povertà. Campi d'investimento che potrebbero fruttare bene sono i beni immobili, i trasporti, le attività chimiche. Tuttavia, il successo in campi d'investimento appare limitato, mentre affari di minor risonanza e nuove invenzioni possono dare risultati migliori. In tutti i modi la situazione finanziaria, nel corso della vita, dipende esclusivamente dai nativi stessi e dalle loro risorse.

Per questo segno il lavoro è un dovere da svolgere con precisione e senso di responsabilità, ed è anche un servizio da rendere agli altri.

Anche in tale settore, come nella vita, le note costanti della Vergine sono la discrezione, il pudore e l'acutezza intellettuale, unita alla pazienza. Data l'abilità manuale di cui è dotato il soggetto, le professioni adatte sono: il massaggiatore, il chiroterapista e l'artigiano. Mercurio, governatore del segno, lo influenza e lo rende sensibile ai problemi sociali e di lavoro, pertanto sono indicate anche le attività di sindacalista, di giornalista e di scrittore. La metodicità e la cura del particolare, proprie di questi nativi, li predispongono alle professioni di contabile, di bibliotecario e di collezionista.

LA VERGINE E LA SALUTE

a) I punti deboli della Vergine – La Vergine appartiene a uno dei tre segni più deboli dello zodiaco. Ma poiché è anche il sesto segno zodiacale, in relazione con la sesta casa dello zodiaco, la casa della salute, gli interessi dei nativi in fatto di igiene, terapie, diete sono tanti e tali che compensano più che largamente le carenze costituzionali di nascita. Il suo governatore, Mercurio, quale dominante notturno, si rivela riflessivo, analitico, programmatore, fa in modo che il soggetto divenga cosciente delle proprie debolezze, riuscendo a governarle e sfruttandole al meglio, per evitare il più possibile i fastidi di una vitalità un po' carente. Inoltre, il temperamento nervoso procura timore verso il contagio e le malattie, paura che spinge a pulire, lavare, sterilizzare. Le diete e tutte le discipline che hanno per scopo un miglioramento psicofisico attraverso vari esercizi costituiscono un grande interesse per il nativo. Egli si interessa della macrobiotica, della cura dell'uva, degli alimenti integrali senza conservanti e coloranti. Spesso la cucina di un convinto salutista Vergine ricorda un laboratorio.

Nell'anatomia dell'"uomo-zodiaco", il segno della Vergine influenza l'intestino e la regione addominale, e, poiché il sistema nervoso si esteriorizza principalmente in inibizioni, ritenzioni e controlli o, per compensazione, in rilasciamenti e abbandoni, non bisogna meravigliarsi se sono proprio tutte le funzioni intestinali quelle più soggette ad alterazioni di ogni tipo. Da qui forme di enterite, colite, specie su base nervosa. Altre tipiche malattie del segno sono: appendiciti, peritoniti, orticarie, eczemi, infezioni tifoidee. Anatomicamente il segno della Vergine governa l'addome inferiore, gli intestini, la mano e le sue dita.

L'oligoelemento del segno della Vergine è il solfato di potassio. La sua funzione nell'organismo è quella di regolare l'assimilazione e la distribuzione dei lipidi nel corpo. Si comporta come un "olio lubrificante", consentendo il passaggio dell'ossigeno attraverso le cellule dell'epidermide. Quando esiste una lieve carenza di questo oligoelemento, il soggetto soffre di pruriti, di infiammazioni dell'epidermide, avverte un senso di secchezza alla gola, accusa atonia intestinale, è insofferente agli ambienti caldi e riscaldati, e cerca istintivamente le stanze fredde.

Il segno della Vergine è, fra tutti i segni, quello che più si preoccupa della propria salute, a volte troppo. Talvolta la potenza della somatizzazione supera la gravità del sintomo. Questi soggetti sono coloro che tengono sotto mano una scorta di medicamenti per la cura dei disturbi ricorrenti e per quei malanni che un giorno potrebbero venire. È il segno dei farmacisti, dei chimici; tuttavia è bene non abusare di farmaci, per evitare intossicazioni. Uno dei vantaggi è che i nativi non tendono ad abusi alimentari, anzi adottano volentieri una dieta.

b) La dieta della Vergine – Come già detto, questo segno che si occupa e si preoccupa un po' troppo della propria salute, dovrebbe evitare di farlo in eccesso. Prendendo come abitudine qualche accorgimento alimentare, il nativo può dormire sonni tranquilli. Per il sistema nervoso fragile sono importanti le vitamine del gruppo B, che il nativo può trovare nei cibi integrali a lui sicuramente raccomandabili. Pochi sono di solito i cambiamenti da apportare a una dieta già esistente al contrario di quanto pensano spesso i nativi. I cibi devono essere sani, naturali e vanno consumati rispettando i propri ritmi personali, a meno che non esistano controindicazioni mediche specifiche. Il pane dovrebbe essere quello integrale. Molto equilibrio occorre nel consumo di carne, uova, latticini, mentre la verdura, la frutta e i cereali possono essere consumati a piacere. Il nativo e soprattutto la nativa Vergine dovrebbero ricordare che prevenire (e loro cercano di farlo) non significa inghiottire pillole bensì dare all'organismo gli elementi indispensabili al suo buon funzionamento ed equilibrare la dieta naturale. L'oligoelemento del segno si trova in tutti i cereali integrali, specie nel frumento, nell'avena, nella segale. Non bisogna infine trascurare il lato psicologico dei nativi, poiché lo stress è il peggior nemico del loro intestino. Inoltre la malattia psicosomatica è spesso in agguato. Da ricordare anche che la dieta deve includere gli alimenti essenziali (carboidrati, proteine, grassi insaturi ecc.).

LA PIETRA DELLA VERGINE: IL TURCHESE

Il turchese è una pietra dura (esattamente un fosfato basico idratato di rame e alluminio) che si presenta nelle tonalità che vanno dal verde chiaro all'azzurro. Spesso lo troviamo impiegato come materiale pregiato nelle moschee; gli Arabi lo considerano, infatti, una pietra portafortuna. Varie le proprietà attribuite al turchese: favorisce gli amori, l'obiettività e il successo. Inoltre, infonde calma, e aiuta la comunicazione e la creatività. Stimola sentimenti di amicizia e di lealtà. Dà forza ed energia al corpo, ed è un buon antidepressivo. Aiuta contro i disturbi della vista, combatte l'otite, fortifica i reni, e anticipa i processi di guarigione in caso di varicella e morbillo. Lenisce quindi i dolori muscolari.

IL PIANETA DOMINANTE: MERCURIO

Mercurio, nel segno della Vergine, assume la caratteristica dominante di tutte le figure della Vergine, cioè quella dell'intelligenza ricettiva, che concepisce e trasmette la luce che trasmuta e apre la via verso le regioni superiori dello spirito. I nativi della Vergine, sotto l'influsso di Mercurio, possono dividersi in tre gruppi: medi, inferiori, superiori. Loro tratti comuni sono l'attivismo, l'intelligenza, il senso pratico. Quanto al livello morale dipenderà dal loro orientamento. L'attivismo costante è in parte causato dalla tensione verso l'"altro", che si esercita subconsciamente come effetto della ricerca dell'ideale. Il segno della Vergine è come tormentato da un'inquietudine di miglioramento che, non potendo esprimersi convenientemente nei tipi ancora troppo dominati dalla Terra, si manifesta con un bisogno irresistibile di agire, che diviene a volte virulento e può condurre fino alla psicosi, e anche con una preoccupazione estrema, esagerata, per i dettagli di esecuzione. L'intelligenza, che è facoltà di questo segno, si sviluppa soprattutto dal punto di vista materiale, razionale e analitico. L'analisi occupa un posto importante nel processo della conoscenza. Essa seziona per conoscere le parti e per andare a fondo delle cose. Il tipo medio della Vergine è caratterizzato dall'attività realizzatrice, è un buon intermediario, sa servire i propri interessi e quelli altrui. I suoi mezzi d'azione si basano sul discernimento, il ragionamento. Il tipo inferiore non è meno attivo, ma traduce la sua diplomazia in scaltrezza, la prudenza in ipocrisia. Si sviluppa la tendenza all'intrigo, alla gelosia, all'adulazione. Copre di falsa ingenuità le situazioni più equivoche, ha senso d'opportunismo. Quando l'intelligenza è poco sviluppata, il soggetto si chiude nei dettagli di un'esistenza mediocre, consacrata alle personali manie. Questi soggetti fanno della loro impotenza una virtù aggressiva.

♍

IL SIGNIFICATO DEI PIANETI NEL SEGNO

☉ ***Sole:*** mente analitica. Furbizia che risolve situazioni complicate.
☾ ***Luna:*** timidezza. Inibizioni. Difficoltà di inserimento in nuovi ambienti.
☿ ***Mercurio:*** intelligenza. Razionalità. Idealismo pratico. Attenzione per i particolari.
♀ ***Venere:*** inibizione nei rapporti sentimentali. Pudore. Dominio della ragione sul sentimento.
♂ ***Marte:*** abilità manuale. Spirito critico e polemico.
♃ ***Giove:*** conflitto con se stessi. Disciplina. Capacità di dedizione.
♄ ***Saturno:*** responsabilità. Introversione. Sensibilità controllata dalla logica.
♅ ***Urano:*** realizzazione concreta degli ideali. Ricchezza di risorse. Inclinazioni per le scienze applicate.

♆ *Nettuno:* sfiducia in se stessi. Ingenuità. Disordine nella vita pratica.
♇ *Plutone:* forte razionalità.

LE DECADI DELLA VERGINE

Se siete nati nei giorni compresi tra il 24 e il 31 agosto: il pianeta personale è Mercurio, che domina sulla parte razionale dell'anima e della mente, e indica una personalità sveglia, ingegnosa, attenta, percettiva, intellettuale e studiosa. Se nel quadro di nascita è in posizione negativa, il carattere diviene inquisitore, astuto, simulatore, negligente. Il pianeta è ritenuto il dominatore della mente, perché senza la sua influenza mancherebbe la facoltà di esprimersi, mancherebbe la memoria.
Se siete nati nei giorni compresi tra il 1° e il 10 settembre: il pianeta di questa decade è Saturno, simbolo del tempo. L'influenza di questo pianeta è restrittiva. Esso domina le tendenze riflessive e meditative, e predispone alla pazienza, alla precisione, al rispetto dei sentimenti altrui. Saturno dà costanza negli affari, dà stabilità, tenacia, perseveranza. Sono suggeriti investimenti oculati. I nativi hanno benevolenza e destano simpatia per la loro serietà.
Se siete nati nei giorni compresi tra l'11 e il 23 settembre: il pianeta della decade è Venere, simbolo dell'amore e della bellezza, conferisce costanza negli affetti. La mente è sensibile, generosa, estrosa, equilibrata. È una mente che sa apprezzare le cose della vita. I nativi hanno un forte senso della misura e sono sensibili alle lodi. Sono generosi, specie con le persone care. La presenza di Venere in questo decano indica magnanimità.

LA VERGINE E I SUOI ASCENDENTI

Vergine asc. Ariete

Il carattere di questo nativo è teso, pronto, e il lavoro per lui rappresenta uno degli scopi irrinunciabili della vita, oltre che una gratificazione. Esiste una discreta impulsività e il fisico risulta più scattante. La salute è un po' delicata con predisposizione talvolta a emicranie. Quanto a temperamento il soggetto è esclusivista.

Vergine asc. Toro
L'aspetto fisico risulta un po' appesantito, il carattere tende alla praticità. Esiste una certa predisposizione a malattie della gola e del ricambio. I nativi possono avere estro; di solito scelgono una forma d'arte come professione o come hobby. Questi soggetti si distinguono per una voce bella.

Vergine asc. Gemelli
L'insieme della personalità è piacevole, l'intelligenza mobile, il carattere instabile. Il tono nervoso è alto. Spesso i nativi vivono cambiamenti radicali, mentre la seconda parte di vita è più felice della prima. Vi sono note che indicano un soggiorno all'estero come sorgente di positività e di grandi occasioni.

Vergine asc. Cancro
La personalità di questa combinazione, specie in un soggetto femminile, è molto piacevole, e il lavoro diviene importante quanto la famiglia, che ha un ruolo determinante. Anche i figli diventano notevolmente importanti. In questo soggetto vi è grande inventiva, specie quando Mercurio è in posizione positiva nel quadro.

Vergine asc. Leone
Si nota un appesantimento dell'aspetto fisico, vi è una tendenza all'aumento di peso. Il carattere tende a isolare la persona, mentre il lavoro viene scelto in settori che più di altri richiedono la solitudine: l'archivio, il laboratorio, il chiostro, l'ospedale.

Vergine asc. Vergine
Di carattere introverso, timido, riservato. Il temperamento è simpatico, anche se il nativo risulta abbastanza permaloso. Non vi è molta comunicativa e ciò nuoce soprattutto nei rapporti affettivi. Il fisico è piacevole.

Vergine asc. Bilancia

Il nativo ha un fisico notevole e questo lo si osserva specialmente nel sesso femminile. Per questa combinazione è molto importante il mondo dei sentimenti che viene messo prima di ogni altra cosa. A questo primario obiettivo tien dietro l'affermazione economica.

Vergine asc. Scorpione

Una combinazione che esaspera il senso critico e tende alla polemica. Incline agli studi tecnici, alla medicina e alla fisica. L'aggressività è espressa con una caratteristica mimica facciale. La voce tende ai toni bassi e la statura raramente supera la media. Notevole il fascino delle donne.

Vergine asc. Sagittario

La formazione del soggetto risente dell'ambiente familiare, in particolare del padre. L'organismo è delicato. È sviluppata l'immaginazione; il nativo tenderà a viaggiare molto e avrà evidenti doti di sintesi. Grande è l'amore per gli animali. Il campo affettivo viene vissuto con un senso sviluppato per la libertà.

Vergine asc. Capricorno

Se il quadro astrale è positivo, si nota molta ambizione nei nativi; la riuscita e il successo arridono al soggetto nella seconda parte della vita. Il carattere è piuttosto autoritario e a volte tende alla prevaricazione.

Vergine asc. Acquario

Si nota una delicatezza fisica; vi è difficoltà di recupero in caso di malattia, il sistema circolatorio è un punto debole. Spesso le ambizioni risultano frustrate. La vita affettiva, ma soprattutto il campo delle amicizie, assume per il nativo grande importanza.

Vergine asc. Pesci

La sensibilità dell'Ascendente si associa alla precisione e all'incisività del segno di nascita. Fisicamente i nativi hanno un'aria sognante e l'aspetto piuttosto gracile. Questi soggetti tendono a vivere in un mondo fantastico tutto loro, inaccessibile.

LA SINTONIA CON GLI ALTRI SEGNI

Vergine/Ariete

Questa non è certo l'accoppiata più felice. La Vergine, dominata da Mercurio, non risponderà in positivo all'autoritario e imperioso compagno o compagna Ariete, che, impulsivo e ardente, resterà ben presto deluso dalla Vergine, affettata e facile alla critica. Di solito risulta un'unione difficile.

Vergine/Toro

Può esistere un amore a prima vista tra i due nativi, ma è comunque il Toro che di solito parte per primo. In seguito, continuando il rapporto, al Toro non va bene essere censurato; d'altra parte la critica è l'arma affilata che usa la Vergine. Inoltre, il Toro può divenire ostinato e testardo, e la Vergine, con le sue osservazioni e i suoi rimproveri, può condurlo facilmente all'ira.

Vergine/Gemelli

I due segni hanno in comune il governatore: Mercurio. Malgrado ciò, l'unione non è delle più facili a realizzarsi e a durare nel tempo. Ciò si spiega con la diversa espressione del pianeta. Nei Gemelli Mercurio è logico e calcolatore; nella Vergine è critico ed esigente. La Vergine sarebbe sconcertata se dovesse seguire il continuo bisogno di cambiamenti dei Gemelli. Esiste qualche punto in comune, la tendenza alla precisione, la scelta degli amici, ma tutto questo non basta.

Vergine/Cancro

Il nativo Cancro ama la tranquillità e il continuo sollevare pretese da parte della Vergine lo infastidisce. Il nativo Vergine si propone troppo realistico e pratico nei rapporti con il compagno. Il Cancro è sentimentale e reticente, schivo in materia amorosa, e questo delude la Vergine. L'unione potrebbe guastarsi proprio su queste basi; in tal caso il Cancro si chiuderà inesorabilmente in se stesso, innervosendo l'altro.

Vergine/Leone

Può risultare una buona unione dato che i due nativi dovrebbero compensarsi abbastanza a vicenda. Il Leone dimentica generosamente i difetti della Vergine e questa sarà spesso orgogliosa del compagno. Il calore del Leone riesce a fondere quelle superficiali freddezze della Vergine, riesce, inoltre, a blandirne l'amor proprio. Naturalmente la Vergine dovrà evitare le critiche e lasciar vivere al compagno la propria immagine.

Vergine/Vergine

I due segni potrebbero sopportarsi a vicenda e, invece, purtroppo non è così. È difficile per i due anche trovare una situazione sostenibile. Può esistere, invece, un continuo, estenuante antagonismo, essendo uguali le qualità. Ognuno tende a esagerare i torti dell'altro. Nel migliore dei casi potrebbe risultare un'unione banale, con la possibilità che entrambi parlino tra loro solo per occupare il tempo libero.

Vergine/Bilancia

Anche in questo caso vi sono molti ostacoli alla felicità. Se esiste qualcosa che la Bilancia non sopporta è il rimbrotto, mentre la Vergine è abile nella critica. Quest'ultima è precisa e meticolosa, la Bilancia invece tende alla pigrizia e non le importa affatto dei dettagli. Sono due mentalità in conflitto e ben presto potrebbero sorgere problemi.

Vergine/Scorpione

In questo tipo di unione esistono due tipi diversi, che però si ammirano. La Vergine analitica è affascinata dal misterioso Scorpione. Quest'ultimo è forse l'unico segno che riesce ad arginare certe qualità della Vergine; la analizza a sua volta e "scava" nella sua interiorità.

Tale atteggiamento viene apprezzato dalla Vergine, e se essa rispetta l'orgoglio scorpionico, la combinazione può essere duratura e felice.

Vergine/Sagittario

La pignoleria della Vergine viene messa a dura prova dall'allegro disordine sagittariano, dalla voglia di libertà e di cambiamento. Prima del legame il Sagittario apprezza certe qualità virginee, salvo a ritrovarsi, dopo, con la certezza che le qualità si sono trasformate in qualcosa di opprimente! Quello che il Sagittario non sopporta proprio sono i litigi e le discussioni, e la Vergine, invece, ne vive.

Vergine/Capricorno

I due elementi uguali (sono entrambi segni di Terra) portano a similitudini e a punti di contatto. Entrambi i nativi sono esigenti e questo elimina alcuni attriti. Tanto la Vergine che il Capricorno usano una buona dose d'orgoglio elogiando se stessi e le cose di cui si circondano, ma ciò può portare a scortesie tra di loro. Tuttavia, l'unione può risultare solida e anche armoniosa.

Vergine/Acquario

La Vergine ama il quieto vivere, l'Acquario è, invece, il segno delle sorprese e potrebbe scombussolare il sistema nervoso sensibile del compagno. Non è certo una combinazione facile. Molto dipende dal livello evolutivo dei due e da quanto tempo si conoscono. Non vi sono vie di mezzo: o l'unione è buona o è pessima. Questo, come detto, dipende dall'affiatamento e dal lavoro in comune.

Vergine/Pesci

I due segni sono opposti nello zodiaco, ma – si sa – gli opposti possono toccarsi. Esistono diversi punti in comune e i contrasti stessi suscitano interesse nei soggetti. La Vergine deve usare molta pazienza per vivere con la malinconia dei Pesci; dovrebbe usare anche del sentimento. I due segni possono divenire complementari, tra un rimbrotto e l'altro.

Bilancia

SIMBOLOGIA, MITO E LEGGENDA

Il simbolo grafico (♎) della Bilancia ricorda il geroglifico egiziano che indica l'equilibrio. La linea inferiore del simbolo rappresenta il contatto con la materia, mentre la parte superiore, rivolta verso l'alto, è il simbolo dell'elevazione dello spirito. La bilancia, simbolicamente, rappresenta la giustizia, la misura e l'equilibrio.

Molte sono le leggende relative a questo simbolo. Per i Greci, la bilancia era lo strumento di Zeus per pesare il destino degli uomini.

ANALISI DEL SEGNO

Il tempo che va all'incirca dal 24 settembre al 23 ottobre segna un periodo dell'anno che scivola verso l'autunno inoltrato; le ore di luce uguagliano quelle di buio, l'aria più fredda impone dubbi su come vestirsi. I toni sono più smorzati. È in questo periodo che nascono la donna e l'uomo della Bilancia. Bisogna dire subito che il segno rivela un'immediata fragilità esteriore, una passività di fondo. Il simbolo del segno, la bilancia appunto, sta a rimarcare la difficoltà del nativo nell'affrontare la vita con energia e decisione. La Bilancia è stimolata più al rilassamento che all'azione, più all'attesa che alla presa di posizione. Le situazioni che gli vengono incontro nella vita, sono sviscerate, studiate, analizzate ripetutamente, ma tutto ciò non porta, per la Bilancia, alla conclusione. No, rimarranno delle perplessità, dubbi, recriminazioni. Questo segno può irradiare dolcezza, timidezza, velata insicurezza che purtroppo l'induce all'indecisione, a ritardare le scelte nella vita.

Il nativo si trova spesso impegnato a districarsi in particolare tra due tendenze interiori: quella razionale e quella idealistico-sentimentale. Vorrebbe, infatti, vivere in atmosfere ovattate, dolci, quasi infantili; d'altro canto, sente anche l'impellenza di limitare sogni e ideali, di divenire censore, giudice. Eppure non deve eccedere in questo, poiché è saggio evitare di giudicare gli altri se prima non lo si è fatto profondamente con se stessi. Va riconosciuto, però, che spesso lo fa nell'intento di aiutare il prossimo. I soggetti Bilancia, ma soprattutto le native, sono amanti del bello, rivelano senso artistico. Il segno si distingue per grazia, simpatia, prudenza: tutto ciò che coinvolge l'estetica sia umana che oggettistica è di suo interesse. Vi si trovano spesso donne impegnate in professioni che richiamano valori estetici, come l'arredamento, il campo stesso dell'estetica, l'abbigliamento, la gioielleria, l'artigianato ecc. La Bilancia sa aprirsi all'esterno, al mondo; sa impegnarsi in attività sia familiari che sociali che sentimentali. È attratta dalla vita di relazione, mondana, dai viaggi e dai divertimenti in genere.

Non le si confanno gli amori passionali, che sono espressione dei segni di Fuoco, né le passioni più cerebrali, appannaggio dei segni d'Acqua. Non si fa travolgere, insomma. Aspira a un legame continuativo, che porti sicurezza nel quotidiano a volte infiorato da dubbi nelle scelte; aspira a una spalla su cui appoggiarsi. È accomodante, evita le tensioni e ne osserviamo l'apparenza tranquilla fino a che non la si stuzzichi in certi suoi principi, a quel punto la si potrà vedere irata.

Al nativo non piace isolarsi, la solitudine non fa parte dei suoi programmi di vita, la sfugge. È sensibile e discreto, tiene alla propria privacy, pare arrendevole, ma è più che altro una forma diplomatica per aggirare l'ostacolo. Ha intuizione e ciò lo aiuta spesso a inquadrare le situazioni, le persone. Non ama i cambiamenti bruschi, le innovazioni repentine. Questo segno è testardo, sì, e non poco. Il campo delle amicizie è un punto sensibile nella sua vita. Tende a idealizzare gli altri, senza rendersi conto che esistono coloro che coltivano l'amicizia con obiettivi interessati e senza sentimenti di altruismo.

A sua volta tale segno armonico, artistico, creativo, può cadere nell'errore di esercitare atti altruistici dettati da un nascosto egoismo. L'armonia, l'equilibrio sono i suoi punti di ricerca. Prende istintivamente le distanze da tutto ciò che è violenza, lotta, ingiustizia, ma non per questo dev'essere accusato di poco coraggio, perché, se costretto, non rifiuta la lotta. Una quasi esasperata sensibilità di fondo lo può spingere alla diplomazia, al compromesso, ma soprattutto alla ricerca di quell'armonia di cui ha bisogno per vivere bene. Armonia è anche sinonimo di bellezza e in questo senso, i nativi la sanno lunga. La loro forza sta nell'intuizione, nella diplomazia con cui gestiscono le cose. L'unica cosa negativa che si può attribuire loro è la lentezza nelle decisioni, poiché i pro e i contro che si pongono sono tanti. È anche difficile che una cosa possa interessare loro per lungo tempo. Non cercano mai di raggiungere delle mète con la prepotenza, ma sempre attraverso le relazioni e le protezioni. Trattano gli altri con la massima naturalezza e nel modo più opportuno.

Il denaro e il successo hanno solo la funzione di far loro ottenere ciò che desiderano. Nel lavoro manca un po' di costanza, non amano affaticarsi; sanno adattarsi alle circostanze cercando di escludere dalla loro vita gli obiettivi e le preoccupazioni che richiedono grandi sforzi. Il fatto di non riuscire ad avere la vita agiata che desiderano, non provoca drammi in loro, né crea incentivi per una maggiore attività, si adattano semplicemente alle condizioni di vita, senza perdere la carica di cordialità e di umanità. Vivono male da soli, hanno bisogno di calore, di contatti umani, di dialogo. Si trovano a loro agio solo in un'atmosfera di simpatia e benevolenza.

L'UOMO BILANCIA

L'uomo Bilancia non può essere definito un rivoluzionario, tiene più dell'adepto, e lo dimostra quando sposa cause ideologiche, filosofiche. I nativi sono vanitosi, hanno una certa opinione di sé. In effetti si dedicano molto alla cura della propria immagine, e possiedono uno spiccato interesse per tutto ciò che è elegante, comodo, bello. Il loro innato senso estetico e artistico rende più fragile la loro emotività. Sono piuttosto pigri e rimandano volentieri a domani quello che non ritengono urgente.

Il loro ideale è vivere un'esistenza piacevole e armoniosa che li renda felici, lontani dai bisogni elementari, in una sfera, però, prettamente spirituale. Infatti, pur amando il benessere e il lusso, non sono veri materialisti e per loro il denaro non sarà mai lo scopo della vita, ma solo un mezzo. Non amano la monotonia e dovrebbero programmarsi periodi di viaggi.

Come marito l'uomo Bilancia non è facile da accontentare perché la routine della vita domestica non fa per lui. È tuttavia affettuoso e rispettoso delle tradizioni; è ragionevole. Sa guidare perfettamente la propria famiglia e non farle mancare nulla. Questo tipo di coniuge resterebbe deluso se non trovasse un corrispettivo soddisfacente alle sue passioni. Anche quando la moglie è affascinante può cercare diversivi e cambiamenti. Comunque non ricorre alla separazione a meno che la vita in comune non sia più possibile.

Ama i propri figli, anche se non è un segno che promette prole numerosa. Difficilmente se la prende con i bambini, cui è disposto a perdonare molto. Particolare tenerezza riserva alle figlie. Spesso i suoi regali contrastano con i desideri dei figli, poiché sceglie giochi complicati che inconsciamente vorrebbe usare lui stesso. Due sono le cose che tollera male anche nei figli: la mancanza di rispetto e la mancanza di fiducia. Sotto un'apparenza disponibile e moderata, nasconde, infatti, un carattere permaloso. Occorrerà non imbrogliarlo. Il suo amore paterno aumenta nel tempo; man mano che i figli crescono, tende, però, a imporre loro le proprio scelte. Meno accordo può esistere con figli nati nei segni di Fuoco: Ariete, Leone, Sagittario.

LA DONNA BILANCIA

Sotto molti aspetti la donna Bilancia ha più successo degli uomini, perché, con sottile intuito femminile, riesce a potenziare i tratti caratteristici del segno con dinamismo, autorità e garbo. Può essere buona educatrice, assistente sociale o, anche, creatrice di moda. Ha molto gusto, è raffinata e generosa. Esercita un grande fascino sull'altro sesso, perché è il prototipo della femminilità. Nella scelta del compagno pone grande importanza al fattore gentilezza e alle buone maniere.

Per conquistarla occorrono affetto, tatto e tante premure. Non è la donna delle grandi passioni e preferisce l'uomo tenero e sensibile; dal canto suo non deluderà mai, perché non è capace di offendere, ferire, fare scenate. Nel matrimonio, spesso, sa ignorare le infedeltà del coniuge, se gli affronti non sono gravi. Le rotture nei legami sono spesso motivate da mancanza di generosità più che per gelosia. Tiene molto alla cura della propria persona, all'eleganza; ama generalmente la vita di società, ha molti amici, sa dare ricevimenti con grande signorilità. Ha più momenti di rilassatezza e di pigrizia del compagno zodiacale, momenti in cui si dedica esclusivamente ai propri sogni. È permalosa e suscettibile, il suo sistema nervoso è fragile e vulnerabile.

Come moglie ha una delle nature più interessanti dello zodiaco. Il suo fascino, grazie a Venere, è delicato, spirituale, a volte etereo, e può essere compagna ideale per uomini ricchi, di successo, stimolati da un'unione con una donna che si può paragonare a un fiore. Le native sono ottime compagne, considerate dal lato intellettuale, sagge per quanto concerne la vita in comune e una delle doti speciali è il talento per l'armonia, che si riversa nella vita quotidiana e familiare. Sanno attrarre persone interessanti ma, contemporaneamente, non trascurano mai la famiglia alla quale dedicano tutta l'attenzione e l'affetto di cui è capace la loro natura. Si possono definire creature di lusso.

La madre Bilancia è ancora più portata del padre a essere moderata con i figli. Tende al perfezionismo, e questo può indurre nei figli un senso di ansia, ma dà molto affetto, non pretende e non impone. Di solito sono i figli maschi che si attaccano più a lei, provando un'istintiva ammirazione. Le figlie crescendo tendono, invece, a vivere una certa rivalità con la madre. Dovrebbe perciò fare attenzione a non fomentare la suscettibilità delle sue figlie: evitare di essere civettuola, non schierarsi con i compagni che le figlie portano a casa. Dovrebbero anche non dimenticare le promesse fatte; sono inclini al cambiamento d'opinione, a decidere secondo l'umore, e ciò può sconcertare i ragazzi e far calare la fiducia. Specie per i figli piccoli, tali mutamenti sono negativi, poiché questi sono disorientati dall'incoerenza. Il maggiore loro difetto è quello di evitare le responsabilità, di non prendere decisioni. Tuttavia, la loro istintiva ricerca di equilibrio le porta anche a smussare gli angoli, ad armonizzare l'atmosfera familiare, cosa che giova ai figli.

IL BAMBINO BILANCIA

Il bambino nato sotto questo segno è in genere tranquillo, intelligente, sa esprimersi bene. Importante sarà educarlo nell'ordine e nella disciplina, svilupparne la volontà, e trattarlo con gentilezza per evitare di risvegliare la sua innata ostinazione. Fin da piccolo dimostra di interessarsi alla propria persona: i vestiti, la pettinatura ecc. Anche nella scelta dei giochi diviene selettivo, non ne vuole molti, ma devono essere belli e piacergli. I giovani nativi desiderano spesso un piccolo animale, ci tengono molto. Bisogna abituarli al contatto con la natura.

Di solito sono bei bambini: la carnagione è liscia e chiara, mani e piedi sono ben modellati. Sono impulsivi e incostanti ed è proprio questo il punto che i genitori devono maggiormente considerare. Trovano difficile applicarsi con continuità in qualche attività. Può esistere una tendenza al cambiamento d'umore e ciò non deve preoccupare, occorre ricercarne insieme i motivi, che spesso non sono noti neppure al bambino. Tendono a dimostrare molto presto il loro amore per la musica e l'arte. La loro mente va sempre tenuta occupata, questo per evitare che le loro stesse energie siano fonte di problemi. La vitalità è moderata, la tristezza è spesso dietro l'angolo, la salute è a volte instabile. Bisogna saperli seguire anche negli studi e capire le loro inclinazioni. La cosa più utile è osservare i ragazzi nell'età formativa, per comprenderne i gusti, ma anche le oscillazioni caratteriali.

Si ritrovano bene nel gruppo, dove non pretendono un ruolo guida, né vogliono essere gli organizzatori; preferiscono essere gregari, seguire gli altri, trovare insieme quell'affiatamento a loro tanto necessario. Fin da piccoli intrecciano molte amicizie; l'amica o l'amico del cuore riveste grande importanza, ma anche dopo, nella giovinezza, tendono a confondere l'amicizia con l'amore. Sono bambini tranquilli che evitano di strafare: non sono musoni, né sfrontati, fanno del loro meglio per nascondere le marachelle, e cercano gli elogi anche quando non se li meritano. Sarebbe bene non drammatizzare sulle loro bugie, anzi non trasmettere loro una sensazione di sfiducia, poiché potrebbe accrescere il loro senso d'inferiorità.

LA BILANCIA E L'AMORE

Come sintetizzare l'espressione amore riferita a questo sensibile segno della Bilancia? Forse con due parole: stile e immobilismo. Si parla di stile poiché i nativi della Bilancia sanno usare il proprio fascino con stile, senza esagerazioni, senza volgarità o mancanza di gusto. Si parla d'immobilismo perché spesso essi non si dimostrano agitati, perlomeno esteriormente, ma lanciano messaggi in codice con i loro grandi occhi, dove si leggono velatamente sentimenti ed emozioni.

E fin qui va tutto bene, ma questo senso della misura a cui tanto tengono, può risultare esagerato quando viene esteso ai sentimenti, alle sensazioni. L'amore li attrae come una calamita, anche perché in esso la Bilancia sparge il rosa delle nuvole e il dorato di sogni colmi di ideali, ma quando si aggiungono termini come passione, battaglie amorose, sofferenze, allora no, optano spesso per un ritirata ordinata e silenziosa. Queste non sono cose per loro, non se la sentono di viverle, così come non si confà loro l'esibizione senza pudori di un'emotività. Sono tutte cose che disturbano il delicato equilibrio della Bilancia. La loro sensibilità potrebbe essere definita come epidermica e intellettuale. Essi vengono colpiti da cose come la gentilezza, la galanteria, la dolcezza, tutte sensazioni che recepiscono a livello, appunto, epidermico. Sensibilità intellettuale perché atti, gesti, omaggi e parole hanno un grande influsso su di loro, sempre che contengano messaggi teneri, affascinanti.

Grande è nei nativi il timore di non poter poi controllare certi sconvolgimenti spirituali; in ogni modo i soggetti Bilancia non intendono rischiare. Essi cercano l'armonia e vogliono circondarsene. Questi atteggiamenti possono a volte far pensare a chi sta loro vicino che esiste un po' d'egoismo. L'atteggiamento istintivo dei nativi Bilancia è quello di non assumere una posizione precisa per non dover entrare nel merito di una questione, per non sollecitare contestazioni, e questa posizione rende, all'esterno, l´impressione d'impassibilità, d'insensibilità anche in situazioni drammatiche. La loro è prudenza, è dubbio! Spesso non riescono a dire di no proprio per questi motivi, per questa avversione, quasi patologica, a ciò che è disarmonico o sgradevole. Bisogna pertanto fare attenzione alla scelta del partner, a certi caratteri troppo decisi, per non dire prepotenti; ci si potrebbe mettere nei pasticci.

Va, infine, riconosciuto che i nativi bilancini sono molto dolci (c'è chi dice, malignamente, che è solo un'apparenza), che spesso non sanno ciò che vogliono, ma in compenso sanno benissimo ciò che non vogliono. Certamente detestano essere coinvolti, essere coercizzati. Adorano la teoria e sanno dedicare molto tempo all'astratto, la pratica appare loro come un mare gelato. Si può affermare che le tenere native sono innamorate dell'amore! Per questo segno, spesso, amore e amicizia si fondono e si trovano legati ad amicizie dell'infanzia o della giovinezza. Può accadere che, una volta scoperto che era più tenerezza che amore, la Bilancia continui la convivenza, accettando anche qualche torto dal compagno.

LA BILANCIA E IL LAVORO

I nativi della Bilancia hanno un accentuato senso del dovere. Affrontano il lavoro con serietà e impegno fino a ottenere il riconoscimento da parte di colleghi e superiori. La qualità loro riconosciuta è la capacità di affrontare ogni problema con razionalità, cortesia e diplomazia. Possono senz'altro lavorare bene in gruppo, la loro collaborazione non sarà appariscente o determinante, ma neppure passiva. Le professioni per cui mostrano maggiori attitudini sono quelle giuridiche (avvocato, magistrato, cancelliere) e quelle che richiedono un sicuro gusto estetico (moda, spettacolo, arredamento).

LA BILANCIA E LA SALUTE

a) I punti deboli della Bilancia – Il simbolo della Bilancia rappresenta l'equilibrio degli opposti, equilibrio che, astrologicamente, viene conseguito mediante i pianeti in rapporto con il segno: Venere e Saturno. Di solito la dominante venusiana conduce a buona armonia fisiologica cui segue un'armonia psichica, dato che il nativo, più di altri, si rende presto conto del legame tra psiche e soma, e cerca di evitare gli estremismi, causa di squilibri e malattie. Questo tipo zodiacale è dunque un "sanguigno-nervoso", il fisico è gradevole, i movimenti coordinati.

Rispetto al legame tra il segno e la sua patologia, i due piatti della Bilancia sono soprattutto in rapporto con i reni, i filtri naturali dell'organismo, che regolano il ricambio idrico ed eliminano le scorie e le sostanze tossiche. La malattia renale più frequente è la calcolosi renale, malattia che è sempre in relazione con una posizione di Saturno di nascita molto negativo. Tradizionalmente il segno, oltre a governare i reni e la vescica, interessa anche il sistema venoso e i lombi. In un quadro con aspetti negativi oltre a quanto detto, si possono riscontrare anche eventuali flebiti e nefriti. Il sistema venoso un po' carente dà spesso luogo agli antiestetici capillari e agli squilibri glicemici (diabete), dovuti anche alla dominante venusiana che attiva la golosità. Per azione riflessa dell'Ariete, il segno può soffrire anche d'insonnia e di mal di testa. La Bilancia governa anatomicamente l'apparato renale e la regione lombare. All'interno dei suoi gradi si trovano anche i riferimenti con l'appendice. Verso la fine del segno esistono corrispondenze con l'ultimo tratto intestinale. Al centro del segno sono indicate le surrenali. Un'altra corrispondenza è quella con la undicesima e la dodicesima vertebra toracica. La Bilancia può soffrire di lombaggini e di disturbi cutanei.

L'oligominerale del segno è il fosfato di sodio, la cui funzione nell'organismo è quella di mantenere l'equilibrio acido-basico e, in particolare, di neutralizzare l'eccesso di acidità grazie alle sue proprietà catalizzatrici. Facilita, inoltre, l'eliminazione delle scorie. Quando esiste lieve carenza di questa sostanza, il soggetto avverte acidità durante la digestione e dispepsie gastriche. Quando la carenza è più incisiva il soggetto soffre di artriti, reumatismi alle giunture, disturbi gottosi e renali. Questo oligominerale si trova principalmente nel riso integrale, nelle mandorle, nelle carote, nelle mele, nelle fragole e nell'uva. Il segno della Bilancia, nel suo simbolo, dà l'idea dell'equilibrio; il rene, governato dal segno, controlla il bilancio idrico, provvedendo a eliminare ciò che è necessario espellere (acqua e tossine), e a trattenere ciò che deve essere trattenuto (sali minerali e proteine). Ma il governo del pianeta Venere va ulteriormente esteso alla pelle perché vi è un'importante analogia con il rene: analoghi fenomeni di secrezione del sudore. Se il rene presenta un problema funzionale, può esistere un ristagno di tossine che affiorano sulla pelle provocando malattie (acne, eczemi, eritemi). La bellezza del viso, la pelle, i capelli, sono governati da Venere.

b) La dieta della Bilancia – La Bilancia bisogna dire che tende a concentrarsi più sul cibo in sé che sulla sostanza. Il cibo deve certamente avere un aspetto e un sapore gradevoli, anche l'occhio vuole la sua parte e i nativi sono dei buongustai. Ma dovrebbero preoccuparsi di più anche della qualità, nonché della provenienza degli alimenti. La dieta dovrebbe includere buone quantità di rame che si può trovare nel prezzemolo, nei funghi, nella lattuga, nei ravanelli. Nell'uomo è rara la carenza di questo minerale. La fragilità di fondo crea tensioni che bisogna saper sciogliere nell'armonia per evitare somatizzazioni.

LA PIETRA DELLA BILANCIA: LO ZAFFIRO

Lo zaffiro è un ossido d'alluminio e appartiene alla famiglia dei Corindoni. Conosce tutte le gradazioni del blu (per la presenza di ferro e titanio); ma lo si può trovare anche con tonalità rosse, arancione-gialle, rosa. Allo zaffiro si riconoscono varie virtù: gli si attribuisce la capacità di combattere l'ira e le nevrosi. È un buon antidepressivo, aiuta a prendere la decisione giusta, rende positivi. È indicato per tutti i tipi di dolore alla testa; combatte le infiammazioni e abbassa la pressione sanguigna; lenisce il dolore durante il ciclo mestruale e contribuisce a guarire la laringite.

IL PIANETA DOMINANTE: VENERE

Il pianeta Venere rappresenta tutto ciò che non è razionale, ossia l'intelligenza allo stato puro, senza la logica. Il culto di Afrodite, dea venerata nella mitologia greca, ha avuto inizialmente il significato di un omaggio alla bellezza dell'aurora che sorride dall'Oriente e allieta della sua luce la natura. Anche il nome evoca la leggenda della dea nata dalle acque (*afros* in greco significa "schiuma"), uno dei quattro elementi della natura. A questo concetto primitivo del culto di Afrodite se ne aggiunse un altro, di origine fenicia, che raggiunse la Grecia insieme ai traffici commerciali: quello della dea Astarte, divinità molto considerata nel vicino Oriente, che simboleggiava la forza dell'amore come elemento di fecondazione. Il connubio tra queste due immagini portò all'elaborazione di una divinità protettrice della bellezza e dell'amore come principio generatore, che ispirò molti poeti e scrittori. Contemporaneamente la dea assunse anche la protezione degli amori sessuali e divenne simbolo di vitalità.

A Venere l'astrologia tradizionale ha sempre assegnato il governo di due segni molto diversi tra loro: il Toro e la Bilancia, l'uno con le caratteristiche dell'elemento Terra e l'altro dell'Aria. Quando si trova nel Toro, in Venere prevalgono le caratteristiche di Astarte ed essa rappresenta più un simbolo di fecondità e di contatto con la natura e con l'arte che non un elemento di relazione. Con questo secondo significato governa invece la Bilancia, il segno dei rapporti umani per eccellenza. Come governatrice del Toro, Venere regge anche la parte emotivo-sensoriale dell'essere umano, e ne può condizionare quindi anche l'aspetto estetico e la salute. Presiede agli amori come elemento di armonia universale. Come governatrice della Bilancia, invece, Venere è proprio il pianeta dell'amore, della sessualità più tenera e profonda. Non simboleggia soltanto gli affetti, ma anche il denaro, inteso come mezzo adatto a procurarsi il nutrimento. Infatti, come l'affetto è il nutrimento della psiche, il denaro è il nutrimento del corpo. E siccome ambedue i segni sono caratterizzati da un notevole bisogno di comodità e di agi, il Signore del segno acquista anche una connotazione materiale. Venere, nell'oroscopo individuale, indica la capacità di amare; è il senso estetico, l'inclinazione artistica, il fascino e la seduzione. In un tema natale maschile indica l'interesse verso la donna come oggetto d'amore. In riferimento all'età della vita, Venere rappresenta la prima giovinezza.

IL SIGNIFICATO DEI PIANETI NEL SEGNO

☉ *Sole:* amore per la bellezza, per l'eleganza e l'armonia.
☾ *Luna:* socievolezza. Vita mondana. Obiettività.
☿ *Mercurio:* apertura mentale. Cura per la forma. Varietà d'interessi.
♀ *Venere:* raffinatezza. Vanità. Fortuna in amore. Incostanza.
♂ *Marte:* limitazione e ristrettezze di vedute.
♃ *Giove:* attenzione agli altri. Elevazione tramite le unioni sentimentali.
♄ *Saturno:* chiarezza mentale. Posizioni sociali di prestigio. Solitudine.
♅ *Urano:* rifiuto delle convenzioni. Atteggiamenti originali.
♆ *Nettuno:* esaltazione dei sentimenti. Ispirazione artistica. Responsabilità.
♇ *Plutone:* cambiamenti che portano abbattimento e tristezza.

LE DECADI DELLA BILANCIA

Se siete nati nei giorni compresi tra il 24 e il 30 settembre: il pianeta dominante e personale è Venere, simbolo dell'amore e della bellezza. Dà costanza di affetti e una mente aperta, feconda, ricettiva e artisticamente ben equilibrata, capace di considerare spassionatamente la vita. I nativi hanno buone facoltà di giudizio e riescono a sviscerare con chiarezza ogni argomento. L'ammirazione e le lodi aiutano a sviluppare le tendenze più positive della loro natura. La doppia influenza di Venere, in questa decade, conferisce indole generosa.
Se siete nati nei giorni compresi tra il 1° e l'11 ottobre: il pianeta personale è Saturno, simbolo del tempo. L'influenza di questo pianeta è restrittiva e governa le tendenze alla meditazione, inclina coloro che gli sono soggetti alla prudenza, alla pazienza, alla comprensione. Saturno è interessato alla continuità dei propositi. I nativi possono giungere a guadagni interessanti mediante una politica di investimenti oculati. Sono anche predisposti alla gentilezza e alla comprensione.

Se siete nati nei giorni compresi tra il 12 e il 23 ottobre: i pianeti personali sono Urano e Mercurio. Urano simboleggia l'aria, l'originalità, e dona la capacità di divenire grandi pensatori, inclinando i nativi verso problemi profondi, mistici. Mercurio è conosciuto come il simbolo del sapere e della verità, e governa la parte raziocinante della mente. La personalità è sveglia, percettiva. Esiste una tendenza all'autoritarietà e al comando.

LA BILANCIA E I SUOI ASCENDENTI

Bilancia asc. Ariete

L'intraprendenza dell'Ariete va ad alimentare le doti di armonia e delicatezza proprie della Bilancia. Da questa combinazione può risultare un soggetto più consapevole, più pronto all'azione, razionale, metodico nelle proprie scelte, che sa dimostrare la propria decisione lungo la vita. È un nativo che riesce facilmente a soddisfare le proprie esigenze esistenziali, pur non opponendosi più di tanto agli altri.

Bilancia asc. Toro

Il lato emotivo e i sentimenti acquistano in questa combinazione una luce di materialità che guiderà gli atti dei nativi. Nei momenti difficili vi sono reazioni energiche e dimostrazioni di forte volontà. Tutto ciò non risulterà manifesto nella personalità, ma risulterà in sottofondo. L'atteggiamento di questi soggetti è alquanto distaccato. Non manca però la socievolezza, e i nativi possono risvegliare comunque tante simpatie.

Bilancia asc. Gemelli

Questa combinazione raddoppia l'effetto dell'elemento Aria. Appare armoniosa perché al suo interno coesiste un legame effettivo tra intelletto e altre facoltà del nativo. La grande sensibilità bilancina viene arricchita e potenziata dall'intelligenza lucida e razionale del segno dei Gemelli che, a sua volta, si fascerà di una nuova dolcezza e morbidezza. La personalità sarà aperta, sensibile e disponibile.

♎ *Bilancia asc. Cancro* ♋

In questa combinazione è la Bilancia che riesce a dominare le caratteristiche cancerine. La sua natura duttile e sensibile si sovrappone all'impressionabilità e all'indecisione del Cancro. I nativi si presentano realisti, pratici. Riescono ad adattare ogni situazione alle proprie esigenze, non ne sono vittime. La personalità è interessante, un po' ripiegata su se stessa, e sa lavorare per il proprio interesse.

♎ *Bilancia asc. Leone* ♌

È una combinazione in cui si fondono la forza leonina e la diplomazia della Bilancia. I nativi riescono a conquistare valori sia materiali che morali, poiché la loro ascesa è continua e non subisce interruzioni, le energie sono protette e non sprecate. Tuttavia, il Leone pare sovrastare la Bilancia nel senso che la personalità rivela tratti d'egocentrismo e di presunzione, ma è proprio da questo che i nativi dovrebbero guardarsi.

♎ *Bilancia asc. Vergine* ♍

La combinazione risulta interessante, perché diverse appaiono le caratteristiche dei singoli segni. In questo caso si possono prevedere lotte interiori che i nativi dovranno portare avanti per effettuare cambiamenti su se stessi. Da un lato esiste la natura logica, perfezionista, e a volte pedante della Vergine, dall'altro il lato permissivo e sfumato della Bilancia che vuole evitare ogni complicazione di vita. Cresce l'ambizione in questa combinazione, e potrà essere soddisfatta solo nel caso in cui i nativi riescano a sbloccare le proprie inibizioni.

♎ *Bilancia asc. Bilancia* ♎

Nel caso presente si moltiplicano le virtù, ma anche i difetti, e i nativi dovranno risolvere problemi con se stessi. Vivono di sfumature, di piccole cose che sovente non vengono avvertite da altri. La sensibilità diviene esasperata e la loro vita sarà tutta tesa verso la ricerca di armonia, di bellezza. Ma sapranno anche accontentarsi e questo li porterà a vivere con molta naturalezza ogni manifestazione della vita.

Bilancia asc. Scorpione

Una combinazione in cui il nativo si ritrova costantemente in lotta con se stesso. Da un lato esiste la lotta, l'ansia dello Scorpione, dall'altro, invece, vi sarà ancora ricerca d'equilibrio e di pace interiore. Lo scontro tra queste due opposte nature può tuttavia portare a grandi realizzazioni intellettive e materiali, perché si potranno trasformare le diverse esigenze in forze positive e razionali.

Bilancia asc. Sagittario

Pare quasi un interscambio tra mondo del pensiero e mondo del reale. Le aspirazioni filosofiche e intellettuali del Sagittario vengono integrate dal senso pratico e dall'umanità esistente nella Bilancia. Ne esce una combinazione in cui emerge, nel corso della vita, un benessere spirituale e materiale insieme. La combinazione è positiva e con l'intelligenza i traguardi divengono importanti.

Bilancia asc. Capricorno

La coscienziosità e la profondità del Capricorno vengono confermate nel segno della Bilancia. Questo fa sì che questi nativi sappiano governare le proprie forze in modo saggio e produttivo, mentre non si lasceranno influenzare dalla logica, ma neppure dal sentimentalismo. È una buona combinazione che porta a grandi successi nella vita, anche se tardivi.

Bilancia asc. Acquario

Qui esiste un elemento simile: l'Aria. È una combinazione molto positiva, colma di idee, di desideri e di aspirazioni. I nativi risultano aperti, intellettuali, desiderosi d'impegnare se stessi in conquiste materiali e spirituali. Si tratta di una natura armonica e realistica, capace di adattarsi con intelligenza a qualsiasi situazione senza rinunciare alla propria individualità. Qualche problema può sorgere nel campo sentimentale, dove il soggetto riversa spesso sentimenti confusi, in cui si mescolano amore e amicizia.

Bilancia asc. Pesci

Le azioni di questi nativi sono sempre condotte all'insegna della sensibilità, e di conseguenza le loro forze possono essere notevolmente indebolite allorché si trovino a scontrarsi con la dura realtà. Infatti, in tali soggetti vi è un costante desiderio di armonizzare se stessi con il mondo circostante. Ma è proprio questo che li porta a sprecare inutilmente energia. Il segreto risiede nel trovare il vero equilibrio fisico e psichico; solo così potranno vivere in modo pieno la propria vita senza dannose perdite di energie.

LA SINTONIA CON GLI ALTRI SEGNI

Bilancia/Ariete

I due segni sono sicuramente opposti, eppure compatibili. La combinazione è favorevole. Il calore della Bilancia si accompagna bene con l'aggressività, l'ardore e l'impulsività dell'Ariete. I pianeti dominanti dei due segni, Marte e Venere, vanno d'accordo e, insieme, definiscono l'amore anche fisico. Pare che i nati sotto questi due segni si scambino caratteristiche che l'uno ha e l'altro non ha. Ciò diverrà ancor più evidente se l'evoluzione spirituale dei due soggetti è sullo stesso livello. Meglio ancora se collimano anche il livello intellettivo e culturale. L'Ariete per parte sua, ammira il temperamento raffinato e artistico della Bilancia.

Bilancia/Toro

Per quanto riguarda le qualità positive, i due segni sono compatibili. Gli interessi sono simili e simili le reazioni. Purtroppo, nei soggetti esistono anche qualità negative e in questo caso il buono dell'uno deve andare a compensare il non buono dell'altro. Ma in tale combinazione non è sempre così. Vi è impulsività in entrambi e ciò può guastare l'equilibrio di coppia. In particolare, sono le ire del Toro a colpire troppo ingiustamente la Bilancia, anche a causa del fatto che quest'ultimo segno ama la socialità e l'ammirazione e ciò può svegliare la gelosia del partner.

♎ *Bilancia/Gemelli* ♊

L'elemento Aria domina in questa unione e la rende particolarmente positiva e fortunata sotto tutti gli aspetti. Tra i due segni esiste affinità intellettuale e artistica, soprattutto il nativo Bilancia è capace di comprendere a fondo il nativo Gemelli. Si registrano, d'altra parte, anche notevoli motivi di contrasto, anche se vere e proprie liti o conflitti è raro che si verifichino. Il pianeta governatore dei Gemelli, Mercurio, e quello della Bilancia, Venere, hanno il potere di presiedere a unioni e a famiglie veramente felici.

♎ *Bilancia/Cancro* ♋

La mentalità del Cancro è troppo chiusa per la Bilancia, amante della propria libertà. Vi sono tendenze segregatrici ed egoismi che i bilancini non sopportano affatto. Il Cancro ha per obiettivo la casa e la famiglia, la Bilancia il sociale. Le due cose contrastano fortemente, né la Bilancia tollererebbe facilmente i malumori del partner, tanto meno le sue depressioni, cosa che avviene quando il Cancro non vede le cose andare per il verso giusto. Entrambi potrebbero giungere all'assurdo di litigare per giorni e giorni, poi finirebbero per cercare un altro compagno sulla cui spalla piangere.

♎ *Bilancia/Leone* ♌

Questi due segni, apparentemente molto diversi, hanno qualità assai simili. Il Sole (governatore del Leone) e Venere (pianeta dominante della Bilancia) hanno tra di loro ottimi aspetti. Entrambi i pianeti inducono ad amare il lusso, le comodità; inclinano all'arte, e portano a ricercare con tenacia l'adulazione e l'ammirazione del pubblico. Queste attenzioni sono necessarie al Leone, per renderlo felice. La Bilancia, dal canto suo, le attende invece come dovute. Probabilmente la comprensione della Bilancia dovrebbe giungere al punto di consentire al Leone una chance in più di successo, basterebbe ciò per colmarlo di gratitudine nei confronti del compagno.

♎ *Bilancia/Vergine* ♍

A prima vista bisogna dire subito che è molto difficile che tale combinazione riesca bene. Inizialmente le cose possono anche sembrare positive, esistono stimoli e curiosità, ma quando entrambi rimettono i piedi sulla terra e inizia la vita insieme, con le sue monotonie, ecco che i due cambiano carattere spontaneamente. Se esiste qualcosa che la Bilancia non sopporta, sono le critiche e i rabbuffi della Vergine. Quest'ultima insiste nella ricerca della perfezione, mentre la Bilancia non ama la pignoleria.

♎ *Bilancia/Bilancia* ♎

Se i due temi di nascita sono positivi, la combinazione risulta ideale. Esistono gli stessi interessi e molte qualità sono simili; non può mancare la comprensione reciproca. Entrambi amano il sociale e le gratificazioni che il sociale può dare. Tra le tante combinazioni questa risulta veramente positiva, e può dimostrarsi felice e gratificante. I sentimenti si esprimono quasi allo stesso modo.

♎ *Bilancia/Scorpione* ♏

Esiste un'attrazione magnetica tra Bilancia e Scorpione, accompagnata anche da grande simpatia. Tra i due il segno dominante è lo Scorpione, che però riesce ad apprezzare sia la bellezza che la lealtà della Bilancia, mentre quest'ultima ammira il fascino, le virtù, la sensualità dello Scorpione. Data la comune simpatia, questa risulta una combinazione positiva. Potrà durare fino a che l'orgoglio dello Scorpione, per qualche motivo, non venga ferito.

♎ *Bilancia/Sagittario* ♐

Difficilmente questi due caratteri possono amalgamarsi. Il Sagittario è un essere libero, facilone, filosofo. A parte questo gioverebbe alla Bilancia la dinamicità e il movimento imposti dal compagno. Esiste un solo dubbio: può resistere la Bilancia? Il suo amore per la bellezza in generale, il lusso, la vita in società può attirare il Sagittario, che tuttavia non rimane certo in ombra dietro la Bilancia. Detesta essere limitato nei suoi movimenti, è insofferenti ai legami, legali o no, e userà tutti i mezzi per romperli!

Bilancia/Capricorno

Guardate superficialmente, queste due personalità appaiono opposte, ma il taciturno Capricorno è affascinato dalla Bilancia. Un'eventuale unione dipende anche da quanto noioso la Bilancia trovi il carattere introverso del compagno. Per evitare di far scatenare le gelosie del Capricorno, i bilancini dovrebbero limitare i loro contatti sociali, ma questo potrebbe divenire un'eccessiva e insopportabile restrizione. L'unione dipende molto dalla capacità di adattamento dei due soggetti in causa.

Bilancia/Acquario

L'elemento in comune è l'Aria e i due nativi partono già avvantaggiati. Gli Acquario hanno affinità perfette con i nati della Bilancia. L'amore per la bellezza, per la compagnia, rendono ideale questa unione. Una tra le poche possibilità di screzi può dipendere dal fatto che l'Acquario è, a volte, imprevedibile nelle sue reazioni; vi sono momenti in cui ricerca la solitudine e rifiuta la compagnia. In questo caso andrebbe lasciato solo poiché dopo poco tornerà del solito umore e la Bilancia, con la sua solita riservatezza, non insisterà per avere spiegazioni.

Bilancia/Pesci

Tra i due segni esiste senz'altro attrazione reciproca, ma è una cosa che non dura a lungo, specialmente per quanto riguarda l'attrazione fisica. I Pesci sarebbero contenti della compagnia esclusiva della Bilancia, ma essa, con tutto il suo movimento nel sociale, provocherebbe gelosie. La Bilancia può andare d'accordo con più soggetti, i Pesci invece sono più meticolosi nella scelta e proprio questo può creare contrasti. I malumori dei Pesci potrebbero rendere infelice la Bilancia.

Scorpione

SIMBOLOGIA, MITO E LEGGENDA

Il simbolo grafico (♏) dello Scorpione raffigura le chele e la coda velenosa dell'animale, che è legato simbolicamente alla morte e alla oscurità. Evoca la natura in agonia, in attesa della rinascita.

Lo scorpione è raffigurato in molti miti incentrati su storie di morte e di resurrezione, di sacrificio e di purificazione. A cominciare dal mito greco relativo alla costellazione. In essa gli antichi Greci identificarono lo scorpione per mezzo del quale la dea Era punì il gigante Orione, vantatosi che nessuna fiera sarebbe riuscita a sfuggire alla sua infallibile mira. Il piccolo animale riuscì, invece, con una puntura letale a uccidere il grande cacciatore.

ANALISI DEL SEGNO

Il tempo che va all'incirca dal 24 ottobre al 22 novembre segna un periodo dell'anno che vede spegnersi, a poco a poco, i fuochi dell'estate e i colori dell'autunno, e che saluta l'arrivo delle prime nebbie autunnali. È in questa stagione che nascono la donna e l'uomo dello Scorpione.

Dello Scorpione si dice che sia il segno della metamorfosi, della rinascita simbolica. Anzitutto va ridimensionato ciò che viene comunemente attribuito a questo segno: si dice, infatti, che sia il più tenebroso, il più passionale, il più estremista dei segni! Lo Scorpione è sì in risonanza con l'argomento mistero e sesso, ma questo non deve necessariamente significare che ne sia un fanatico sostenitore; spesso ci si trova davanti a nativi che esprimono il contrario della trasgressione, che sono intransigenti e moralisti.

La valenza più significativa del segno è l'energia psicofisica, che gli è necessaria dato che è un lottatore nato che impiega molte energie nella battaglia della vita. Cerca la lotta, la competizione e sfugge la monotonia. Ha un'altra peculiarità: tende a vivere in modo complicato, si crea e si risolve i problemi, e spesso ne crea anche agli altri. Ha inoltre la tendenza a eccedere nelle sue manifestazioni, soprattutto di carattere affettivo, e da un romanzetto si può giungere al dramma. Nel profondo di questi nativi si scopre una natura finemente vendicativa (non dimenticano i torti subìti). Sono gelosi, ma non sempre lo ammettono, sono inquieti e turbolenti, sono possessivi. Sia nella vita privata che nel sociale tendono a comandare, ma il loro peggior nemico è la noia, la monotonia, e questo vale, naturalmente, anche in ambito sentimentale. I rapporti con gli altri devono rinnovarsi per offrire sempre nuovi stimoli, pena la crisi.

Il mondo del lavoro vede lo Scorpione dare il massimo di se stesso, con ritmi spesso insostenibili per altri. Ama la competizione e da ciò si deduce che non gli dispiace il clima di tensione che sovente si crea attorno a lui. I nativi hanno intelligenza acuta e profonda. Tendono a sviscerare le cose e a sondare il misterioso; difficilmente si può loro mentire, poiché possiedono un forte intuito. Hanno un suo fascino particolare, che si può definire magnetico (senza arrivare al diabolico che ogni tanto viene loro attribuito), poiché il loro sguardo lascia trasparire tutta l'intensità delle sensazioni e dei sentimenti forti che li dominano. Tale intensità procura loro, quale rovescio della medaglia, un notevole stress psichico, che è alla base di alcuni problemi interiori. Lo Scorpione è un estremista-idealista e necessiterebbe, fin dai primi anni di vita, di apprendere la pratica della moderazione. Un certo coraggio, unito a una grande vitalità, può creargli problemi. La mente è sempre occupata in qualche nuovo concetto, non manca di inventiva. La percezione è acuta e la volontà è energica.

Sono amabili di fondo e capaci d'influenzare gli altri. Il carattere, se viene aiutato nel suo sviluppo e nell'educazione, si può rivelare un fattore potente per ottenere il successo. Vivono momenti di collera, hanno una grande ostinazione. Riescono a ferire anche a parole, perdendo di vista la propria sensibilità e quella altrui. In questi casi possono giungere a sembrare cinici, egoisti e testardi. Poi si pentono di tali comportamenti. Vi è tuttavia in loro la capacità all'autocontrollo che può divenire persino repressione. Sono sinceri a costo di essere spietati con se stessi e con gli altri, ma si può concedere loro fiducia. Tengono all'amicizia e sono pronti ad aiutare. Hanno un acuto spirito di osservazione e una buona capacità di meditare. In pratica si possono definire liberi pensatori e non si mostrano propensi ad accettare passivamente le opinioni altrui. Raramente, d'altronde, danno un parere a meno che non venga loro espressamente richiesto, o in circostanze particolari. Quando esistono casi d'emergenza, riescono a pensare e ad agire allo stesso tempo, e questo può essere di grande vantaggio. Non si perdono mai d'animo.

Gli Scorpione sanno imparare in fretta, e, quando non sono sotto l'influsso dell'emotività, comprendono il valore reale delle loro stesse idee e dei loro impulsi. Hanno buone facoltà d'espressione, sanno essere buoni conversatori. Il loro tipo d'intelligenza comprende rapidamente i fatti e li assimila. Hanno qualità di perseveranza e decisione che li mettono in grado di superare molti ostacoli nel corso della vita. Le loro reazioni emotive non li agevolano nell'esprimere giudizi impersonali; se provocati, possono comportarsi anche fin troppo crudelmente.

Occorre molta armonia nella vita familiare e privata, poiché proprio il privato ha molta importanza nella loro vita. L'ostacolo maggiore rimane l'emotività che, soprattutto nel sociale, va tenuta sotto controllo. Anche l'invidia, la gelosia e l'egoismo vanno controllati. La combinazione di due elementi opposti, il Fuoco di uno dei governatori, Marte, e l'elemento Acqua del segno, creano una natura quanto mai complessa e contrastante. Il nativo è spesso sulle difensive perché la sua natura ipersensibile si sente costantemente esposta e aggredita.

L'UOMO SCORPIONE

La costituzione fisica dell'uomo Scorpione è robusta, ma non tollera gli abusi. Spesso è coperto da una folta peluria e i tratti del volto sono particolarmente pronunciati. È un lottatore nato e come tale vuole essere forte per esercitare il dominio sugli altri, per avere ragione. È un acuto osservatore e non gli sfugge nulla. Proprio queste doti unite al suo coraggio gli consentono di raggiungere gli obiettivi prefissi. È sensibile alle simpatie e alle antipatie. Nelle amicizie è leale e generoso, e riesce a stimolare le doti migliori negli altri. Non dimentica i torti e le offese, non sa perdonare. È ambizioso, tenace e non ammette le sconfitte. Per lui non esiste l'impossibile. Si dimostra individualista anche nel lavoro e preferisce le carriere professionali. Ama le comodità.

È pieno di fascino; la sua ironia può divenire sarcasmo tagliente. Avere nemici o incontrare opposizioni sono cose che non lo disturbano affatto, anzi gli servono di stimolo. Ha un grande intuito nello scoprire i punti deboli dell'avversario e il suo sangue freddo non verrà meno neppure nei momenti più critici. Le sue infinite risorse non ne fanno mai un perdente. Anche come datore di lavoro è più temuto che amato, dato che riesce, con la sua perspicacia, a valutare giustamente le capacità degli altri. Ha potere di concentrazione e questo, unito al suo magnetismo, lo appoggia nella vita.

Gli Scorpione sono buoni diplomatici, chimici, ingegneri, inventori. Questi tipi emergono in vari campi, nella diagnosi e nella conoscenza del complesso umano. Tra di loro si possono annoverare quegli scienziati dall'intelligenza intuitiva e positiva che, incuriositi da problemi sottili, si dedicano alla biologia, alla metafisica; che lavorano alle frontiere della forma e dello spirito umano e sondano le energie segrete.

Come padre il nativo è un buon padre; riesce a instaurare con i figli rapporti intelligenti, improntati al dialogo e alla comprensione. Non interferisce nelle decisioni e nei programmi educativi presi dalla madre. Si dedica ai figli con entusiasmo stimolando le loro capacità raziocinanti, i loro interessi per la cultura e per i viaggi. Pur restando un coraggioso, si dimostra debole dinanzi alla sofferenza fisica dei figli, perché in tal caso si sente impotente e non sopporta di vederli soffrire. Lavora con tenacia per assicurare loro il necessario e lotterà per garantire loro un avvenire sicuro.

LA DONNA SCORPIONE

La donna del segno è affascinante, sensuale, spigliata e aggressiva. Racchiude in sé le caratteristiche del compagno zodiacale, ma può esprimere meno autocontrollo e più passionalità estesa a ogni campo di vita. Emana femminilità e fascino, e tende a voler dominare, specie nel rapporto a due. Nei legami e nel matrimonio prende sul serio il proprio ruolo e le proprie responsabilità. Ma se il rapporto muta, se l'amore non esiste più come prima, è pronta, senza remore, a cambiare strada e a fare ciò che le detta il cuore. Finché esiste serenità, ci sono anche lealtà e coraggio. Applica tutte le sue qualità nel ruolo che sceglie e di solito lo sceglie liberamente.

Ama il lusso, le comodità; il carattere è privo di complessi e fa tutto il possibile per procurarsi una vita adeguata. Sa dedicarsi alle persone care, alla famiglia. Le reazioni di queste native sono intensamente realistiche. Non sono certo timide, non hanno diplomazia e sanno esprimersi con molto vigore. Tendono a vivere eccessi in ogni campo della vita, tuttavia dovrebbero usare prudenza almeno in quello della salute. A volte devono vedersela anche con il proprio senso morale, ma la necessità di soddisfare i desideri è quasi sempre più forte di qualsiasi altro impulso. La donna Scorpione è forte, ha molta energia, l'intelligenza è vivace, i suoi giudizi appaiono maschili per la forza dimostrata, mentre lei rimane sempre molto femminile. Nessuna donna considera altrettanto seriamente gli affetti; è molto possessiva e gelosa.

È buona compagna anche nelle relazioni sociali e con gli amici. Tutt'altro che facile per lei è la scelta dell'uomo ideale, soprattutto perché attrae uomini sensibili, amabili e deboli. Quando trova il partner ideale o che si avvicina al suo ideale, è capace di grande abbandono; questo però lo dimostrerà solo dopo averne valutato attentamente le qualità. Diffidente per natura, sa usare ottime strategie nella conquista amorosa.

Nel matrimonio è compagna ideale, lotta e sostiene il proprio partner, ne può divenire l'ispiratrice. Un eventuale disconoscimento dei suoi meriti può turbarla profondamente, può renderla instabile e irragionevole. La famiglia e i figli sono il completamento della sua vita affettiva. Felice di essere madre, lo è spesso in modo troppo possessivo. Il suo carattere razionale la rende, a volte, impulsivamente minacciosa, poiché non giustifica le debolezze emotive e i capricci dei figli. Vorrebbe vederli primeggiare negli studi, negli sport, e proprio qui diviene intransigente e severa. D'altro canto è sempre pronta a difendere il compagno e la sua prole.

IL BAMBINO SCORPIONE

Fin dall'infanzia lo Scorpione rivela i tratti della propria personalità (decisione ed energia), e non è affatto facile guidarlo ed educarlo. È esuberante in tutte le sue manifestazioni, è curioso, turbolento, e se viene contrariato, può manifestare scatti d'ira. Non gli piace la solitudine, è molto affezionato alle proprie cose che spesso nasconde nei posti più impensati. Ha bisogno di movimento, di sport, di competizione, e sta all'intelligenza dei genitori tenerlo sempre occupato in qualche attività che gli consenta di scaricare le sue energie.

Anche la vita sociale è molto importante per lui: in questo modo gli si dà la possibilità di rapportarsi con i suoi coetanei, di misurare i propri istinti. Naturalmente è indicata la vita all'aria aperta. Questi piccoli sviluppano il loro temperamento secondo l'educazione ricevuta. Sono sempre disposti ad affrontare una discussione; si dimostrano presto estremisti, insofferenti delle mezze misure e dei sotterfugi, desiderosi di agire apertamente. Per lungo tempo il loro carattere rimane incerto e necessita di un'impronta, di una guida sicura. La vitalità è intensa, ma lo spreco e la dispersione delle forze vitali va a detrimento della salute. Anche l'alimentazione, allora, è importante: bisogna evitare cibi piccanti, vanno rispettati i ritmi della veglia e del riposo, e la permanenza all'aria aperta.

LO SCORPIONE E L'AMORE

Le componenti comportamentali dello Scorpione in amore possono essere così riassunte: fascino, possessività, sconvolgimento. Tuttavia i nativi si sentono innocenti quando li si accusa di capacità seduttive, di gelosia, di possessività e anche di cinismo, a volte. Questo perché inconsciamente vivono i sentimenti in profondità, con un coinvolgimento cerebrale, istintivo e fisico tale che può spaventare chi dà all'amore un significato più leggero, oppure più idealista e romantico. Per gli Scorpione irradiare fascino non comporta studi speciali, spesso non si accorgono dei traumi che provoca il loro solo apparire. Anzi, sovente (visto che sono dei lottatori) essi concentrano le loro manovre accerchianti sull'unica persona che non li nota subito, quella che resiste. Ecco l'inconscia soddisfazione della conquista e fin qui nulla di male. Talvolta però il piacere consiste proprio nel liquidare il soggetto difficile una volta conquistato. Sono proprio queste vittime che spargono per il mondo notizie sul sadismo o cinismo scorpionico.

Mentre, solitamente, altri segni zodiacali dedicano una parte del loro cervello, del loro tempo, della loro vitalità all'amore, gli Scorpione fanno l'inverso: dedicano una parte del loro tempo, della loro vitalità ad altri settori della vita, mentre è sempre presente in loro l'argomento amore ed erotismo. E qui i pareri divergono, perché non li si può soprannominare e definire eterni Casanova. Vogliono solamente lasciare un segno profondo, indelebile, come sono profondi i loro tormenti d'amore. Bisogna anche riconoscere che esiste un po' di lunaticità nel loro amore. Essi sii difendono dicendo che, se il partner annega nella monotonia e nella routine, non possono accettare di vivere nel "grigio": è la loro stessa intelligenza, profonda e inquieta, che li obbliga al movimento e alla ricerca. Non sono costanti e hanno i loro motivi per non esserlo, ma tale atteggiamento può far piombare nella disperazione chi li ama discretamente e intensamente.

La donna Scorpione si differenzia dal compagno di segno, in quanto meno inibita, non teme di dare quella tenerezza che lui, per malinteso orgoglio, reprime e controlla. È ardente, sensuale, autoritaria, fatale, profonda nei suoi sentimenti, ama con altrettanta passione e possessività. È una donna intelligente, umana, gelosa, dotata di forte personalità. La sua capacità d'amare è profonda, ma anche chiusa e introversa. Se troverà l'uomo ideale, potrà essere la migliore delle compagne per la vita. Romantico, violento, geloso, tenero, appassionato e glaciale, il nativo Scorpione è un essere particolarmente raffinato e seducente, in cui le fiamme della passione amorosa divampano incessantemente e violentemente. È aggressivo per natura e in amore predilige la lotta, le complicazioni, i drammi, e anche gli amori più delicati e teneri riescono raramente a placarlo o a trasformarlo interiormente. È un'istintivo per il quale amare corrisponde alla forza primordiale e metterà tutto se stesso nei sentimenti. In questo modo potrebbe anche accorgersi improvvisamente che il suo non è amore nel senso reale e comune del termine, e allora "giocherà" il gioco dell'amore anche per convincere se stesso.

LO SCORPIONE E IL LAVORO

Benché abbiano un carattere indipendente, i nativi Scorpione riescono buoni esecutori di ordini, ma non devono sentirsi costretti né coercizzati. Pure come dipendenti sono sicuri e degni di fiducia, e negli affari in proprio sono vincenti. Hanno un talento intellettuale che li spinge a insistere in un progetto finché non sia realizzato. Anche se fanno parte di una società le cose possono procedere bene, purché il nativo possa disporre della propria libertà: in questo caso saprà addossarsi le proprie responsabilità. Si può dire che questo segno abbia un fiuto naturale per gli affari. Ciò non significa che tutti i nati nel segno dello Scorpione abbiano successo in affari finanziari, tuttavia hanno buone capacità di guadagno. Tra i tipi più deboli di questo segno potranno esservi coloro che tendono a spendere impulsivamente.

Ne consegue che questi soggetti non riusciranno ad accumulare denaro nel corso della vita. La vera abilità, che sostiene i successi e la sicurezza finanziaria, sta nel saper far fruttare il denaro. In alcuni dei nativi vi è una tendenza alla speculazione, ma pochi fra di loro arrivano al fallimento. Il consolidamento della posizione lavorativa ed economica può arrivare bruscamente, improvvisamente, magari tramite un'eredità. La natura individualista e indipendente spinge lo Scorpione verso scelte in cui emergono la sua personalità, il suo intuito, le sue energie. Nel lavoro, come negli altri settori della vita, il nativo ha bisogno di forti stimoli, di rischio, per vivere tutto come una sfida continua e per esprimere le potenzialità energetiche di cui è dotato.

Sono adatte tutte le attività legate alla ricerca, alla trasformazione, al recupero: la professione medica, chirurgica, biologica, nonché la ricerca archeologica e geologica. Lo Scorpione può anche fare lo psicologo o l'investigatore.

LO SCORPIONE E LA SALUTE

a) I punti deboli dello Scorpione – L 'ottavo segno dello zodiaco è in rapporto analogico con l'ottava casa dell'oroscopo e simboleggia la morte e la rinascita. Lo Scorpione rappresenta metaforicamente gli organi di riproduzione e il sistema urinario. Inoltre, pur possedendo di solito un notevole fascino personale, alcuni di questi nativi possono presentare difetti fisici o difetti morali piuttosto evidenti. Le correlazioni con la sfera sessuale predispongono questi nativi al contagio con malattie legate agli organi riproduttivi. Esiste anche una tendenza alla prostatite.

Come per altri segni in cui prevale l'elemento Acqua, anche per lo Scorpione un influsso astrale parla di malattie infettive il cui contagio avviene attraverso i dotti nasali e la gola. Altre infermità attribuite allo Scorpione sono l'epilessia, l'ernia inguinale, le ragadi. Occorre anche tenere presente che questo segno scarica a volte le sue disposizioni morbose sul piano psichico, per cui se le sue straordinarie energie psico-sessuali vengono canalizzate negativamente, si riscontra angoscia, ansia, fobie, manie depressive, tendenze suicide e perversioni (sadismo e masochismo). Lo Scorpione di tipo superiore ed evoluto, facendo leva sulle sue eccezionali capacità di recupero, possiede una vitalità grande che compensa una certa fragilità costituzionale e che resta immutata anche in tarda età, permettendo di proseguire nelle attività fisiche e psichiche. Anatomicamente il segno governa gli organi riproduttivi sia maschili che femminili. Inoltre, corrisponde alle due ultime vertebre lombari.

Il suo oligoelemento è il solfato di calcio la cui funzione nell'organismo, è quella di ricostruire i tessuti epiteliali, aiutare il metabolismo del corpo, mantenere sane le membrane e la pelle, prevenire l'accumulo di scorie, aumentare le resistenze naturali alle malattie. Quando esiste una lieve carenza di questo oligoelemento nei bambini, possono esistere un ritardo nella dentizione ed emicranie durante la vita scolastica. Quando la carenza è grave si determinano sinusiti, congestioni del naso e delle prime vie respiratorie; possono insorgere dolori alle giunture, edemi e rotture dei capillari, insufficienza epatica. I medici omeopatici usano questa sostanza contro i sudori notturni, contro gli ascessi gengivari, le infiammazioni alla gola, il catarro bronchiale. Le fonti alimentari a cui si può attingere questo oligoelemento sono: aglio, cipolla, cavolfiore, uva, quercia marina.

b) La dieta dello Scorpione – Il segno dello Scorpione si rivela un appassionato dei gusti forti, dei cibi piccanti, di intingoli e sughi. Tutto questo può incidere sul suo stato di salute, ma certamente anche Ascendenti diversi possono mutare il suo tipo di alimentazione. Un tipico disturbo dello Scorpione è rappresentato dall'insonnia, e l'errore peggiore che si può fare è quello di abituarsi a dormire con l'aiuto di psicofarmaci. È meglio, invece, cercare di risolvere il problema alla radice. Occorre definire, anzitutto, il tipo di insonnia. Se la sera si crolla dal sonno e ci si sveglia poi nel cuore della notte, senza riuscire a prendere sonno, bisogna escludere dalla dieta cibi come: dolci, alcolici, frutta tropicale, agrumi. Se invece non si riesce ad addormentarsi fino alle prime ore del mattino, occorre escludere cibi come: carne, uova e sale.

LA PIETRA DELLO SCORPIONE: L'AGATA

L'agata, appartenente alla famiglia dei Quarzi, è caratterizzata da fasce concentriche di colori diversi. È una pietra che, come il Signore del segno, Plutone, si ricollega al magma vulcanico. Trasmette forza e coraggio, e stimola un certo ottimismo; è considerata in genere un portafortuna. Per quanto riguarda la salute, agisce sul sistema immunitario e sul sangue; combatte i dolori muscolari e le punture di insetti.

L'agata marrone è molto conosciuta nel mondo islamico. È la pietra con cui vengono realizzate le collane dei fachiri (tradizione già in uso nell'antico Egitto). In India è impiegata come pendolo nella radioestesia. In passato era usata nei casi d'epilessia e per curare la febbre.

I PIANETI DOMINANTI: PLUTONE E MARTE

Plutone è l'ultimo dei pianeti lenti a essere stato scoperto, il 18 febbraio 1930, dall'astronomo Clyde Toombaugg. È il pianeta meno individuabile a causa della sua lontananza ed è uno dei governatori del segno dello Scorpione. Non si conosce molto di questo pianeta, data la sua recente acquisizione. Anche per questo pianeta, però, come per altri ne era stata ipotizzata l'esistenza dagli astrologi che ne avvertivano la presenza in punti chiave degli oroscopi.

Non tutti sono d'accordo sulle sue caratteristiche simboliche, ma pare che anch'esso, come il suo omonimo mitologico (Plutone per i Latini era il dio degli inferi), governi le tenebre e la profondità a tutti i livelli, perciò: inconscio, passioni nascoste, energie sommerse, istinti animaleschi ecc. Anche la morte è una sua emanazione, ma non va intesa come la fine di tutto, bensì come il punto di passaggio per la rinascita. Plutone può indicare le vette spirituali più alte e i baratri più profondi della depravazione. La sua energia è molto profonda, è atavica, e non sempre la si può controllare. Ne fanno parte le nevrosi, le psicosi, le perversioni, i blocchi e le inibizioni sessuali.

Quando lo si trova in posizione favorevole in un tema, conferisce grande energia, volontà, ambizione, sete di potere e capacità per emergere. Quando è negativo indica gravi stati d'angoscia, di depressione, di volontà distruttrice. È un pianeta generazionale pertanto i suoi effetti si vedono sul piano mondiale e planetario. Plutone è signore della morte e la morte è necessaria alla vita perché solo con essa può avvenire la selezione biologica. È simbolo della caducità dei corpi, ma anche dell'esistenza di una vita oltre la morte. Anche nel patrimonio genetico nostro, che sopravvive nei figli, esiste una parte immortale di tutti, ed è il DNA, che ha sede nel nucleo di ogni cellula. Plutone governa, appunto, il nucleo delle cellule e in particolare quelle preposte alla riproduzione, ossia governa l'origine della forza vitale. Governando il nucleo delle cellule, presiede anche alle cause che possono determinarne alterazioni. Dunque anche le sostanze mutagene, sia naturali che di sintesi, sono sotto il governo di Plutone. Il suo influsso si estende anche alle malattie del sistema immunitario. Plutone governa l'inconscio e l'istinto sessuale, e per questo gli vengono attribuite competenze su diverse funzioni ipotalamiche. Plutone, rappresentando la dialettica generazione-distruzione, segna lo scatenarsi di energie contrarie.

L'altro governatore, Marte, nello Scorpione stimola forze sotterranee, a differenza delle sollecitazioni che provoca nel segno dell'Ariete, istinti nascosti e primordiali. In Ariete, segno che dà inizio alla primavera, il pianeta è esuberante, instabile, proprio com'è il ciclo stagionale che governa, inoltre indica coraggio e imprudenza. Profondamente diverse le influenze del pianeta nello Scorpione, segno d'Acqua. In esso valorizza l'interiorizzazione. I conflitti, anziché esser rivolti verso l'esterno, sono nascosti nel profondo, e sentiti come tormento interiore, specie nell'amore e nel sesso. La fama di amante fantastico e impareggiabile che accompagna questo Marte quando governa lo Scorpione è ben meritata.

♏

IL SIGNIFICATO DEI PIANETI NEL SEGNO

☉ ***Sole:*** volontà molto forte. Fiducia, calma e attenzione.
☾ ***Luna:*** diffidenza. Tendenza alla gelosia e alla vendetta.
☿ ***Mercurio:*** mente penetrante e intollerante. Astuzia.
♀ ***Venere:*** vita sessuale complessa. Inibizione.
♂ ***Marte:*** coraggio. Determinazione e intrasigenza.
♃ ***Giove:*** creatività. Volontà di potere.
♄ ***Saturno:*** perfezionismo nel lavoro. Rigida disciplina.
♅ ***Urano:*** genialità. Spirito ribelle.
♆ ***Nettuno:*** inquietudine. Attrazione per l'occulto.
♇ ***Plutone:*** trasformazione e rigenerazione.

LE DECADI DELLO SCORPIONE

Se siete nati nei giorni compresi tra il 24 e il 31 ottobre: il pianeta personale e dominante è Marte che, in questa posizione, emerge con forza e tende anche a rafforzare le qualità più autoritarie, dittatoriali e positive della natura umana. I nativi di questa decade devono imparare la pazienza e la comprensione verso gli altri. Il fisico è mobile, attivo e il carattere impetuoso, impulsivo. Tendono a voler aver ragione a tutti i costi, per questo motivo è importante imparare l'autocontrollo e la messa in discussione di se stessi.

Se siete nati nei giorni compresi tra il 1° e l'11 novembre: i pianeti personali di questa decade sono Giove e Nettuno, due pianeti che risultano in conflitto tra loro. Giove rappresenta la fortuna e la generosità, mentre Nettuno è il pianeta che risveglia lo spirito. Questo fa pensare che i nativi possiedano predisposizioni dualistiche, una natura mutevole e imprevedibile. Le battaglie più dure saranno quelle condotte interiormente. Fin dall'infanzia si può avere l'impronta di quelle che saranno, in futuro, le qualità positive e negative. Proprio questo potrà fornire gli strumenti per correggere tali tendenze negative e sviluppare quelle positive.

Se siete nati nei giorni compresi tra il 12 e il 22 novembre: la dominante di questa decade è la Luna, il luminare che ha tanta parte nella formazione del carattere sin dall'infanzia. Conferisce anche un'emotività profonda, fantasia, lunaticità, orgoglio. Emerge il talento artistico e il sentimentalismo. I nativi potranno vivere popolarità e riconoscimenti, sollecitati dalla loro personalità magnetica. Sanno attirare le simpatie. La combinazione della Luna con il pianeta Marte, governatore base, è una buona combinazione che spinge i nativi verso la realizzazione.

LO SCORPIONE E I SUOI ASCENDENTI

Scorpione asc. Ariete

Il carattere prepotente e dominatore dei due segni può toccare eccessi veri e propri. Se ben guidato, può essere convogliato verso obiettivi positivi, questo avviene specialmente se nel tema si riscontrano valori di Terra. In tal caso i nativi sono scrupolosi, volitivi, rispettosi delle esigenze altrui.

Scorpione asc. Toro

Si riscontra abbastanza equilibrio quando il nativo si avvia sulla strada della conquista. La natura è talvolta incapace di adattarsi alle esigenze del momento e scalpita. L'atteggiamento può apparire rigido, ma sotto questa coltre covano sentimenti profondi, passioni forti e prese di posizione per giungere al soddisfacimento delle proprie ambizioni. Può esistere insicurezza e conflitto interiore.

Scorpione asc. Gemelli

L'immediatezza dei Gemelli può attenuare la violenza e l'irruenza dello Scorpione. Il nativo acquisisce una forte volontà che può mescolarsi con una versatilità utile e produttiva per creare una personalità pronta a soddisfare le sue esigenze intellettuali, spirituali e materiali. L'indole acquisterà più dolcezza e gli angoli caratteriali possono venire smussati.

Scorpione asc. Cancro

Aumenta in questa combinazione la tendenza al sogno, all'ideale, alle passioni sensuali. Si attenua d'altra parte la focosità dello Scorpione e si accentua la sensibilità verso il mondo esteriore, nonché verso gli altri, tipica del Cancro. Può tuttavia aumentare la permalosità. Tra le doti maggiori di questa personalità si ha la buona memoria e un forte spirito d'indipendenza.

Scorpione asc. Leone

Tra i maggiori vantaggi che derivano dalla combinazione di queste caratteristiche emerge quello di saper conservare i risultati che vengono raggiunti nella vita. Entrambi i segni sono forti, anche come volontà, e ciò porta a un temperamento ben marcato, con una grande coscienza di sé. Possono, però, aumentare la passionalità, l'amor proprio e, purtroppo, la presunzione.

Scorpione asc. Vergine
Due caratteristiche così diverse possono dar vita a una personalità dal carattere tumultuoso e nello stesso tempo lucido e critico. Il contrasto sarà continuo per l'alterno prevalere dell'intelletto o dei sensi, e solo con un'enorme capacità morale si può raggiungere l'equilibrio delle forze. La vita si fa complicata e allora, per mascherare gli scompensi, ci si butta sul sarcasmo e sull'ironia.

Scorpione asc. Bilancia
Anche in questo caso si notano contraddizioni caratteriali, e la personalità del soggetto può apparire strana nelle manifestazioni esteriori e personali. Esisterà, ad ogni modo, la capacità di conciliare le esigenze spirituali con il godimento delle gioie quotidiane. La mèta principale risulta l'armonia con il mondo circostante, con il sociale e con le persone che vivono vicine.

Scorpione asc. Scorpione
Si ha qui l'espressione del dominio assoluto. Questi nativi vogliono dimostrare di voler e poter regnare incontrastati nel loro microcosmo; non gradiscono interferenze esterne. Può svilupparsi una forte introversione, che non impedisce ai soggetti di affrontare la realtà con molta energia, tuttavia l'interiorità si distacca notevolmente dagli eventi, dalle situazioni, dagli altri.

Scorpione asc. Sagittario
Questa combinazione forma degli individui che riescono a proiettare i propri interessi e i propri pensieri verso problemi importanti, senza subire le interferenze della vita quotidiana. In più i nativi sanno dosare forze ed energie, riserve e volontà. Il carattere scorpionico si arricchisce anche di creatività, di aperture caratteriali, di generosità.

Scorpione asc. Capricorno
Due impulsi si scontrano e lottano. L'ascesa lenta del Capricorno lotta con l'impulsività dello Scorpione che vuole tutto e subito. Vuole la con-

quista rapida oltre al predominio. Si ritrova in questi nativi una certa incoerenza e instabilità, tuttavia non viene meno una decisa volontà di riuscita e la tenacia è simile nei due segni.

Scorpione asc. Acquario

Queste personalità appaiono autosufficienti e difficilmente influenzabili, estrose, originali, volitive e aperte. Tendono a realizzare direttamente le proprie idee. Non accettano spunti da nessuno, usano solo i propri. Appaiono tolleranti, ma dentro di loro regna l'intransigenza e il rigore. Sanno assumersi le loro responsabilità nel bene e nel male.

Scorpione asc. Pesci

Molto alternanti risultano gli stati d'animo influenzati non solo da fattori esterni, ma anche dalla lotta che si svolge nell'animo dei nati sotto questo influsso. Differenti sono le loro disponibilità e il loro assorbimento degli stimoli. I nativi sono difficilmente valutabili, anche perché tendono spesso a deformare la realtà e lo fanno anche in buona fede.

LA SINTONIA CON GLI ALTRI SEGNI

Scorpione/Ariete

È un po' arduo pensare a una casa dove comandino due persone contemporaneamente. Partner entrambi aggressivi e dominati da Marte difficilmente possono reggere un rapporto. Questo a meno che uno dei due non sia disposto a trasformarsi in un sottomesso. Ma ciò è molto improbabile, poiché un carattere impulsivo raramente si assoggetta per lungo tempo. È sconsigliabile come unione, a meno che entrambi non siano disposti a vivere in un continuo (forse stimolante) contrasto.

Scorpione/Toro

Pur essendo due segni opposti, può esistere una certa complementarietà. I due si tollerano bene, si cercano, hanno cose in comune: intellettualmente, fisicamente ed emozionalmente. Anche qui si tratta di due caratteri autoritari e gelosi. Uno dei due dovrebbe dominare questi sentimenti. Se entrambi, invece, danno la caccia alle ombre, non può che avvenire uno scoppio! Ad ogni modo, i due segni sono compatibili e dovrebbero almeno provare a stringere un legame.

Scorpione/Gemelli

Sono diverse le cose che l'uno apprezza nell'altro: i Gemelli ammirano la determinazione e l'azione dello Scorpione, e quest'ultimo ammira la mentalità dei Gemelli. Tuttavia, l'energia dello Scorpione è troppo forte per i Gemelli e soprattutto in tema di libertà non vi è accordo. Ciò non è tollerato dai Gemelli, che non possono rinunciare alla loro autonomia. Naturalmente, in tal caso, sono importanti le influenze degli Ascendenti, ma rimane di base il fatto che i due segni non possono andare d'accordo per molto tempo.

Scorpione/Cancro

Questi due segni sanno amare intensamente e ognuno dei due ha molto da dare all'altro. Le sfumature dei sentimenti compenetrano entrambi perché entrambi sono dominati dall'elemento Acqua. Dalla loro gelosia potrebbero nascere dissidi, però di breve durata. Lo Scorpione può anche comprendere e sopportare le depressioni cancerine, anzi la sua energia può essere di stimolo al Cancro, che in fondo non tiene alla propria libertà, ma ama casa e famiglia. Tra questi due segni può esistere un accordo e un legame.

Scorpione/Leone

In questo caso bisogna distinguere: un legame può essere portato avanti se è la donna a essere Leone. Se accadesse l'inverso, la donna Scorpione provocherebbe spesso la collera del Leone con le sue pretese, che sono molte. Il Leone, si sa, deve essere al centro dell'attenzione sempre, ma una donna dello Scorpione non glielo permetterebbe, andando così a minare un accordo di fondo. Sarebbe un'unione all'insegna della gelosia, che potrebbe in taluni casi intaccare seriamente la serenità di coppia. Un legame può esistere, non senza alti e bassi tuttavia.

Scorpione/Vergine

Sono due segni che si ammirano. La Vergine, agile mentalmente, ammira lo Scorpione, e anche il suo amore per la critica verrebbe ridotto al silenzio dal sarcasmo dello Scorpione. La mente acuta dello Scorpione è in grado di comprendere le evoluzioni mentali della Vergine che, a sua volta, cambierebbe discorso per evitare battaglie a due. La condizione è che la Vergine deve usare riguardo nei confronti dell'orgoglio del partner; in questo caso è possibile un'unione felice.

Scorpione/Bilancia

In fondo il carattere della Bilancia tende alla dipendenza, ad affidarsi all'altro, non chiede di meglio che avere vicino qualcuno che decida per lei. Per lo Scorpione la situazione sarebbe ideale e si porrebbe come il carattere dominante dell'unione. Il temperamento autoritario dello Scorpione piace alla Bilancia, non la irrita. Trova in lui la passionalità che cercava e le virtù che ammira. Anche in tal caso è l'orgoglio dello Scorpione che deve essere salvato, ma la Bilancia riuscirebbe anche in questo.

Scorpione/Scorpione

Se entrambi si mostrano comprensivi delle debolezze dell'altro, può esistere un grande affetto reciproco. Dovrebbero tenere a freno la gelosia, la possessività, la tendenza a dominare. I sentimenti di entrambi sono intensi e ognuno dei due può ottenere quello che desidera dall'altro. Ma se uno dei due dimentica i punti deboli del partner, allora può scoppiare una grande tempesta. Bisogna dire che può essere una combinazione magnifica o anche pericolosa.

Scorpione/Sagittario

Il dominatore Scorpione avrebbe i suoi guai a tenere a freno il partner Sagittario. Questo amando la propria libertà porterebbe in superficie gli elementi peggiori del carattere dello Scorpione. La diffidenza reciproca provocherebbe falle nel rapporto e la prepotenza dello Scorpione diventerebbe insopportabile per il Sagittario. Da un punto di vista dell'amore, nonché del sesso, lo Scorpione può affascinare il Sagittario, ma l'affinità si ferma qui.

Scorpione/Capricorno

Questa combinazione non è facile da analizzare. La forza e l'intensità della personalità dello Scorpione va a cozzare contro il tipico desiderio del Capricorno di dire l'ultima parola quando si tratta di decisioni importanti riguardanti il benessere del rapporto o della famiglia. Il Capricorno può dimostrarsi scontroso e prepotente, e lo Scorpione troppo pungente. Il risultato è una forte incompatibilità che non può che logorare un rapporto. Entrambi si tormentano sul piano dell'emotività.

Scorpione/Acquario

È una combinazione particolare che potrebbe risolversi in una guerra di nervi. L'Acquario è troppo instabile e imprevedibile per il temperamento positivo dello Scorpione; ha troppi interessi fuori casa, nel sociale, per poter andare d'accordo con il partner che pretende dedizione completa. In altro senso l'Acquario è troppo riservato per soddisfare la passionalità dello Scorpione. Quest'ultimo ammira gli istinti umanitari dell'Acquario, ma non è disposto a condividerli con tutti. Anche nelle amicizie esiste una selettività molto diversa.

Scorpione/Pesci

In questo caso può avvenire l'innamoramento a prima vista, ma è un amore che difficilmente resiste al tempo. Lo Scorpione non apprezza la possessività dei Pesci, che d'altro canto anche lui possiede, ma che vive diversamente. L'eccessiva remissività dei Pesci, che sfocia nella passività, finisce con l'irritare lo Scorpione il quale pretende di "lottare" con il partner: con i Pesci questo non può esistere e lo Scorpione potrebbe irritarsi sempre più.

Sagittario

SIMBOLOGIA, MITO E LEGGENDA

Il simbolo grafico (♐) del Sagittario è la freccia, che rappresenta l'ascesa verso l'alto, e il superamento delle condizioni normali in cui vive l'essere umano. Il Sagittario simboleggia la duplice natura dell'uomo, l'una spirituale e l'altra materiale, e indica il conflitto tra l'anima e l'istinto.

Nella costellazione del Sagittario i Greci identificarono la figura di un centauro (un mostro mitologico mezzo uomo e mezzo cavallo), che tende il proprio arco verso i gruppi di stelle circostanti.

ANALISI DEL SEGNO

Il tempo che va all'incirca dal 23 novembre al 21 dicembre è un periodo in cui l'aria è fredda, e la prima neve invita a sedersi vicino al camino. È in questa stagione che nascono la donna e l'uomo del Sagittario.

Il segno dello Scorpione tratteggia la morte simbolica della natura. Nel Sagittario si accende già una prima speranza: un arco con una freccia tesa verso l'alto simboleggia lo slancio cui tende questo segno, il superamento della condizione contingente, il tendere al "lontano" in senso fisico e metafisico. Il segno del Sagittario, con valenze di positività nel quadro natale, conferisce ottimismo, espansione, esuberanza, golosità, senso di grandezza. Ma vi è da dire che nei trenta gradi di questo segno, si muovono tipi diversi: il suo governatore è Giove, sia al positivo che al negativo, ma incisive sono pure le influenze di pianeti quali un forte Saturno oppure un Marte o, soprattutto, un Nettuno. E allora tra i simpatici Sagittari si può trovare l'arrampicatore sociale, l'arrivista, ma anche l'idealista a oltranza, colui che ama e persegue ideali di giustizia, il filosofo, e così via.

Il nativo parte con esuberanza verso la vita, con un certo candore, con il suo bagaglio di sogni e con un certo coraggio. Ma con il passare del tempo, si ripresenta più "ridimensionato" e il convenzionalismo prende il posto della contestazione. Ripone troppa fiducia nel suo prossimo e questo è alla base di tante delusioni e di scelte sbagliate. È un segno che spesso sfugge all'interpretazione superficiale, infatti lo si può analizzare a fondo solo considerando le influenze di tutti i valori del suo tema di nascita. Si può, però, dire che il Sagittario nel settore affetti-amore, sia tra i segni più appassionati ed esuberanti. Pare che l'avventura (ma non solo nel senso amoroso) gli vada incontro, lo solleciti. Ama i viaggi; i grandi viaggi soprattutto e le terre lontane lo affascinano. Spesso confonde l'irresistibile spinta che lo anima interiormente ritenendo che l'emancipazione, cui tende, derivi dalla somma di esperienze accumulate ad esempio in campo sentimentale.

È anche ambizioso, cerca di emergere, di conquistare posizioni importanti. Ama l'informazione, si tiene aggiornato. Bisogna riconoscere in lui una certa dose di presunzione, che sa usare però simpaticamente. Non si sente attratto dalla vita domestica, il suo scopo è il movimento. Sotto questo segno troviamo la donna spigliata, spesso ribelle, energica, dinamica, ma soprattutto anticonvenzionale, promotrice di azioni, di eventi.

Il Sagittario tende ad attirare inconsciamente l'attenzione del mondo con il suo operato. Porta generalmente amore verso gli animali, verso la natura. Spesso propende al raggiungimento di ideali di libertà, è insofferente alle costrizioni, alle regole; è un po' ribelle. Con molta elasticità tuttavia, nel corso della vita, sa ridimensionare questi suoi atteggiamenti, poiché si rende conto di non saper amministrare bene questa libertà, o di sbagliare spesso le scelte di vita per leggerezza, per presunzione. Ha un innato senso della giustizia che applica, tuttavia, più agli altri che a se stesso.

Rimane un affascinante trascinatore, una compagnia che si ricerca sempre con piacere. I nati sotto questo segno possiedono molte virtù che rendono facili i rapporti umani. Di notevole intelligenza e di pronta intuizione, afferrano rapidamente il senso degli eventi, riuscendo a penetrare l'essenza senza perdersi nei dettagli. Detestano l'ipocrisia, sono sinceri anche se la loro sincerità può volgere a loro danno. Sono tolleranti e rispettano la libertà altrui. Sanno fare della loro vita un viaggio piacevole, grazie alla loro allegria, all'innato ottimismo e alla loro lealtà. I Sagittario si possono suddividere in tre categorie: inferiore, medio, superiore. Il tipo inferiore ha un'impulsività che può fargli mancare lo scopo. Le idee e i progetti sono abbondanti, immediati e mutevoli. Prima di realizzare una cosa già ne desidera un'altra. Persegue desideri sempre nuovi, il suo ambiente è instabile e faticoso. È orgoglioso, ama farsi vedere generoso ed è sensibile all'adulazione.

Il tipo medio comprende i grandi irrequieti, i pionieri, gli esploratori, coloro che non pensano molto profondamente ma che hanno la giusta intuizione che porta loro il successo nelle imprese anche audaci. Passano per fortunati.

Nel tipo superiore le caratteristiche precedenti vengono modificate da un sentimento naturale di altruismo e da un'identificazione disinteressata con un ideale tenacemente perseguito. La personalità è potente e infaticabile, ha senso psicologico e organizzativo, riesce a essere un capo e un trascinatore. S'identifica con il progetto che vuole condurre in porto e vi si dedica anima e corpo con intensità, con saggezza e tenacia, e niente lo può scoraggiare. Ha un magnetismo quasi irresistibile, attira intorno a sé collaboratori scelti. Diventa centro e strumento cosciente di certi scopi di alta portata sociale e spesso mondiale. Ha indipendenza di spirito e di azione, devozione alla cosa pubblica che spinge fino al sacrificio di sé, una grande perseveranza nella realizzazione. Ha larghe vedute e un'instancabile capacità lavorativa, coraggio e attivismo. I liberi pensatori possono essere collocati tra i maestri del gruppo sagittariano. Sono stabili nell'armonia delle loro idee scaturite dall'aspirazione interiore e da giuste visioni. Questi esseri hanno orientato la loro freccia verso le stelle. Che facciano parte dei filosofi o degli statisti, che siano uomini di fede, questi tipi superiori restano ministri della legge universale, e come tali dispensatori della Verità che è dato loro di comprendere.

La complessità del carattere è data dalla dualità del segno, a seconda che si trovi sotto l'influsso di Giove o di Nettuno. I "gioviani" sono coloro che amano godersi la vita e non si negano la materialità, sono buongustai e grandi compagnoni; i "nettuniani" sono più introversi, più filosofi appunto, più idealisti e spirituali nelle loro espressioni.

L'UOMO SAGITTARIO

I nativi sono appassionati di sport, preferiscono discipline audaci che permettano un contatto diretto con la natura. Amano anche la musica. Hanno una tendenza spiccata per gli studi religiosi, filosofici e umanistici. Di solito non si preoccupano molto della salute, anche perché sono fondamentalmente sani; solo la gola può tradirli.

L'uomo Sagittario, virile, sportivo, elegante, sempre pronto a rinnovarsi, dimostra una tendenza al tradizionalismo. Vanitoso e sensibile all'ammirazione, sente il bisogno di essere complimentato e di trovarsi al centro dell'attenzione. Possiede anche un vivo senso dell'umorismo e quando vuole si rivela simpaticamente gioviale. Ha energia, capacità decisionali, forza di volontà, ma se viene contraddetto può essere testardo e ostinato. Ha facoltà d'osservazione, mentalità logica.

I nativi avranno maggior successo lavorando per grandi aziende. Inclinano a spendere senza riflettere troppo. Per quel che riguarda il denaro non sono risparmiatori e ci sono momenti in cui acquistano con leggerezza. Gli investimenti a risparmio si rivelano più vantaggiosi delle speculazioni, a lungo andare.

La passionalità di quest'uomo in amore si presenta come il fuoco che cova sotto la cenere. A differenza di altri segni di Fuoco, la sua interiorità è profonda, e la sensualità sottile. In altri casi il suo slancio amoroso può manifestarsi come una febbre che testimonia l'impeto delle sue passioni. La tentazione sarà quella di vivere molteplici esperienze amorose nelle quali si lancerà con spirito d'avventura e cavallerescamente. Dopo aver trovato la compagna della sua vita, baserà il rapporto sulla profondità dei sentimenti, sulla reciproca fiducia e lealtà, e non farà mai pesare sulla famiglia eventuali evasioni. Cerca una donna equilibrata che condivida la sua vita sociale e i suoi interessi, che ami i viaggi e che sia buona educatrice per i figli.

È un padre di famiglia generoso, ha il senso della famiglia e non fa mancare ai figli il calore e la comprensione, perché è cosciente della loro vulnerabilità. Tenderà a farli crescere liberi, a contatto con la natura; cercherà d'insegnare loro una filosofia di vita; senza drammi, infonderà in questi il proprio senso di giustizia e di lealtà. Rispetterà i loro entusiasmi e vi parteciperà. Cercherà anche di farli viaggiare per ampliare i loro orizzonti e per far vivere loro esperienze diverse.

LA DONNA SAGITTARIO

La personalità della donna del Sagittario è estremamente femminile e può rivelarsi variabilmente sfaccettata. In amore può ambire a un'esistenza regolare, basata sulla ricerca di un compagno indulgente, affettuoso e comprensivo: lo amerà con sentimenti profondi e sincerità. Come moglie difenderà il proprio senso morale e la propria famiglia.

È molto sensibile alle piccole premure e ama essere al centro dell'attenzione delle persone care. Ambisce a una casa comoda, accogliente e grande nella quale sa essere una perfetta padrona. In altri casi, può manifestare una natura inquieta e un desiderio di affrontare la vita amorosa rischiosamente. Desidera provare l'ebbrezza dell'avventura e l'euforia dell'indipendenza. Vive l'amore come un grande e importante romanzo.

Proprio la libertà è importante per questa nativa: libertà fisica, mentale, spirituale. Tutto ciò che è routine, che tende a rinchiuderla, la fa fuggire lontano. Molto spesso è attratta da uomini strani: complessi o complicati, artisti, intellettuali. Anche l'uomo sportivo, a volte, può colpire il suo interesse. Molto comprensiva nell'amicizia, tende a detestare qualsiasi forma di grettezza morale e richiede al compagno slanci e generosità, perché così come sa dare, vorrebbe ricevere. È una donna moderna nel vero senso della parola; per quanto riguarda la vita materiale e nelle unioni desidera trovare la sicurezza, il benessere, la serenità oltre che l'amore. Per rinnovare e rinnovarsi costantemente, riesce sempre a creare situazioni brillanti e vivaci in cui sono bene accolti amici, cultura, discussioni. Odia la brutalità, la violenza e le condizioni di ristrettezze, è un'esteta e anche al compagno richiede generosità nel pensare e nell'agire. Se mancano queste premesse in una relazione, anche i suoi sentimenti si raffreddano e si manifesta il suo egocentrismo.

A volte ama giocare pericolosamente con il cuore altrui, non sempre viene compresa e allora le relazioni si rompono. Oltre a una sistemazione desidera la comprensione e l'amicizia dal compagno, in assenza di questo s'irrigidisce. Non è una donna casalinga, sa essere, però, ospite e padrona di casa perfetta. Nel campo lavorativo si mette decisamente alla pari dei colleghi maschi, spesso li supera in efficienza e dinamismo. Può benissimo stare in punti chiave e di comando, riuscendo perfettamente a dirigere. In questo mette sempre grande umanità, cosa che fa sì che venga amata e rispettata da quanti la seguono. Ama molto gli animali e non mancherà di adottarne uno.

Come madre si attiva perché nulla venga a mancare ai propri figli, ma tenderà anche a educarli a modo suo, insegnando loro, direttamente o indirettamente, che la libertà è un bene prezioso da difendere sempre. Farà in modo che crescano e divengano autosufficienti.

IL BAMBINO SAGITTARIO

Fin da piccolo il Sagittario dimostra la propria simpatia e una grande disponibilità. Infatti ama stringere amicizie, si lega a queste affettivamente, è il trascinatore della compagnia, anche se a volte propone imprese un po' audaci. Il suo entusiasmo si traduce in azione, ed è instancabile nel gioco e nella partecipazione. È incline allo studio, tende a imparare senza difficoltà e ritiene superfluo passare ore e ore sui libri. Non gli manca l'inventiva, l'oratoria e la fantasia. Spesso la sfrutta per inventare qualche scusa, ma anche le sue bugie sono talmente trasparenti che fanno sorridere. Buono d'animo si fida troppo di tutto e di tutti. È disponibile anche in casa e verso i genitori.

Ha grandi energie che vanno incanalate positivamente come in uno sport non aggressivo ad esempio; il movimento in effetti gli giova. Sente la competizione e tende a essere il migliore in tutto. Dimostra grande sensibilità ed emotività, oltre che una spiccata ragionevolezza. Non è privo di testardaggine e qualche volta occorre una certa severità per fargli comprendere ciò che è bene e ciò che è male. Non deve mai mancargli la sicurezza dell'affetto dei genitori, dei fratelli, cui è molto affezionato, questo potrebbe renderlo molto insicuro nell'età adulta. Va tenuto tranquillo e non esasperato nella sua emotività.

Per lui si rivelerà molto positivo il contatto con la natura, in particolare con gli animali, e terrà molto ad averne uno. Necessita di tanto amore, di un po' di severità, di uno sfogo per le grandi energie che possiede. Sarà bene appassionarlo alla lettura e naturalmente saranno i libri di avventura quelli che lo affascineranno di più. I piccoli Sagittario possono rivelarsi instabili, confusi e incerti. Questa instabilità spesso rende difficile comprenderli; comunque hanno un temperamento fiero e reazioni imprevedibili. Nascono ambiziosi e gli anni formativi possono essere la palestra nella quale si allenano per imparare a realizzare le loro aspirazioni.

IL SAGITTARIO E L'AMORE

Le componenti caratteriali del Sagittario in amore possono essere così riassunte: simpatico, trascinante, eternamente innamorato, volubile. I nativi sono spesso l'anima della compagnia e non si può dire che la loro espressione cambi di molto quando si affronta l'argomento amore. Tutto ciò perché non abbandonano i superlativi in questo campo, li usano per enfatizzare un sentimento che gonfia loro i polmoni come l'aria e che fa frizzare ogni poro della loro pelle.

Quando sono innamorati sprizzano entusiasmo e felicità, e lo sono quasi sempre; difficile trovare un Sagittario che non sia innamorato. Usano la loro grande disinvoltura anche in amore e a volte va a finire che riescono a ferire profondamente (con inconscio candore) il partner. A questa loro dote bisogna aggiungerne un'altra: quella di saper dire esattamente la cosa sbagliata, nel momento sbagliato, alla persona sbagliata. Chiaramente ciò può provocare piccoli terremoti, specialmente in amore. Nel contesto amoroso bisognerebbe tenere comportamenti diversi da quelli che si riservano alle amicizie; invece trattano il partner come il migliore amico, e ciò è gradevole, ma non sempre bene accetto. Decisamente è una piccola mancanza di delicatezza, come ad esempio quella di raccontare all'attuale partner il romanzo degli amori passati o rivolgere le proprie attenzioni ad altri quando si è con il partner. Tutto ciò viene naturalmente, fatto involontariamente. Sotto la grande simpatia, sotto l'entusiasmo contagioso, trapela l'egoismo, la leggerezza.

Di cosa li si può colpevolizzare? Di non dare ciò che ci si attenderebbe da loro, di non mantenere ciò che promettono. A volte distribuiscono illusioni, ma vi credono essi stessi. Si trovano anche soggetti che hanno le idee confuse in fatto di amore. Potenzialmente desiderano chiarezza, passione, romanticismo e molto altro, in pratica la cosa a cui tendono è soprattutto la loro libertà e allontanano tutto ciò che può limitarla.

Altro tema scottante può essere il matrimonio: o si rendono conto subito di cosa significa sposarsi, o retrocedono scalpitando all'ultimo momento. Altre volte lo affrontano con ottimismo, come una bella avventura, salvo a ritrovarsi in un futuro spinoso. Al femminile, si ritrova candore, un po' di confusione, tanta spinta e un pizzico d'incoscienza che può condurre a scelte sbagliate in fatto di partner. Occorre fare attenzione ai coinvolgimenti passionali. Attenzione anche alle storie amorose più lunghe e complicate: non fanno per questo segno. Ai tipi molto instabili non farebbero che confondere le idee. Per fortuna, bisogna dire, che i guai amorosi sconvolgono limitatamente i nativi, il trauma può essere violento, ma sarà comunque breve.

IL SAGITTARIO E IL LAVORO

Nel campo del lavoro i Sagittario sono benvoluti, apprezzati, specie in ruoli dirigenziali, perché perseguono ideali di giustizia e comprensione. Possono cambiare spesso attività, prediligendo quelle individuali, che danno la possibilità di viaggiare.

Il lavoro per i nativi del segno è un palcoscenico adatto a misurare la propria personalità. L'esuberanza, il dinamismo, l'intraprendenza e la cordialità sono le doti essenziali che il Sagittario mette in luce nella sua professione e sono, pure, un mezzo per raggiungere quella posizione di prestigio alla quale egli tiene particolarmente. Le professioni a lui idonee sono quelle che hanno un'attinenza con i viaggi e gli spostamenti anche in località lontane dal luogo d'origine; il nativo potrà fare il pilota d'aereo, l'ambasciatore, l'interprete. Il Sagittario, inoltre, è attratto dal mondo dello sport, principalmente dall'equitazione.

IL SAGITTARIO E LA SALUTE

a) I punti deboli del Sagittario – È stato detto che il pianeta governatore del Sagittario è Giove. Questo pianeta è il più grande del sistema solare e, per analogia, esso governa anche uno degli organi più grandi, in dimensione, del corpo umano: il fegato. Come la maggior parte dei segni di Fuoco, anche il Sagittario gode di ottima salute, di esuberanza fisica, in virtù del tipo di vita che egli adora fare. Il suo temperamento allegro, giovanile, dilatato si esprime spesso con un vivace appetito; questo risulta il maggior responsabile dell'aumento di peso di molti Sagittario, specie nella seconda parte della vita. I disturbi cui sono più esposti i nativi sono sempre provocati da eccessi, specie nell'alimentazione.

Tra i disturbi più comuni vi è la congestione epatica, dovuta a libagioni eccessive o a pasti troppo calorici, i calcoli biliari e tutte le malattie del fegato e della milza. Il segno del Sagittario governa anche le cosce, il bacino, la ghiandola pituitaria o ipofisi, che regola la formazione di ormoni e l'accrescimento corporeo. Quando il nativo riporta ferite o lesioni, è facile che queste siano poste all'altezza del femore, del bacino, mentre le infiammazioni riguardano il nervo sciatico. Sono anche comuni le coxalgie (articolazione coxo-femorale) e le disfunzioni all'anca. Nel segno vi sono corrispondenze con la vescica e con l'uretra. Corrisponde anche alle ultime tre vertebre lombari, alle cinque vertebre sacrali (fuse) e alle quattro coccigee.

Il sale oligominerale del Sagittario è l'ossido di silicio, la cui funzione nell'organismo è quella di agire come isolante termico; facilita la ritenzione del calore nei tessuti. Produce l'espulsione dei tessuti necrotizzati. Le riserve di questa sostanza si trovano nelle ossa, nei tessuti connettivi del cervello, nel pancreas. Quando esiste una carenza lieve della sostanza, vi è un progressivo dimagramento con astenia, l'umore è variabile e il soggetto tende a isolarsi. Le estremità si raffreddano, si tende a bere bevande ghiacciate. Quando la carenza è grave, dolgono le gengive, le unghie si spezzano facilmente, il condotto lacrimale si infiamma. Le fonti alimentari di questo sale oligominerale sono: riso integrale, e la buccia degli ortaggi e della frutta (ciliegie, fragole, prugne).

b) La dieta del Sagittario – Non è vero, occorre dirlo subito, che il Sagittario non si preoccupa della propria salute; il fatto è che gli risulta molto faticoso mantenere un ordine nella propria dieta, iniziata magari con buona volontà. Basterebbe seguire solo alcune regole di base, tra cui quella di evitare i manicaretti esotici. Dovrebbero orientarsi verso un'alimentazione naturale e semivegetariana. Dunque, sostanze ricche di vitamine, a base di germe di grano, di avena. Dovrebbero unire alle verdure in insalata foglie di malva. La golosità è un altro punto dolente di questo segno. Dovrebbero veramente dimenticarsi i dolci, specie quelli a base di zucchero raffinato.

LA PIETRA DEL SAGITTARIO: L'AMETISTA

Il tipico colore viola dell'ametista, pietra appartenente alla famiglia dei Quarzi, conosce varie tonalità. A questo minerale si attribuiscono molteplici virtù; l'ametista ha la capacità di apportare calma e di attenuare emozioni violente, irrazionali; seda gli scatti d'ira e favorisce la meditazione e l'intuizione. Sgombra e purifica la mente. Agisce sul sistema nervoso, sui dolori alla testa e sui disturbi agli occhi. Cura l'insonnia, di cui soffrono in particolar modo i nativi del Sagittario. Regolarizza la respirazione e può favorire, infine, nascoste facoltà medianiche.

IL PIANETA DOMINANTE: GIOVE

Giove è il pianeta più grande del sistema solare e astrologicamente il più importante dopo Saturno. La sua distanza media dal Sole è di circa

778 milioni di chilometri. Possiede ben dodici satelliti. Sul piano astrologico simboleggia la giustizia, l'autorità, la dignità, il senso morale. Può donare nobiltà d'animo, generosità, propensione al positivo. Al contrario, se negativo nel tema, può rispecchiare disorientamento, mancanza di fede e di strutture morali, presunzione.

Giove è magnanimità, espansione. La sua carica energetica è sempre un fattore di dilatazione, in senso fisico e psicologico. Favorisce l'estroversione e la socializzazione. Cerca l'accomodamento pacifico. Un tipo è definito gioviale quando si presenta allegro, quanto meno sereno e appagato, di solito amante della buona tavola e dei comfort della vita. La tanto discussa felicità, meglio definibile come armonia, dipende da Giove e si traduce più in uno stato d'animo che in un dato materiale. Il gioviano è ottimista, estroverso. Se Giove è negativo in un tema porta calo d'ottimismo, problemi nell'inserimento sociale. Il gioviano negativo è insofferente alla disciplina, ribelle all'autorità in generale, non solo, ma con l'autorità può vivere grossi contrasti, specie sul piano ideologico.

Giove rappresenta anche la "grande fortuna". Da un punto di vista psicologico simboleggia la condizione di soddisfazione derivante dalla riuscita, dall'appagamento del desiderio. Ha qualche similitudine con il Sole, anch'esso simbolo di successo, realizzazione, autoaffermazione, ma, a differenza del Sole, in Giove vi è l'elemento frenante costituito dal raggiungimento dello stato di sazietà psicologica. Sul piano sociale Giove rappresenta il giudice, il politico, l'uomo di potere. L'età della vita che gli corrisponde è quella tra la maturità e l'inizio della senescenza. Giove è il pianeta del potere, del denaro, del prestigio sociale e politico, e la sua collocazione nell'oroscopo di una donna è di grande importanza.

Esso simboleggia il rapporto con il denaro: per una donna questo significa il grado di emancipazione che riesce a raggiungere nella vita. La donna in particolare con un Giove in Sagittario desidera raggiungere il successo, può avere relazioni in grado di garantire una posizione preminente (sia nel campo del lavoro che nel privato). Non si perde mai d'animo neppure nelle situazioni più imbarazzanti. Sa trarsi d'impaccio davanti al mondo. È un'ottima conversatrice, forse un po' troppo esuberante, ha intuizione. Non è tanto opportunista quanto dotata di senso dell'opportunità. È golosa sia dal punto di vista alimentare che affettivo. Tende a far coincidere i propri interessi con quelli del gruppo di cui fa parte, dato che le preme guadagnare simpatia e amicizia da parte della gente che conta. Ha un grande bisogno di socialità e per lei è anche facile allacciare rapporti.

Un Giove in rapporto negativo con Saturno tende a deludere le aspettative sul piano della realizzazione di un soggetto. Se è in posizione negativa con Urano si hanno soggetti troppo esigenti, che non sanno calibrare le loro reali possibilità con le aspirazioni.

IL SIGNIFICATO DEI PIANETI NEL SEGNO

☉ *Sole:* ottimismo. Fiducia e indipendenza.

☾ *Luna:* spiritualità e idealismo. Desiderio di conoscenza e di esperienze nuove.

☿ *Mercurio:* capacità espressive. Fantasia. Tolleranza.

♀ *Venere:* instabilità affettiva. Avventure e idealismo in amore.

♂ *Marte:* spirito combattivo e impulsivo. Entusiasmo.

♃ *Giove:* senso paterno. Protezione. Conformismo.

♄ *Saturno:* moralismo intollerante. Ambizione e fermezza di opinioni.

♅ *Urano:* ampiezza di vedute. Attenzione a problemi di rilevanza mondiale.

♆ *Nettuno:* ideali religiosi, misticismo.

♇ *Plutone:* esalta le qualità di Marte.

LE DECADI DEL SAGITTARIO

Se siete nati nei giorni compresi tra il 23 e il 30 novembre: il pianeta dominante e personale per questa decade è Giove, che influisce sulle tendenze morali e sullo spirito di comprensione, oltre che sulla generosità. I nati in questa decade hanno in dono qualità intellettive di alto livello; hanno un profondo senso della giustizia e sanno mostrarsi saggi in ogni interesse personale e commerciale. Si dimostrano molto sensibili; necessitano di tenerezza, di amore, di fiducia. Il doppio aspetto che forma Giove in questa decade, ne sottolinea la magnanimità di spirito, l'espansività, gli entusiasmi. Dimostrano, in gioventù, troppa fiducia negli altri.

Se siete nati nei giorni compresi tra il 1° e l'11 dicembre: il pianeta personale è Marte, simbolo della lotta, dell'aggressività. Marte governa le tendenze costruttive, avventurose. Conferisce ambizione, energia, coraggio e spinge a ricercare il successo in tutte le imprese. Specialmente nel campo del lavoro e degli affari, l'abilità conferita da Giove e da Marte, può portare al successo, sia in società che negli affari finanziari.

Se siete nati nei giorni compresi tra il 12 e il 21 dicembre: il governatore personale di questa decade è il Sole, il fulcro del sistema solare e della personalità. Conferisce dignità, lealtà, onori, ambizione. In questa posizione il Sole imprime desiderio di cambiamenti, desiderio di riforme. Indica anche una natura nobile ed entusiasta, capace di governare e di guidare gli altri. I nativi hanno spirito d'iniziativa e idee. Il Sole governa anche l'orgoglio e le ambizioni personali, regala buona fortuna a quei nativi che cercano di correggere i piccoli difetti caratteriali.

IL SAGITTARIO E I SUOI ASCENDENTI

Sagittario asc. Ariete

Doppia combinazione nell'elemento Fuoco, che rende questi nativi molto impulsivi, ingenui, leali, ma anche un po' incoscienti. Non contemplano le conseguenze dei propri atti, né sono loro di qualche utilità precedenti esperienze. Tendono fortemente al comando, a un ruolo guida e spesso cercano eccessi che minano la salute. In amore guardano più alla quantità che alla qualità delle relazioni.

Sagittario asc. Toro

Il Fuoco del Sagittario si stempera nell'elemento Terra del Toro; resta tuttavia una propensione comune: l'amore per la buona tavola. E qui va usato l'autocontrollo perché fin da giovani c'è la tendenza ad aumentare di peso. La salute di base è buona. Molta ostinazione e ambizione guidano questi soggetti verso la realizzazione dei loro obiettivi sociali; il materiale, il possesso ha per loro molta importanza. Buoni i posti dirigenziali. In amore sapranno apprezzare le gioie dei legami e della famiglia.

Sagittario asc. Gemelli

Fuoco e Aria creano molta mobilità fisica e psichica e questo porta i nativi a un grande movimento, nella loro vita. Il cambiamento è il loro fine e questo procura non pochi sprechi di energie. A risentirne è in particolare il settore affettivo che vede ruotare partner diversi che non si fermano mai. Solo nella seconda parte di vita il nativo ricerca legami fissi, dato che la solitudine lo spaventa. Si crea molte amicizie e soprattutto relazioni sociali intense. Agile nel lavoro è bravissimo nella progettazione.

Sagittario asc. Cancro

Molte impetuosità del Sagittario vengono attutite dall'Acqua cancerina. I nativi s'impigriscono e amano le comodità. È attutita anche la tendenza al movimento e al cambiamento, mentre emergono i valori casa-famiglia. In amore restano primari, affettuosi, si appoggiano volentieri ed esercitano poco il comando. Sono golosi in particolare di dolci, tendenza che può portare ad aumento di peso. Possono passare dai grandi entusiasmi, al pozzo della depressione, da cui faticano a risalire.

Sagittario asc. Leone

Dalla combinazione di due fieri segni di Fuoco può emergere solo una personalità vincente, ambiziosa, narcisista. La tendenza a comandare e a occupare posti preminenti in società porta i nativi a realizzarsi nel campo sociale, politico, delle professioni. Nel privato esistono più conflittualità, dato che l'amore viene vissuto passionalmente, con gelosie e possessività. Si trovano molto spesso soggetti separati in questa combinazione, le crisi sono dietro l'angolo.

Sagittario asc. Vergine

I due elementi male si abbinano e la personalità può risultare positiva nel campo del lavoro, più critica e polemica nel privato. La lotta maggiore è quella contro se stessi e non sempre riescono vincitori. Ottimi lavoratori, tenaci, tendono a realizzarsi nel sociale mentre la vita affettiva presenta più spine. Non è facile convivere con loro, dato che uniscono pignoleria e gelosia a critica verso l'esterno. D'altra parte sono generosi, ma quando questo non costa loro eccessiva fatica e sacrificio.

Sagittario asc. Bilancia

Un po' dispersivi, dolci, sognanti, sono degli idealisti. Vi è una certa pigrizia in loro. Spesso è una forma d'arte a interessarli e spendono molte energie in questo senso. Non manca loro la fantasia, la predisposizione a idealizzare. Sono buoni compagni e buoni padri di famiglia. Il loro umore può essere mutevole e, a volte, sono delicati di salute. Non vi è molta attenzione all'alimentazione e anche in questo caso c'è il rischio di un aumento eccessivo di peso. Possono abbattersi con facilità.

Sagittario asc. Scorpione

Due segni forti, ostinati, mobili. Improntano la loro vita alla lotta. Vi è molta decisione in loro e franchezza aggressiva. Sono estremamente emotivi, finendo per compiere errori per impulsività. Ottimi lavoratori, riescono a raggiungere il successo. Nel campo affettivo vivono tormenti prima di sentire la necessità di un legame fisso. In quel momento sanno offrire lealtà e fedeltà. Amano dirigere la loro vita e quella del compagno, ma non sono invasivi. Particolare la sveltezza mentale e acuto il senso d'osservazione.

Sagittario asc. Sagittario

Un grande temperamento contraddistingue la combinazione. Entrambi sono segni di Fuoco. L'impulsività è grande e può far commettere errori. Vi è ostinazione, vi è anche ottimismo e, insieme, l'intenzione di vivere ogni attimo della vita intensamente. Le potenzialità lavorative sono buone, ma non vengono sempre sfruttate in pieno, almeno per la prima parte dell'esistenza. La vita affettiva è avventurosa, e porta anche a qualche crisi e separazione. Questo nativo è un eterno fanciullo che gioca con la vita, fino a quando non si rende conto di essere cresciuto.

Sagittario asc. Capricorno

Si affiancano le potenzialità dei due segni, ma anche i difetti. Personalità profonde, idealiste, hanno progetti ben precisi da portare a termine e il successo lo raggiungeranno tardi. Il settore affettivo li vede a volte distratti, ma devoti nei legami e alla famiglia. Emotivamente fragili, usano molto autocontrollo, sono mutevoli nell'umore, e non sempre si dimostrano molto socievoli. Sono selettivi nelle amicizie e talvolta un po' interessati. Tuttavia non manca loro la lealtà e l'onestà. Vi è la tendenza a essere critici, e a cercare d'imporre le proprie idee e la propria volontà.

Sagittario asc. Acquario

Molto simpatici, mobili, amichevoli, questi nativi vivono intensamente la vita sociale. Sono generosi, sempre pronti e disponibili verso gli altri. Non sempre si può fare affidamento su di loro in quanto sono distratti, impegnati in mille cose, sempre pronti a partire per un viaggio avventuroso. Nel lavoro alternano momenti di efficienza a momenti di inefficienza, tuttavia rendono, nei momenti positivi, molto più di altri. Sono ambiziosi, orgogliosi e ostinati. Raggiungono facilmente il successo anche per mezzo di aiuti esterni. La vita affettiva risulta più contrastata.

Sagittario asc. Pesci

La personalità è meno brillante, il carattere più debole e non sempre riesce a imporsi come vorrebbe. Molti dubbi e poche sicurezze in questa combinazione che lotta spesso con se stessa. La grande emotività e sensibilità ne fa un essere un po' diffidente, un po' incerto e, a volte, incapace di prendere decisioni nette e rapide. Sa essere dolce e affettuoso e cerca spesso il successo più nel sociale che nel privato. Di umore alternante, talora appare addirittura lunatico. Grandi le sue capacità e l'estro che dimostra nel settore artistico.

LA SINTONIA CON GLI ALTRI SEGNI

Sagittario/Ariete

La combinazione può essere moderatamente positiva, benché entrambi siano segni di Fuoco. Marte (Ariete) e Giove (Sagittario) sono due pianeti che si accordano. Ciascuno dei due proverà comprensione per l'impulsività dell'altro. L'Ariete si troverà d'accordo circa il desiderio di libertà del compagno. La loro vita di coppia sarà senz'altro mobile e vivace.

Sagittario/Toro

Questa combinazione è la dimostrazione che non sempre l'amore vince ogni ostacolo. Il Toro ha un'intensa passionalità, e si rivela egoista e possessivo nei riguardi delle persone che ama. Il Sagittario si rifiuta di sentirsi vincolato e nessun ragionamento serve a fargli cambiare atteggiamento. Il Toro è troppo geloso e il compagno troppo amante della libertà.

Sagittario/Gemelli

Questa è normalmente un'ottima combinazione, perché entrambi possiedono le stesse qualità. Tutti e due amano la libertà assoluta di spirito e di mente, e possono ridere dell'incoerenza, che in loro è un tratto comune. Nessuno dei due si struggerà in lacrime se uno farà qualche scappatella ogni tanto. Sono segni veramente compatibili. Se ogni tanto emerge qualche conflittualità, sarà per divergenze di poca importanza e non certo per motivi gravi di disaccordo.

Sagittario/Cancro

Perché l'unione possa riuscire, il Cancro dovrà accettare di modificare alcune sue caratteristiche. Questi nativi ammirano il Sagittario, ma non riescono ad abituarsi alla sua incostanza. L'unione sarebbe foriera di guai. Il Cancro potrebbe disperarsi e il compagno in tal caso fuggirebbe.

Sagittario/Leone

Entrambi sono segni di Fuoco e sotto molti aspetti sono compatibili. Amano l'azione e il cambiamento, sanno apprezzare la vita e il successo. Tra i due possono avvenire conflitti occasionali, perché entrambi tendono a essere autoritari e a volere il predominio. Le loro liti possono essere molto vivaci e quasi violente, ma solitamente durano molto poco. L'unione può rivelarsi positiva, dato che esistono qualità simili.

Sagittario/Vergine

Il Sagittario ammira la tendenza alla perfezione della Vergine, ma mal sopporta la sua predisposizione alla critica e la sua meticolosità. Tutte le caratteristiche virginee, tenderebbero a limitare la libertà d'azione del compagno. Inoltre il Sagittario non sopporta i rimbrotti e le critiche. È un'unione basata sul rischio e può non risultare favorevole. A lungo andare sarebbe il Sagittario a sottrarsi a questo tipo di rapporto.

Sagittario/Bilancia

È proprio la lealtà, il senso di giustizia e la tendenza all'accomodamento della Bilancia a rendere serena l'unione. Il tutto costa uno sforzo, perché alla Bilancia non risulta facile accettare la comoda filosofia del Sagittario. Entrambi amano le stesse cose: il lusso, la bellezza, l'eleganza, la vita sociale; ma l'attaccamento della Bilancia potrebbe divenire invasivo per il Sagittario.

Sagittario/Scorpione

Lo Scorpione tende a dominare, il Sagittario, però, anche se remissivo in apparenza, non intende lasciarsi dominare. Il senso di possesso dello Scorpione spinge il Sagittario verso una via d'uscita e la sfiducia reciproca in questi due segni non favorisce la serenità e l'amore. Molta affinità si trova nel legame fisico, ma tutto spesso finisce lì.

Sagittario/Sagittario

Solo se i due si trovano su uno stesso piano mentale e un medesimo livello sociale, l'unione può risultare positiva. Dovrebbero compiere tutto insieme, potrebbero avere gli stessi interessi sociali e di affari. Entrambi tengono alla loro libertà, ma scoprirebbero che anche la libertà va vissuta insieme. Troppa similitudine può guastare e non sempre questa risulta un'unione del tutto positiva. Specie se sono su due piani diversi, questi soggetti dovrebbero pensarci bene a una vita di coppia.

Sagittario/Capricorno

Non è un'unione felice in partenza, a meno che il Sagittario non intenda cambiare qualche sua abitudine. I temperamenti dei due segni sono molto differenti: uno è ottimista, l'altro è pessimista. Il Sagittario tende alla faciloneria mentre il Capricorno ha un carattere posato e una mentalità ristretta. Soprattutto per il Sagittario, l'unione si rivelerebbe molto infelice, perché dovrebbe fare grandi sacrifici per trovare un po' di serenità in questo rapporto.

Sagittario/Acquario

Di solito si può definire un'unione positiva. Entrambi i caratteri hanno molte cose in comune. Amano la vita di società, stanno bene con gruppi di amici. Il Sagittario è propenso a capire il compagno, anche perché desidera essere trattato allo stesso modo. Entrambi amano viaggiare e l'avventura. L'unione può rivelarsi positiva, gli screzi sono pochi e non affatto importanti.

Sagittario/Pesci

A lungo andare il Sagittario reputa pesante il compagno. Può esistere un affetto forte e sincero, ma è il Sagittario, a un certo punto, a trovare restrittivo il rapporto; la sua libertà ne soffre. La tolleranza potrebbe prendere il posto dell'amore; nel tempo, poi, si tramuterebbe in lotta tra il senso del dovere e la coscienza. È proprio il Sagittario che dovrebbe riflettere molto prima di fare un passo del genere.

Capricorno

SIMBOLOGIA, MITO E LEGGENDA

Il simbolo grafico (♑) del Capricorno raffigura le corna del mitico animale, che ha il corpo di una capra e la coda del delfino. La figura simbolica rivela la natura ambivalente del tipo Capricorno. La capra è simbolo di ascetismo, mentre l'animale acquatico rappresenta il contatto con il divino.

Gli antichi Greci chiamavano la creatura immortalata fra le stelle del Capricorno Egocero, la "capra cornuta", e la identificavano con Pan, il dio protettore delle campagne, avente corna e zampe caprine.

ANALISI DEL SEGNO

Il tempo che va all'incirca dal 22 dicembre al 20 gennaio costituisce il cuore dell'inverno, il momento in cui si sente maggiormente la morsa del freddo. Ogni attività pare congelarsi, il silenzio della natura domina. È in questa stagione che nascono la donna e l'uomo del Capricorno.

Governato dal severo Saturno, la serietà espressa da questo segno pare fondersi con la natura, con la sua solitudine e la sua desolazione. Il Capricorno porta in sé questi elementi, li unisce alla razionalità che lo contraddistingue, e alla crudezza con cui analizza la vita in ogni sua piega. L'ambizione, la fierezza, la tenacia incrollabile nelle cose in cui crede, ne fa un arrampicatore solitario e forte. Spesso, infatti, abituato a essere duro con se stesso, lo è anche verso l'esterno, verso gli altri, che non amano essere stimolati troppo, criticati, guidati. Anzi, spaventati da una visibile serietà che a volte può sconfinare nella monoliticità o, peggio, in momenti di lunaticità, si affretteranno ad apostrofarlo. Il nativo vede chiaro attorno a sé, non gli sfugge la realtà, mira con precisione ai propri obiettivi e sa perseguirli. Vede un po' meno chiaramente dentro di sé e rimane, a volte, vittima dei propri pessimismi, di una tendenza alla depressione.

♑

Grande lavoratore, impara quasi subito, senza spaventarsene, che nulla gli viene regalato, e che dovrà faticare per raggiungere gli scopi prefissi. È responsabile e ha senso del dovere. Cerca le sue sicurezze in una routine rassicurante, nell'abitudinarietà del gesto, e chi gli sta intorno trova tutto questo spesso monotono. Per tale ragione vi sono dei Capricorno che a un certo punto della vita si accorgono di essere rimasti isolati. Ma loro sanno procedere da soli.

Questo segno invernale, serio, essenziale copre con una corazza di durezza un tumulto di sentimenti profondi, di ansie, di insicurezze. Il suo riserbo gli può precludere spesso le soddisfazioni dell'amore, dell'amicizia, della collaborazione, ma non intacca la sua forza. Chi riesce a conoscerlo in profondità può apprezzarne le qualità. È permaloso, e può esprimere un autoritarismo non gradito a tutti. Un po' di diffidenza esiste in lui, ma questo possiede anche il potere della logica. La rigidità che lo contraddistingue non è in massima parte che autodifesa. Un segno forte e debole, soprattutto coerente e tenace. Realista lo è sempre.

Anche nel settore dell'amore ha difficoltà a esprimersi per quel suo riserbo che spesso viene scambiato per freddezza o incapacità d'amare, ma se incontra il partner che gli offre dedizione e comprensione saprà instaurare un rapporto duraturo, basato sulla lealtà e sulla sicurezza. Riversa sui figli molto amore e tanta tenerezza, e, contrariamente a quanto si crederebbe, tante coccole e attenzioni da viziarli. Concede loro più del necessario, quasi lo donasse a se stesso, ritenendosi in qualche modo carente. La famiglia assorbe molto del suo tempo e dei suoi sentimenti. Vi è spesso l'ansia di non ottemperare ai propri doveri e ogni sacrificio viene vissuto volentieri.

Per chi lo frequenta, il Capricorno può essere "profeta di sventura" ed egualmente "grillo saggio". È un introverso che molto spesso non viene compreso. Possiede una resistenza eccezionale e non solo fisicamente: sa sopportare in silenzio, con serena filosofia, con pazienza. Il severo Saturno gli offre anche un dono prezioso: la coscienza. Si può affermare che la sua lunga ascesa non implichi solo mète materiali: la sua è sì una lotta per il dominio della materia, ma ha come fine ultimo l'obiettivo di spiritualizzarla. Il segno è incline a crisi depressive, ma ai migliori tra loro questo serve da stimolo per procedere nel cammino della vita. Si notano differenze nei soggetti nati all'inizio e alla fine del segno. I primi risultano più malleabili, meno rigidi, sfiorati da un'ultima ventata d'ottimismo proveniente dal Sagittario; i secondi appaiono più ariosi, con una nota d'originalità donata loro dall'incombente segno dell'Acquario.

Molti lo definiscono arido; meglio definirlo un pragmatico all'eccesso, capace di sentimenti profondi e duraturi. Deve guardarsi dal coltivare un esagerato egoismo, un'esagerata avarizia, una smania di potere che potrebbe sfociare nel dispotismo. La mente è all'erta per trarre vantaggio dalle circostanze. La natura intellettiva è diretta all'ottenimento di fini egoistici, e la facoltà mentale di penetrazione è acuta. Esiste una rapidità naturale in questi nativi che consente loro di comprendere immediatamente i punti deboli altrui per sfruttarli a proprio vantaggio.

Il loro aspetto è simpatico, i modi sono spicci, affascinanti. Hanno il sangue freddo necessario per non perdersi facilmente d'animo nei casi d'emergenza. Solo se riescono a superare la loro timidezza possono divenire dinamici. Può emergere la loro aggressività, ma di solito è autodifesa. Anche il loro orgoglio è importante, ma sono leali e comprensivi. Se feriti nella sensibilità, emergerà tutta la loro criticità. Di solito esprimono con franchezza i loro pensieri, senza porsi il dubbio se questo potrà ferire od offendere qualcuno. Il loro senso della misura fa sì che raramente vadano in collera e di solito per questioni poco importanti. Hanno la capacità di concentrarsi e sanno esercitare molto bene l'autocontrollo. Anche se non traspare, debbono spesso sforzarsi di non ragionare solo sul filo dei loro sentimenti, sul filo dei pregiudizi; è una tendenza difficile da controllare. Se vi riescono, ne guadagna molto la loro capacità di giudizio, obiettiva e seria.

L'UOMO CAPRICORNO

La costituzione fisica dell'uomo Capricorno è buona, resistente. Questo tratto migliora ancor di più se i nativi sono attenti all'alimentazione. L'influsso psicologico è fonte di somatizzazioni; da tenere sotto controllo è la predisposizione alla malinconia, all'abbattimento che può sfociare in depressione. Amano i viaggi, lo sport, le attività sociali. Sono appassionati anche di arte. Hanno ideali molto alti e ciò può anche procurare loro delusioni che terranno chiuse dentro di sé. La loro riservatezza può arrivare a punti tali da essere confusa con l'indifferenza. Questo sarà fonte di malintesi, specialmente con le persone amate.

Nel campo delle amicizie tendono a una selezione tramite criteri intellettuali. In amore creano un loro ideale e si mostrano, poi, abbastanza esigenti con la partner. La gelosia andrebbe controllata, poiché spesso è irragionevole, altrettanto la possessività. Di solito sono riservati e poco loquaci; quando parlano, però, sanno farsi valere ben più di altri segni.

Profondo è l'amore che nutrono per i bambini. Amano la vita casalinga, la famiglia e si sottopongono a qualsiasi sacrificio per non fare mancare nulla. Per l'uomo Capricorno la scelta di un lavoro è determinante, esiste acume finanziario e abilità direttiva. Quello degli affari è uno dei campi a lui più congeniali. In commercio riesce molto bene, ed è fedele nei confronti del datore di lavoro. È fidato e sa portare a termine qualsiasi incarico venga a lui dato. Ha una notevole pazienza.

Come marito si adatta facilmente allo schema familiare. Di solito si sposa per motivi egoistici. Provvede bene alla famiglia, perché è ambizioso. Alla partner non concede eccessiva libertà d'azione, anche nelle spese. Può essere autoritario, specie in materia finanziaria. Detta legge anche nell'organizzazione domestica. Da un punto di vista sentimentale è un buon compagno, dalle passioni intense. Spesso la vita dei nativi si presenta faticosa, irta di difficoltà che tuttavia verranno superate con tenacia inflessibile e con sopportazione.

LA DONNA CAPRICORNO

La donna del Capricorno non è donna dalle facili avventure, è tendenzialmente fedele, e desiderosa di legarsi stabilmente e nel tempo. È scettica e diffidente anche in amore, e prende le sue precauzioni. Al suo compagno chiede fedeltà e senso del dovere, non perdona se viene ferita nel suo orgoglio. È una donna sulla quale si può fare affidamento anche nelle situazioni più difficili, è sempre pronta a dare aiuto, senza chiedere nulla in cambio. Un legame le deve assicurare tranquillità. Non di rado la famiglia di origine ha influenza sulle sue scelte di vita e affettive. Il suo comportamento è riservato e questo può essere scambiato per freddezza. È invece molto sensibile, capace di forti sentimenti e, se si dubita di questi, ne soffre. Sa affrontare le difficoltà con saggezza, in ogni campo. Appare, nella giovinezza, come un frutto superbo, ma acerbo, a volte acidulo, mentre acquista in dolcezza e conseguentemente in bellezza con il passare del tempo.

Tende a una serietà d'intenti e anche la sua professione, una volta scelta, sarà molto importante per lei. È autosufficiente, indipendente, orgogliosa e sicura di sé, sa sempre ciò che vuole. È poco incline agli abbandoni nella vita affettiva, al romanticismo, ai colpi di fulmine. Solo dopo aver conosciuto bene la persona amata, riuscirà ad aprirle il proprio animo, ma qualche reticenza emozionale può rimanere. Desidera un uomo socialmente elevato, brillante e ottimista, che sappia infonderle il senso di responsabilità che lei ama e teme nello stesso tempo.

Spesso è ottima collaboratrice anche nel lavoro con il marito. È diffidente, gelosa, teme di essere ingannata, è possessiva. Non si sposa in età giovanile, ma con qualche anno in più. Nella donna Capricorno vi è grande senso di responsabilità affettiva, anche eccessiva a volte, nei confronti del compagno, sotto tutti i punti di vista. È quasi troppo protettiva con i figli e spesso diviene la madre-chioccia, che con fili sottili impedisce ai figli di allontanarsi troppo. Ama sentirsi utile e indispensabile, ma ciò può anche creare qualche problema, a seconda del carattere dei suoi familiari. A volte si dimostra egocentrica e permalosa, ambiziosa e capricciosa. In altre occasioni può essere vittima di complessi d'inferiorità e, come il suo compagno di segno, può soffrire di depressioni improvvise. Se viene frustrata nelle sue ambizioni può divenire invidiosa e intollerante. Anche se è timida, non ama non essere al centro dell'attenzione. Sa essere furba, sa vendicarsi in maniera sottile. Appare distaccata in amore, a volte impacciata. Può atteggiarsi a moralista intransigente, perché tende a esasperare le proprie ragioni anche negli affetti e non sembra certo disponibile al colloquio e al perdono. Ha molto bisogno di venire rassicurata.

Ama il denaro, tanto che a volte viene giudicata avara. Il senso di economia è quasi esasperato anche dalla sua incapacità a riconoscere i propri difetti. Ama il lavoro e vi si applica con molta serietà. Le sue leve sono l'ambizione e l'orgoglio. È perseverante in ogni cosa che intraprende, ma le piace anche divertirsi in compagnia. Persegue di solito obiettivi realizzabili, la sua è una natura pratica. È riservata, ha sentimenti profondi. Nelle amicizie è leale e fedele, e soffre per eventuali delusioni. Non è mai invadente, ma ci tiene molto a rendersi utile. Anche se non è passionale, sa arrendersi alle gioie d'amore, perché in fondo ha un grande bisogno d'affetto e di tenerezza. Con i figli sa dimostrarsi severa, ma giusta.

IL BAMBINO CAPRICORNO

Il piccolo Capricorno è tranquillo, un po' chiuso; si fa guidare senza resistenze. Ha bisogno di un ambiente familiare sicuro e sereno perché le sue qualità possano svilupparsi e affiorare. La famiglia deve dargli calore e sicurezze. Tende a isolarsi, anche nel gioco, ma è solo in attesa che gli si vada incontro. Tuttavia non cerca contatti. Occorre stimolarlo nella ricerca di amicizie. Bisogna anche fare attenzione alle sue abitudini, dato che una volta prese, difficilmente riesce ad abbandonarle.

La sua ostinazione va guidata, potrebbe svilupparsi troppo, va fatto ragionare il più possibile, facendo appello ai suoi sentimenti. Bisogna cercare di metterlo a suo agio, per impedire che si sviluppi eccessivamente quella sua innata timidezza. È un bambino riflessivo, taciturno che necessita di molta tenerezza. Sebbene esegua i suoi studi con serietà, va comunque stimolato; imparerà così presto e bene la disciplina. L'importante è ritagliare giustamente le sue ore di svago: lo sport può essere un ottimo incentivo per le sue forti energie e per fargli vivere una sana competizione.

I piccoli Capricorno sono possessivi, va perciò dosato l'attaccamento che dimostrano specie verso la madre. Molto importante per loro è anche la figura paterna, che prendono ad esempio, che temono e amano. Hanno grande emotività e suscettibilità, bisogna evitare di umiliarli, ma occorre farli ragionare su tutto. Creare attorno a loro un'atmosfera serena, allegra, sicura è il miglior modo per educarli. Rispettare molto i loro ritmi è altrettanto importante, tenendo conto che sono più abitudinari di altri bambini. Il gioco è uno dei sistemi educativi più validi.

IL CAPRICORNO E L'AMORE

Con il segno del Capricorno è di prammatica usare la serietà per introdurre l'argomento amore. Lo si potrebbe sintetizzare come segue: paura? freddezza? rigidità? I punti interrogativi stanno a confermare che esistono due tipi di analisi: superficiale e profonda. Nel profondo del Capricorno bruciano fuochi inespressi o bloccati. Sta di fatto che i nativi si avvicinano con diffidenza e timore ai sentimenti. La diffidenza non è tanto estesa alla persona che sta vicino a loro e che suscita inconsciamente una rivoluzione interiore, quanto al loro timore di lasciarsi andare a qualcosa che è indefinibile, non razionale, un qualcosa che non riescono a inquadrare nei soliti schemi. In pratica, temono di essere travolti dalle sensazioni, dalle emozioni; vogliono gestire sentimenti e situazioni in prima persona, e questo costa loro spesso l'appellativo di freddi, di insensibili. Ma l'amore è un sentimento che non si può trattare con distacco, con irrigidimenti mentali e talvolta lo scotto da pagare è troppo alto. La pena che scontano è la solitudine e il rimpianto.

Non si può dire che essi non siano ricercati, corteggiati. Tuttavia, dopo un po' di tempo i loro partner si sentono come se la loro passione avesse urtato contro un iceberg. Eppure i nativi del Capricorno non sono così; restano immobili sperando segretamente che il compagno non desista, che li comprenda (anche senza appigli apparenti) e che li condivida. A volte chiedono troppo: abituati a una certa severità verso se stessi, ritengono che vada usata anche verso gli altri.

Si potrebbe anche pensare che, con tale comportamento, tentino di operare una scelta inconscia: sarà il partner più paziente, più tenace, più innamorato, quello che riuscirà a scalare la vetta della torre d'avorio. Compiuto questo gesto, comunque, il compagno di vita avrà dato le garanzie necessarie e potrà fruire di sentimenti stabili da parte dei nativi, di serietà, di sicurezza, di fedeltà.

Analizzando i soggetti più in profondità, si può scoprire che anche il loro atteggiamento superficialmente rigido e severo, è la chiave per non perdere il potere sugli altri, sulle situazioni. A ciò si accompagna spesso un certo egocentrismo. Se però essi riescono a trovare un partner che dia garanzie di coerenza, di stabilità, di trasparenza interiore, ecco che in loro scatta qualcosa: quel calore che esiste dentro di loro fluirà all'esterno.

Ai nativi non piace far sapere che sono gelosi e possessivi, eppure essi lo sono. Risulta dunque difficile la scelta del partner; spesso saranno costretti a una solitudine non voluta. È una solitudine interiore, poiché quella fisica diviene talvolta una scelta di vita per loro. Dalla donna Capricorno traspare un fascino particolare, quasi misterioso nella sua impenetrabilità, un'austerità che copre la ricerca della tenerezza, ma anche della sicurezza, poiché esiste una certa fragilità di fondo.

Hanno stile, ricercano consciamente la tranquillità di vita, e inconsciamente qualcosa che li incuriosisca e che proponga stimoli nuovi. Così, sovente, capita che si dedichino a un compagno che non merita tutto quello che essi hanno da dare. Cercano qualcuno con cui vivere il loro lato irrazionale che esiste e cova sotto la cenere. L'essere tesi tra ciò che vorrebbero e ciò che non ammettono può renderli molto vulnerabili.

Spesso si osservano unioni tra Capricorno e Cancro: i due segni sono opposti nello zodiaco, e proprio per questo si attraggono. Ognuno cerca nell'altro ciò di cui è carente e, se l'amalgama ha successo, i due segni riescono a vivere un'unione ricca. Proprio nel campo degli affetti questo segno va trattato con molta pazienza e tenerezza, aiutandolo a esprimere i suoi sentimenti repressi: il Capricorno ve ne sarà sicuramente grato.

IL CAPRICORNO E IL LAVORO

I nativi rispettano il lavoro altrui e ciò consente loro di intraprendere una professione in società o in collaborazione. Possiedono la virtù del risparmio, che a volte diviene avarizia, ma di solito con la sola parsimonia sanno costruirsi piccole fortune. Possono contare anche su abilità relative alla gestione di investimenti, specie in beni immobili, azioni, buoni del tesoro. Devono tuttavia controllare la loro innata tendenza a speculare. Soprattutto nella seconda metà della vita, le possibilità finanziarie divengono buone.

Per il Capricorno il lavoro è impegno, razionalità e organizzazione. Egli tende a gestire autonomamente l'attività, senza dover rendere conto ad alcuno, ed è un severo giudice di se stesso. Non ammette disordine, irresponsabilità e stupidità. Le professioni adatte al segno sono quelle che riguardano la gestione e l'organizzazione aziendale, la ricerca scientifica, la politica, il commercio d'arte e la medicina.

IL CAPRICORNO E LA SALUTE

a) I punti deboli del Capricorno – Anche questo segno forte ha i suoi punti deboli che sono lo scheletro e le ossa. La resistenza dello scheletro agli attacchi del tempo è simile però alla resistenza fisica dei nativi di questo ciclo stagionale che, pur essendo a volte gracili, specie nell'infanzia, mano a mano che avanzano negli anni divengono sempre più robusti e resistenti raggiungendo spesso la longevità. I mali più frequenti in questo segno sono fratture ossee, lesioni, slogature, specie nella zona delle ginocchia. Può verificarsi la formazione di sinoviti, borsiti di tipo acuto o cronico. Sono molto sensibili all'umidità, e questo predispone ai reumatismi e alle artriti soprattutto se anche la Luna si trova nel segno. Un altro punto debole sono i denti: spesso occorre sostituirli con una protesi. Nella giovinezza un punto debole è la pelle: foruncoli, acne dovuti spesso a somatizzazione e a insicurezze di fondo.

Il sale oligominerale legato al segno del Capricorno è il fosfato di calcio, la cui funzione nell'organismo è quella di utilizzare l'albumina per conservare e sviluppare le ossa. È un componente della saliva e dei succhi gastrici. Quando esiste una carenza leggera di questo sale, vi sono difficoltà ad assimilare gli elementi più utili del cibo, si ha acidità durante la digestione, nel pomeriggio si ha una fame intensa, si dorme male. Quando la carenza è più importante, l'albumina inutilizzata viene eliminata attraverso i reni, causando disturbi cutanei, i denti si cariano, vi è rigidità nei muscoli del collo, si hanno dolori reumatici alle ginocchia. Le fonti alimentare cui si può attingere per trovare questo sale oligominerale sono: spinaci, lenticchie, fagioli, sedano, mandorle, cetrioli, tuorlo d'uovo, pane integrale, fragole, prugne, susine, mirtilli, infuso di equiseto.

b) La dieta del Capricorno – Le native e i nativi di questo segno dovrebbero riflettere prima di consumare cibi molto speziati o con intingoli che possono offendere il loro delicato sistema digestivo. Spesso si può riscontrare come la formazione e il deflusso della bile siano lenti: non affrontate dunque pasti pesanti. Anche l'eliminazione è più lenta; per ovviare bevete acqua tra i pasti, e non durante i pasti.

La dieta dei nativi Capricorno dovrebbe includere una quantità equilibrata di proteine (carni bianche, legumi, formaggio di capra, cereali integrali, verdura e frutta cruda). Il sale oligominerale del Capricorno, il fosfato di calcio, aiuta l'organismo a utilizzare l'albumina (di cui le uova, le carni ecc. sono ricche), e contiene la maggior parte degli amminoacidi essenziali. A questo proposito ogni tanto sarebbe bene raccogliere i mirtilli nei boschi, frutti che si confanno a questo segno.

LA PIETRA DEL CAPRICORNO: L'ONICE

L'onice è un biossido di silicio. Il suo colore è nero translucido. Questa pietra è utilizzata per fabbricare rosari, perché l'onice sa infondere modestia e pensieri elevati. Inoltre, combatte le negatività, porta equilibrio e serenità, ed è indicato per risolvere problemi familiari. Per quanto riguarda la salute, combatte la perdita dei capelli, rafforza il pancreas e l'udito, aiuta contro i disturbi della tiroide e rimargina le ferite.

IL PIANETA DOMINANTE: SATURNO

Saturno è il terzo pianeta esterno, la sua distanza dal Sole è di circa 1428 milioni di chilometri. Ha tre anelli concentrici nebulosi che lo circondano sul piano equatoriale, e si ritiene siano composti di ghiaccio e neve. Di Saturno si conoscono dieci satelliti. Il maggiore ha nome Titano.

È il principio del destino e della coscienza. È il simbolo delle prove che ognuno di noi deve affrontare. La sua azione è restrittiva, a volte castrante sul piano psicologico. È rappresentato come il vecchio curvo, con in mano la falce. Ma Saturno è anche saggezza, maturità, razionalità, misura, freddezza nel comportamento, solitudine che ognuno vive, sacrificio, grandi prove esistenziali, conquista lenta e sofferta.

La sua posizione prima e i transiti poi sono importanti in un quadro natale, anzitutto perché segnano le tappe incisive della vita, appuntamenti fissi che bisognerebbe saper riconoscere per bene intendere. La sua orbita è di circa ventinove anni. Tra i ventisette anni e i trentadue si subisce il primo passaggio importante di Saturno; conviene usare il verbo subire, poiché il passaggio spesso coglie impreparati, e si reagisce in modo errato alla prima grossa prova che la vita presenta (questo può avvenire su livelli differenti). In questo modo si commette qualche errore di ricezione e i primi passi nell'incombente maturità possono condizionare l'evoluzione futura.

Il pianeta esprime anche la sterilità e l'impotenza sia sul piano fisico che psicologico, la mancanza di energie vitali. È l'astro freddo, impietoso: splende di luce bianca che toglie le illusioni, le certezze, le cose acquisite insegnando la rinuncia; esso spoglia e riconduce all'essenza originaria. È il pianeta che rafforza la ragione, la logica, il concreto. In particolare, aspetti di Saturno con la Luna o con Giove possono produrre, a volte, stati di bulimia, cioè un bisogno passivo d'amore in generale, materno in particolare, e questo attiva la necessità di assumere cibo all'eccesso, di vivere senza regole; per contro, può produrre anoressia dove esiste un bisogno attivo di figura materna. Non si mangia più se non è la madre o un surrogato di madre a offrire il cibo di vita. In questo caso, si può giungere anche a punte pericolose, Saturno crea disperazione, insensibilità, ascetismo, scetticismo. Saturno è pianeta di Terra, è anche governatore "notturno" del segno dell'Acquario. Esistono governatori "diurni" e governatori "notturni". Il che significa che il governatore "diurno" conferisce un'impronta d'estroversione alle qualità e ai difetti del soggetto, mentre il governatore "notturno", senza nulla togliere alle qualità, le interiorizza e ne fa delle doti nascoste.

Saturno rappresenta il concetto di cristallizzazione, condensazione, di cronicizzazione. È anche la saggezza, la vecchiaia, la misura, la censura, il controllo. Tutto quello che giunge attraverso Saturno, giunge con molta fatica, con sacrifici e rinunce. Avere un Saturno importante nel proprio tema di nascita, significa avere una croce da portare, ma anche poter raggiungere vertici di crescita spirituale non comune. Esso dona infatti maturità attraverso le prove e le sofferenze. Dona, nella senescenza, la serenità. Sul piano sociale rappresenta la figura del padre, dell'istitutore severo, del vecchio maestro, dell'eremita. Chi porta Saturno nel tema con aspetti importanti tende a soffocare i sentimenti, a programmare molto, ad essere severo con se stesso e con gli altri, a isolarsi, talvolta a scegliere il celibato.

IL SIGNIFICATO DEI PIANETI NEL SEGNO

☉ ***Sole:*** egocentrismo. Forte volontà. Capacità di aspettare a lungo per realizzare gli obiettivi.

☾ ***Luna:*** natura taciturna e riflessiva.

☿ ***Mercurio:*** capacità di concentrazione. Furbizia. Predisposizione alla matematica.

♀ ***Venere:*** prevalenza della ragione sul sentimento. Unioni di convenienza.

♂ ***Marte:*** senso di responsabilità. Orgoglio. Lotta per il benessere dei figli.

♃ ***Giove:*** spirito organizzativo. Giudizio equilibrato. Severità.

♄ ***Saturno:*** perfezione e rettitudine morale.

♅ ***Urano:*** ostinazione e rifiuto dei cambiamenti.

♆ ***Nettuno:*** imprevedibilità. Mancanza di senso pratico.

♇ ***Plutone:*** introversione accentuata. Senso politico.

LE DECADI DEL CAPRICORNO

Se siete nati nei giorni compresi tra il 22 e il 31 dicembre: il pianeta personale è Saturno. Il soggetto è selettivo, pochi amici ma sinceri! Si sa che Saturno è restrittivo nei suoi influssi e crea un carattere conservatore al massimo, con chiusure non indifferenti e introversione. Mette in risalto la stabilità in tutto, la resistenza, la tenacia e la perseveranza. I nativi possono influenzare positivamente la loro situazione economica con investimenti oculati e con il risparmio. La natura dei nativi è paziente, esiste molta fermezza di propositi.

Se siete nati nei giorni compresi tra il 1° e il 10 gennaio: il pianeta personale è Venere che inclina alla dolcezza, alle arti, alla bellezza. Il portamento di questi nativi è fiero e gradevole; il carattere indica costanza e perseveranza. Sviluppa allegria e facoltà idealistiche, artistiche e musicali, presiede alle emozioni e agli affetti. Il pianeta di base del segno, Saturno, influisce su Venere facendo vivere spesso in modo frustrante i sentimenti e l'amore. I veri sentimenti interiori possono rimanere nascosti o essere censurati. In questi nativi si riscontra grande fermezza e forza di volontà.

Se siete nati nei giorni compresi tra l'11 e il 20 gennaio: il pianeta personale è Mercurio che conferisce raziocinio e rafforza l'intelletto; dà però anche instabilità di fondo. Mercurio controlla il cervello e il sistema nervoso, lo rende fragile in questa posizione, in comunanza con Saturno. Presiede alle attività commerciali e i nativi avranno inclinazioni in questo senso.

IL CAPRICORNO E I SUOI ASCENDENTI

Capricorno asc. Ariete

Le doti del nativo del Capricorno, tra cui la praticità, il senso del dovere e la tenacia, sono amalgamati alla volontà dell'Ascendente Ariete, i cui impulsi determinano una spinta interiore positiva. Molti interessi animano questa combinazione piacevole che moltiplica le possibilità di realizzazione.

Capricorno asc. Toro

Questa combinazione forma un carattere deciso e consapevole delle proprie capacità. Si rafforza la praticità, la serietà lavorativa, ma esiste più fragilità di fronte alle piccole contrarietà quotidiane. Le capacità rendono forte il soggetto che sul piano materiale si sente sicuro, un po' meno nella propria interiorità. Le ansie si allargano nel tema affettivo di questi nativi che, un po' per timidezza, un po' per l'asprezza del carattere, stentano a trovare l'anima gemella.

Capricorno asc. Gemelli

Un po' dispersiva questa combinazione che tarda a realizzare tutte le idee che ha. Questo irrita il soggetto stesso, che si attarda e si perde nell'astratto invece di passare all'azione. Emerge una componente tradizionalista, la componente che contiene gli ideali; vi è meno interesse per i beni materiali. I nativi sono tesi al successo, vorrebbero tutto e subito, ma devono adeguarsi ai tempi della vita. Più problemi affiorano nel campo affettivo, dove un certo egoismo rende difficile legare a sé la persona amata.

Capricorno asc. Cancro

La combinazione forma una personalità abbastanza concreta, che tende alla realizzazione in ogni settore della vita. La famiglia attrae il nativo; c'è molta emotività, ma è il soggetto medesimo a negare i sogni a se stesso. Può esistere equilibrio in questa personalità, che risulta interessante, e si dimostra responsabile soprattutto nelle questioni sentimentali. Questo renderà agevole il cammino sentimentale e i legami possono risultare armoniosi.

Capricorno asc. Leone

Una personalità inquieta che si mette continuamente alla prova e che non si lascia molto adulare. Ha bisogno di prove concrete, che ricerca nelle proprie azioni e nel risultato di queste. Aumenta il desiderio di potere e di dominio sugli altri e sulle cose, che viene dimostrato con la scalata al successo e con il tentativo di dominare anche le vicende sentimentali, dove può esservi meno fortuna.

Capricorno asc. Vergine

Personalità seria, critica, realizzatrice. Riesce, anche se con fatica e lentezza, a costruirsi scopi di vita e a perseguirli. Forte il senso di coerenza, mentre gli atteggiamenti in amore non sono consoni a quanto viene vissuto interiormente. Il soggetto si autoreprime nei sentimenti; esistono chiusure e difficoltà d'espressione. Questo crea crisi nei rapporti e può dar luogo a separazioni.

Capricorno asc. Bilancia

La personalità risulta affascinante, vigile e diplomatica; i sentimenti sono nobili; l'emotività è controllata, e vi è rapidità mentale e chiarezza di idee. La realtà non è mai persa di vista. È un buon amalgama da cui possono scaturire buoni risultati nella vita sociale. Insieme riescono a costruire e hanno gli stessi scopi. Se la Bilancia è in grado di frenare la propria mobilità, anche la vita privata può portare soddisfazione e amore.

Capricorno asc. Scorpione

La personalità esteriore dà l'impressione d'inaccessibilità, di sicurezza, di fermezza. Interiormente, invece, esistono molte insicurezze, superabili solo con una maturità profonda. La vita interiore è complessa come la psicologia del nativo, e non è facile vivere accanto a questa personalità. Lo si può fare annullando in qualche modo la propria.

Capricorno asc. Sagittario

Le capacità mentali acquistano in agilità e rapidità. I sentimenti verso l'esterno, verso gli altri acquistano in solidità e sincerità, vi è più senso umanitario. La sensibilità aumenta, e ne fa una personalità accessibile e piena di umanità. L'egoismo si scioglie al sole della generosità, le amicizie vengono vissute con intensità e aumenta la disponibilità di questo nativo. Può vivere l'amore in maggior libertà, qualche ostacolo può incontrarlo nei legami.

Capricorno asc. Capricorno

È una personalità che esprime molta forza e anche durezza. La volontà riesce a piegare il sentimento. Aumenta l'introversione, il rimuginamento, il tentativo di isolarsi. Teso completamente ai propri scopi, gli rimane poco tempo da dedicare ai sentimenti, e la sua vita emotiva risulta molto bloccata. Anche la vita affettiva incontra delle spigolosità, ma soprattutto per il desiderio del nativo di dominare ogni cosa, persone e situazioni.

Capricorno asc. Acquario

L'Aria dell'Acquario aiuta il segno di Terra a liberarsi delle pastoie materiali che lo isolano. Ne acquisterà in fantasia, idee, progettazione. I principi non sono più così ferrei e alleggeriscono un'interiorità solitamente chiusa e censurata. Emergono fili di genialità che uniti alla tenacia possono portare a grandi opere sociali. Molto importanti risultano l'amicizia e le conoscenze che possono aiutare il nativo nella scalata al successo. Meno fortunata la vita sentimentale che appare frammentaria, incerta, non proprio interessante.

Capricorno asc. Pesci

In questa combinazione manca la forte ambizione del Capricorno. Tuttavia ciò non esclude uno sviluppo intellettuale profondo. La vita viene vissuta con una filosofia diversa e più accessibile e qualche dubbio s'insinua nelle forti sicurezze del Capricorno. I sentimenti vengono quasi sublimati nella ricerca del successo e della vittoria in campo sociale e degli affari, e ciò, a volte, anche a discapito della sfera sentimentale.

LA SINTONIA CON GLI ALTRI SEGNI

Capricorno/Ariete

Non si amalgamano molto bene i due segni, dato che l'Ariete va più di fretta e non ha intenzione di attendere i tempi capricorniani. L'Ariete si getta nell'avventura senza riflettere, il Capricorno riflette anche troppo.

Non è un'ottima combinazione. Qualche punto di compatibilità lo si può trovare nell'affiatamento fisico, ma dal punto di vista caratteriale e sentimentale sono un po' discordi.

Capricorno/Toro

Dipende dal Toro fare andare in porto la combinazione. Il compagno gli appare un po' freddino e senza entusiasmi: solo una grande comprensione e tanto affetto possono sciogliere i ghiacci del Capricorno. Ci vuole in entrambi tolleranza, solo in questo caso l'unione può riuscire abbastanza bene. Bisogna vedere fin dove arriva la dolcezza di Venere, il pianeta governatore del Toro.

Capricorno/Gemelli

Non si può considerare come unione ideale, dato che le similitudini quasi non esistono. I Gemelli non sono certo tipi pazienti né metodici, il compagno lo è. La lunga realizzazione dei progetti del Capricorno spazientisce il compagno che a sua volta, sconcerta l'altro con i suoi atteggiamenti. I Gemelli dovrebbero rallentare il passo, ma non possono farlo caratterialmente. Per troppo poco tempo potrebbe esistere un accordo e l'unione non si può certo dire delle più riuscite.

Capricorno/Cancro

Pur essendo l'uno opposto all'altro, sono due segni che possono coesistere perché sono interscambiabili come caratteristiche. La dolcezza del Cancro è una consolazione per il Capricorno, come anche la sua dedizione alla casa e alla famiglia. Il Capricorno dà invece garanzie di solidità e di riuscita e ciò piace al Cancro. Risulta interessante il legame tra questi due segni opposti: si odiano e si amano; si lasciano e si cercano. Si può, dunque, definire una relazione riuscita.

Capricorno/Leone

Sono due segni un po' agli antipodi. Il Capricorno ammira il fiero Leone, ma da lontano, dato che quest'ultimo ama troppo la vita fuori casa, la società, le luci della ribalta. Ciò potrebbe scatenare la diffidenza del compagno. Anche il Leone tende ad agire prima di riflettere, non è vendicativo, mentre il Capricorno riflette molto ed è vendicativo. È un'unione che potrebbe finire in un rapporto un po' glaciale.

Capricorno/Vergine

Lo stesso elemento, la Terra, rende simili questi due segni e anche compatibili. Si potrebbero perdonare a vicenda i difetti e ritrovarsi d'accordo sui pregi. Esiste un orgoglio comune che aumenta la comprensione tra i due, ed entrambi hanno spesso bisogno di una spalla su cui piangere. Sarebbe un'utile società d'affari, nell'ambito del lavoro, la collaborazione risulterebbe proficua. Sono due segni complementari, che possono comprendersi, vivere assieme e lavorare assieme; possono essere di sostegno uno all'altro.

Capricorno/Bilancia

Alla Bilancia piace il Capricorno e può cercare di conquistarlo, mentre l'altro viene affascinato dalla dolcezza e dalla raffinatezza del compagno. Tuttavia sarebbe la Bilancia a stufarsi presto per la rigidità del Capricorno e per la sua monoliticità. Non si accordano neppure sul campo sessuale, dato che il Capricorno ha idee più liberali sul sesso, ma prima del matrimonio, mentre la Bilancia la pensa al contrario. Ci vuole pazienza da entrambe le parti per far funzionare questa unione.

Capricorno/Scorpione

Troppa ostinazione da entrambe le parti non dà buoni auspici per una vita a due serena. Lo Scorpione sa ferire quando è irritato e dall'altra parte si ritroverebbe un muro sul quale il suo pungiglione non avrebbe presa. Quanto può durare tutto questo? Entrambi sono indisponenti quando sono irritati. L'unione richiede posizioni differenti per riuscire. In ogni modo, è bene che i due segni riflettano molto prima di intraprendere una vita di coppia, dato che, pur trovandosi d'accordo sull'attrazione fisica, il rapporto potrebbe non durare molto.

Capricorno/Sagittario

Questi due segni sono giudicabili opposti: uno è libero, aperto, ottimista, allegro; l'altro è pieno di restrizioni, soprattutto mentali, sospettoso, pessimista. Il Sagittario, dopo qualche prova, si arrenderebbe alle chiusure del Capricorno e si stancherebbe. Solo se il Sagittario sacrifica la propria libertà per amore, l'unione può contemplare più di una possibilità di riuscita.

Capricorno/Capricorno

I due segni sono molto simili e compatibili. Entrambi hanno le stesse aspirazioni e le qualità per realizzarle. I difetti dell'altro verrebbero capiti. Entrambi hanno l'energia necessaria per superare gli ostacoli della vita e questo aiuta a cementare il rapporto a due. L'unione è consigliata anche perché potrebbe portare successo sul piano collaborativo e pratico. Sono due soggetti che lavorano per lo stesso scopo.

Capricorno/Acquario

Sono due posizioni non facili da analizzare. Il Capricorno fa fatica a tener dietro all'agile Acquario, che ha per casa il mondo. Quest'ultimo si rivelerebbe troppo assente e troppo mobile per il compagno, mentre l'Acquario non sopporta le restrizioni impostegli, le limitazioni di nessun genere, e finirebbe con il fuggire questo tipo di rapporto. Lascia perplessi tale combinazione, e non dà numerose garanzie di riuscita, o quantomeno di durata.

Capricorno/Pesci

Il Capricorno apprezza l'affettuosità e la comprensione dei Pesci, che potrebbero trarre benefici e sicurezza dalla metodicità accentuata del compagno. Le personalità sono compatibili e le tendenze sociali simili. I Pesci ammirano la praticità e la determinazione del Capricorno, che loro non possiedono, mentre il partner, dal canto suo, è in grado di proporre il proprio appoggio e di dirigere il rapporto. L'unione potrebbe risultare veramente felice.

Acquario

SIMBOLOGIA, MITO E LEGGENDA

Il simbolo grafico (♒) dell'Acquario, in astrologia, è un geroglifico egiziano che rappresenta l'acqua. Nella consueta iconografia l'Acquario è raffigurato come un uomo che porta due anfore inclinate dalle quali scende verso la terra un fiotto d'acqua. È un'immagine che simboleggia i concetti di benedizione e protezione.

I Greci identificarono nella costellazione dell'Acquario Cecrope, divinità venerata ad Atene, come animale sacro nato dalla dea Terra. Secondo un altro mito, l'undicesimo segno dello zodiaco non sarebbe che una raffigurazione di Zeus, che versa l'acqua dalla sua giara per rendere fecondi i semi della vita sepolti nel grembo terrestre.

ANALISI DEL SEGNO

Il tempo che va all'incirca dal 21 gennaio al 18 febbraio, delimita un periodo dell'anno in cui, ancora, impera l'inverno, ma le giornate cominciano ad allungarsi. È in questa stagione che nascono la donna e l'uomo dell'Acquario. Anche il segno dell'Acquario fa sue queste percezioni; è un segno in cui i desideri sono proiettati verso un futuro nuovo e migliore, un segno aperto all'amicizia e alla collaborazione. L'Acquario non ha le doti di costanza e di pazienza, la rassegnazione che possiede il Capricorno, anzi, il suo progettare e realizzare con criteri tutti personali può apparire, dall'esterno, come un agire spesso convulso, non organizzato, ma non è così; sono i suoi metodi di applicazione a essere diversi.

Non ricerca la solitudine, ma il rapporto umano, l'amicizia. Si sbizzarrisce con la fantasia, sa avvicinarsi al mondo dello spirito con la giusta sensibilità. Infatti, in questo segno, nascono spesso filosofi, pensatori, musicisti. Sia in grande stile che su scala limitata, a seconda dell'evoluzione personale, l'Acquario inventa, crea. Sa guardare davanti a sé senza cancellare il passato. Anzi, a volte, precede fin troppo i tempi, rischiando in tal modo di essere mal compreso e male accettato. Non è che lui se ne preoccupi molto e continua ad andare per la sua strada. Possiede infatti il coraggio di sperimentare sul piano pratico le proprie teorie, anche quelle ardimentose. Ama l'originalità, la sensazione che crea esperienze diverse, l'improvvisazione, tutto ciò che ha a che vedere con le novità del momento, le scoperte recenti, la vita nel sociale, il cameratismo.

La routine, il vivere convenzionale, l'attaccamento alle tradizioni non fanno per lui. Fugge la monotonia, le lungaggini, ciò che sa di stantìo. Ma soprattutto non sopporta persone o situazioni che possono porre, direttamente o indirettamente, limiti alla sua libertà, intesa nel senso più ampio del termine. La personalità è affascinante, trascinante. Con le sfaccettature che presenta deve evitare di cadere in un certo dilettantismo per ricercare un approfondimento dei temi che gli si confanno. Occupato per la maggior parte del suo tempo a tuffarsi nei propri sogni e progetti, può essere definito, con un giudizio estemporaneo, dispersivo o pigro. Non è proprio così, anche qui come nell'ambito del lavoro applica solo sistemi diversi dai soliti. Può apparire fermo per giorni, muoversi all'improvviso e realizzare progetti che ad altri costerebbero un tempo doppio d'esecuzione.

Il suo modo d'amare è particolare, è più universale che individuale, il nativo sa donare a ognuno qualcosa di sé. Ha l'animo dell'artista; può sentirsi spesso incompreso, frainteso! Sa non annoiarsi mai, neppure in solitudine. Spesso lo si può definire geniale, quando riesce a fare buon uso del proprio estro e della propria fantasia. Anche il campo affettivo-sentimentale è motivo di riflessione per lui. Ha un'istintiva riluttanza verso legami stretti e duraturi o soffocanti, opta per unioni più libere. Sa introdurre un certo cameratismo anche nei rapporti amorosi. La sua è una coscienza di gruppo; per lui l'individuale diventa universale. Sa mantenere l'autocoscienza pur perdendo l'individualità per il bene comune.

Il simbolo dell'Acquario è un portatore d'acqua, emblema della fonte di vita, della conoscenza, della spiritualità. Abbandonare la propria sicurezza per cercare il mondo: questa può essere la bandiera del segno. È estroso, curioso, teso a risolvere ogni problema con spirito di solidarietà, preferisce di solito i settori scientifici e tecnici. La sua intelligenza è intuitiva e deduttiva, pecca a volte d'incostanza. La memoria dell'Acquario è ottima, la capacità d'apprendimento è alta, anche se poi i nativi non mettono in pratica quanto imparato. Vi è in questo segno una tendenza a classificare ogni nuovo stimolo che viene dall'esterno. Deve forse apprendere a memorizzare meglio le proprie idee e a dar loro maggior valore.

In fondo è un grande idealista, con una natura complessa, e desidera affermare la propria indipendenza con volontà originale, contraddittoria. Non si sottomette alla volontà altrui e si distoglie dai sentieri battuti. Come avviene per altri segni, anche in questo si trovano sfumature caratteriali differenti, a seconda che un soggetto sia nato all'inizio o alla fine del segno: i primi risentono dei valori saturnini del segno precedente, il Capricorno, e sono più inibiti, più distaccati, più saggi. Pericoloso è il loro idealismo che può portarli a vivere al di fuori degli schemi. Il secondo tipo ha, invece, valori disinibiti nel proprio quadro. Ostenta quasi un'eccentricità a ogni livello. Esistono poi anche i tipi misti.

I nativi non amano la meschinità, sanno criticare, ma non sanno applicare molto bene la critica a se stessi. Il loro coraggio, a volte, sfiora la temerarietà. Sono molto ambiziosi, si dimostrano caparbi nel perseguimento dei propri interessi. Sono sognatori e riescono a trasformare in realtà molti dei loro sogni. Quando sono di pessimo umore vige un'unica regola: lasciarli in solitudine. In questo modo attiveranno le risorse personali per ritornare, poco dopo, sereni e sorridenti. Non bisogna insistere in discussioni che non riescono ad accettare, non si fa che peggiorare la situazione. Dato che si rivelano tra le persone più simpatiche e premurose, è molto difficile, a ogni modo, riuscire a litigare con loro.

L'UOMO ACQUARIO

La costituzione fisica dell'uomo Acquario non è generalmente molto robusta, ma varia, naturalmente, a seconda dell'Ascendente. Il nativo è attraente, è un buon conversatore, intelligente e dinamico. Vive da entusiasta, anche se tende a una pianificazione delle cose. È onesto, libero, energico, crede profondamente nel proprio lavoro. La sua grande intuizione lo porta a interessarsi a tutto quello che è avanguardia. È sempre molto informato e tende sempre ad aiutare gli altri. Può essere incostante, e allora si muove seguendo il proprio capriccio e i propri istinti, a volte in modo molto nervoso e stravagante.

Dimostra un certo egoismo, e dimentica facilmente chi non lo interessa e non lo stimola mentalmente. Spera sempre in nuove esperienze, è immemore di promesse e dimentico di affetti. Si potrebbe dire che abbia una personalità a sé, molto particolare. Tanti lo trovano irritante, altri divertente, ma in tutti i casi ha sempre qualcosa di straordinario.

Gli uomini di questo segno sono un po' pigri per natura e preferiscono gli sport che non obblighino alla fatica. Per loro è molto importante curare l'alimentazione e la dieta, non meno il modo di organizzare i pasti. Apprezzano l'arte, i divertimenti, le compagnie, soprattutto i viaggi, la musica e la natura. I viaggi, in particolare, offrono uno sfogo alla loro natura avventurosa e sempre in cerca di stimoli, ampliandone al tempo stesso la cultura.

L'approccio con un legame serio e responsabile li rende sfuggenti e perplessi. Sono tuttavia consapevoli dei propri principi morali. L'uraniano Acquario rispetta la donna, ne apprezza la femminilità. Per lui l'amicizia sentimentale non è un eufemismo, ma una realtà. Le proposte amorose sono fatte con amichevole simpatia. Raramente si sente leso nel suo orgoglio di maschio se gli si rifiuta qualcosa. Il suo profondo rispetto per la libertà si esprime anche in questo. È poco passionale, ma è affettuoso anche nel rapporto occasionale.

Non ha riserve mentali, invece, con la sua compagna, e lei può anche innamorarsi di un altro: potrà parlarne con lui e chiedergli consiglio. Lui soffrirà, ma non lo dirà. Di fronte alla gelosia si comporta con altruismo generoso e comprensione. Certo, esiste anche il rovescio della medaglia: non si può chiedere a un uomo tanto libero da pregiudizi di essere anche monogamo. Le sue infedeltà, però, non offendono, sono soprattutto scambi di umanità, desiderio di conoscenza. Possono anche essere meno frequenti di quanto si pensa. Se la compagna è abile al punto da lasciargli la sensazione di essere libero come e quando gli pare, è più facile che se ne stia tranquillo e sereno nel suo nido. Nelle vesti di padri di famiglia i nativi mantengono un atteggiamento di olimpico distacco, non ci tengono a interferire nella vita dei propri figli. Si sentono impreparati a tale missione, tuttavia, nel tempo dimostrano grande affetto.

LA DONNA ACQUARIO

La donna Acquario è di solito affascinante. In lei si trova una fusione di diverse tipologie che la rendono sempre nuova e che non ci permettono di conoscerla mai completamente. Può così esprimere caratteristiche diverse in tempi diversi, il che è naturalmente stimolante, o, a seconda dei punti di vista, anche preoccupante. Di solito mal sopporta una relazione che procede per lungo tempo nella monotonia e nell'abitudine, ed è in cerca della cosa diversa ed estrosa. Ha senz'altro necessità di avere un compagno versatile, che esprima delle idee, che la sappia stimolare, che sappia arricchire la sua vita interiore. Riesce a risvegliare l'interesse delle persone a lei vicine e, anche in caso di rottura di rapporto, lascia di sé un ricordo positivo. Di solito ama le relazioni, non necessariamente i legami, ma sa essere devota al compagno giusto.

A prima vista è gentile, amabile, simpatica, nel profondo può apparire capricciosa, eccentrica, enigmatica. Di solito l'uomo tende a sottovalutarla per poi accorgersi dei propri sbagli. Quando ricerca un compagno, rifugge dalla mediocrità. È attraente nella sua imprevedibilità, è un essere intelligente che conta solo su se stesso, perché non conosce debolezze o dubbi circa le proprie capacità. Da perfetta individualista crede nel proprio istinto che difficilmente la tradirà. E in genere non si sbaglia, dato che è una buona lavoratrice con in più una carica di simpatia. È più fredda dell'uomo Acquario, meno entusiasta, più indifferente e un po' meno disponibile nei rapporti umani. Il suo essere anticonvenzionale può portarla ad avere un senso morale molto personale e un temperamento piuttosto egoista. La donna Acquario è colei che s'incontra come Cenerentola, e che, come questa, scompare improvvisamente. Uomini che, mazzolino in mano, attendono per lungo tempo sotto un lampione, hanno con ogni probabilità un appuntamento con una nativa, grande ritardataria per natura.

Non si sposa facilmente, tuttavia se lo fa cerca di essere una buona moglie, comprensiva e adattabile. I suoi interessi le stanno a cuore, ma difficilmente cerca di sorvegliare il marito nelle sue azioni, non si mostra sospettosa. Si fida di lui e cerca di comportarsi adeguatamente. Piuttosto che creare sofferenza agli altri, essa tace. Il rapporto con i figli è basato sul rispetto delle libertà del singolo, sulla dolcezza, sulla libertà d'azione. Particolarmente interessante si presenta una donna Acquario che nel proprio segno ha anche il pianeta Marte. In questo caso si accentuano l'anticonformismo e la tendenza alla polemica. Se Marte si trova in aspetto positivo con Urano, è assicurato il successo nel sociale. Se Marte è in aspetto negativo, si avrà una personalità litigiosa. Anche in famiglia una donna con Marte in Acquario darà il meglio di sé. Vivrà in modo paritario i rapporti con il partner e non si lascerà sottomettere. Esprimerà, tuttavia, onestà e lealtà. Come madre sarà originale e insolita; la prima cosa che insegnerà ai suoi figli saranno i valori della libertà e le virtù civili; li convincerà, inoltre, che non bisogna mai subire un'ingiustizia.

Se avrà nel suo segno Venere o Mercurio, la personalità tenderà a irrigidirsi nell'eccesso di verbalismo, e ad attenersi difficilmente ai fatti. Se Marte infine sarà in buon aspetto con Giove, le capacità manuali saranno apprezzabili, al punto di pensare anche a una carriera artistica.

IL BAMBINO ACQUARIO

Lo si riconosce facilmente questo bambino per quel qualcosa di originale che lo distingue dagli altri: idee nuove, atti imprevedibili. È pieno di contrasti, ma molto interessante; la personalità è ben delineata già nell'infanzia. L'individualità e la libertà personale del piccolo Acquario sono esigenze indispensabili, perciò è necessario seguire un sistema educativo che tenga presente i suoi bisogni. Occorre buon senso e nessuna esagerazione. Questo ragazzo necessita anche di molte conferme e sicurezze, di una guida ferma.

Ha molto talento e versatilità, doti che mostrerà in modo discontinuo solo quando deciderà lui, e comunque mai sotto imposizione. È un bimbo con il quale è necessario ragionare dal momento che con la durezza non si otterrà alcun risultato: pertanto dolcezza, ragionamento e amicizia sono gli strumenti ideali per stargli vicino.

È un essere sensibile, emotivo, segue volentieri una disciplina artistica, e spesso impara a suonare uno strumento. Si dedica volentieri alle materie scientifiche, e lo studio si dimostra per lui un'ottima preparazione alla vita. Il carattere è di fondo malinconico e introverso. Ama la solitudine. È affettuoso, tenero, buono e normalmente obbediente; quando cede, lo fa per amore di armonia. L'Acquario è un segno intellettuale, così la mente di questi bambini è sempre attiva. Il loro punto debole è la facilità con cui si preoccupano di tutto. Ciò può riflettersi addirittura sulla loro salute. Da tenere sotto osservazione sono le loro amicizie dalle quali potrebbero essere molto suggestionati.

È necessaria, anche a beneficio della salute, una vita ordinata; su di loro ha grande effetto un ambiente tranquillo. L'apprensione è loro grande nemica e così la tensione, anche quella dell'ambiente in cui vivono. Ciò che tiene maggiormente in allarme i genitori è, di solito, la loro imprevedibilità e i mutamenti d'umore. Già da piccoli emerge in loro il senso del commercio, ma anche l'abilità letteraria e il genio inventivo, doti, insomma, compatibili con la ricerca scientifica e gli studi umanistici.

L'ACQUARIO E L'AMORE

È interessante osservare questo segno alle prese con l'amore, contesto in cui appare adorabile e imprevedibile. Adorabile perché il nativo ha fascino, estro, classe. Imprevedibile, perché gli Acquario sono impegnati anche troppo nella corsa con la vita e con se stessi. Tale atteggiamento può pertanto creare un'incapacità di corrispondere a un sentimento profondo e costante. Non che non si possa andare d'accordo con loro... no, anzi, ma è anche facile ritrovarsi con un castello di illusioni tra le mani, mentre questi sono già lontani. Eppure sono simpatici, ispirano fiducia a prima vista, il loro sguardo è limpido, i modi delicati, si sta bene con loro; sì, finché tutto resta nel vago, nel sogno. L'impatto con la realtà li riscuote, ma può anche spaventarli, colpirli profondamente.

Desiderabili e inafferrabili devono riflettere prima di cercare legami duraturi. Loro, i re della progettazione, sono spesso assenti nei sentimenti, sembrano altrove. Il loro comportamento non lo si può imputare a timore nei confronti del sentimento amoroso, semplicemente amano tutti e nessuno, la loro mente è un vulcano in eruzione, mentre rimangono indecisi. Riescono, senza cattiveria, a far soffrire, a sconcertare il partner, perché gli atteggiamenti e i comportamenti fanno balenare gelosie, tradimenti. Tutti hanno un posto nel loro grande cuore. Tutti, appunto, e non uno solo come il partner vorrebbe. Pure questi nativi sono innocenti, senza premeditazione e si lasciano trascinare dal momento, dagli impulsi momentanei, anche dalle circostanze e dalle nuove conoscenze. Così navigano sul mare dell'amore senza farsi però travolgere dalle onde, mantenendosi a galla, poiché i sentimenti più trascinanti li sfiorano senza incidere nel loro intimo; e ancora, possiedono un tipo d'infedeltà che si può definire costituzionale.

Eppure sono sentimentali, perché sanno commuoversi per una canzone, per un film, per la storia di un amico; la loro sensibilità è grande. Ma nel momento in cui il compagno o compagna ha bisogno di loro, eccoli di nuovo distratti o immersi in chissà quali pensieri. Riescono, o perlomeno ci provano, a chiudere le loro storie senza rancore e con dolcezza. "Restiamo amici" è il loro motto. In fondo se la storia d'amore si spegne, ci sono sempre gli amici, c'è la libertà, c'è la vita!

Sono sorretti da una grande forza nervosa, da una tendenza all'ottimismo, ma resta l'interrogativo per chi vuole loro bene: mi ama, non mi ama? Sono come una grande margherita da sfogliare. A volte vi sarebbe il desiderio, la curiosità di dire loro "giù quell'affascinante maschera che portate sul viso", ma è meglio trattenersi, si potrebbe scoprire una seconda maschera più affascinante della prima.

L'Acquario tende a vivere nel mondo delle idee e in una dimensione intellettuale e spirituale. Infatti, in amore, più che l'aspetto essenzialmente fisico, ricerca un'intesa spirituale. Può essere un soggetto sensibile, romantico, tenero. È dotato di rara intuizione e questo gli dà spesso la facoltà di captare i pensieri del partner.

Odia la violenza e considera l'amore come una forza motrice necessaria per vivere. Quando non è innamorato può divenire pigro, abulico, infelice. Di solito le sue azioni sono guidate più dal cuore che dall'intelletto, per cui l'amore si sviluppa secondo le condizioni del momento. Difficilmente si lascia coinvolgere, perché ha sempre bisogno di una completa libertà di spirito per i suoi sogni, per il suo lavoro. Tutto ciò lo dimostra quando la lontananza lo separa dal partner. Comunque non ne soffre, dato che è costantemente impegnato in altre novità e alternative.

L'ACQUARIO E IL LAVORO

Sebbene siano molto versatili, il temperamento dei nativi dell'Acquario meglio si adatta a un lavoro intellettuale piuttosto che pratico. Coloro che appartengono a questo segno possiedono una grande abilità mentale; ciò li spinge a scegliere attività inerenti al campo della tecnica (ingegneria elettronica, informatica, ecc.) e dell'arte (in particolare la musica). Per il tipo Acquario il lavoro è sinonimo di libertà.

L'ACQUARIO E LA SALUTE

a) I punti deboli dell'Acquario – Anche se il nome di questo segno farebbe pensare a un liquido, esso tuttavia appartiene ai segni dell'elemento Aria, governato da Urano e Saturno. Questi pianeti conferiscono un temperamento a dominante fredda. Le malattie connesse al segno presentano spesso l'imprevedibilità uraniana e determinano sovente anche mutamenti comportamentali. Urano è responsabile delle malattie di difficile diagnosi, e che vengono curate con terapie insolite o d'avanguardia. Dato che Saturno è un pianeta conservatore e Urano un pianeta innovatore non è raro che i soggetti facciano scelte terapeutiche ora alternative ora tradizionali.

Il segno dell'Acquario governa le gambe, i polpacci, le caviglie, la circolazione arteriosa. Ha anche influenza sul cervello. I muscoli delle gambe, i polpacci e le articolazioni sono soggetti a distorsioni, tendiniti, mialgie, osteoporosi e artritismo. Varici e flebiti sono anch'esse malattie specifiche dell'Acquario, in particolare le vene varicose. Proprio per questo motivo si suggerisce di evitare la posizione eretta, ferma, e si raccomanda il ricorso alle calze elastiche. La pressione arteriosa spesso è alta ed è bene controllarla con frequenza regolare. I nati in Acquario corrono rischi con l'elettricità, con i macchinari, con i raggi X. Si possono riscontrare casi di anemia, magrezza eccessiva, anoressia ecc. Nel segno si notano anche riferimenti alle aritmie cardiache, i disturbi della normale cadenza dei battiti, originati da stimoli che si determinano alla base dell'atrio destro, in un punto del tessuto miocardico detto di Keith e di Flack.

Il sale oligominerale dell'Acquario è il cloruro di sodio, la cui funzione nell'organismo è quella di controllare e distribuire l'acqua, grazie alle sue proprietà igroscopiche. L'acqua viene raccolta soprattutto lungo i dotti intestinali. Inoltre stimola alcune funzioni epatiche. Questo sale è il più vitale dei sali biochimici, perché consente agli elementi nutritivi di penetrare nella cellula, cosa che avviene attraverso un processo di osmosi che consente uno scambio di fluido tra l'interno della cellula e l'esterno delle sue pareti.

Se esiste una carenza leggera di questo sale oligominerale, si prova molta sete, mentre la bocca resta asciutta e la pelle assume un aspetto oleoso. Se la carenza è più grave, possono insorgere depressione ed emicranie, come possono risultare sfasati i valori sanguigni alfa, beta, e le globuline. Le fonti alimentari ricche di questo sale sono: il sale marino, i cavoli, gli spinaci, il sedano, le carote, i ravanelli, le lenticchie, il pesce, le mele.

b) La dieta dell'Acquario – Vi è da dire subito che i nativi di questo segno tendono a fare poco esercizio fisico, malgrado essi appaiano scattanti nei movimenti. In seguito a ciò bisognerebbe riflettere sul fatto che, essendo prevalentemente sedentari, andrebbe controllato di più il contenuto calorico della dieta. La dieta stessa dovrebbe includere al primo posto la frutta fresca e gli agrumi in particolare. Sarebbero da evitare i grassi saturi anche perché la circolazione è uno dei punti deboli del segno. Il nativo può trarre il suo fabbisogno in calcio da verdure quali il prezzemolo, il crescione, gli spinaci, la barbabietola. Non bisogna tuttavia dimenticare l'importanza di legumi quali fagioli, lenticchie, piselli ecc. I cereali integrali fanno senz'altro bene, ma vanno consumati con moderazione.

Una cosa molto importante per questi nativi è il rispetto dei propri ritmi circadiani. Bisogna osservare una certa regolarità di sonno e di veglia. I nativi amano l'insolito, l'originale, e a volte lo introducono, magari inconsciamente, nella loro routine, anzi lo sovrappongono alla routine e questo fattore s'insinua in ogni settore di vita. Il nativo dovrebbe ricordare, infine, che il clima marino gli è poco indicato e può far aumentare l'irrequietezza intervenendo sfavorevolmente sul metabolismo. Meglio il lago o la montagna.

LA PIETRA DELL'ACQUARIO: IL LAPISLAZZULI

Il lapislazzuli è un silicato di sodio. Presenta un caratteristico colore blu (le tonalità però sono varie, e possono andare dal blu scuro al blu verdastro in associazione a calcite). Non deve comunque essere confuso con l'azzurrite o la sodalite. Gli si attribuiscono più virtù: è la pietra della comunicazione con gli spiriti guida, dà saggezza, chiarezza mentale, riattiva l'energia fisica, conferisce forza e combatte la depressione, lo stress e l'ansia. Aumenta infine la creatività ed equilibria le emozioni. Come proprietà curative gli si riconosce la facoltà di abbassare la pressione sanguigna e la febbre, combatte la laringite e le infiammazioni dei nervi. Regola quindi la lacrimazione degli occhi.

I PIANETI DOMINANTI: URANO E SATURNO

Urano fu scoperto nel 1780 dall'astronomo inglese William Horchel. Questo pianeta si muove in senso contrario rispetto agli altri pianeti, e ciò gli ha valso l'appellativo di rivoluzionario. Il suo linguaggio simbolico è molto espressivo e si lega bene all'inconscio collettivo e individuale. I suoi riscontri, infatti, risultano immediati, netti, trasparenti. Esso è in relazione con i cambiamenti rapidi, le azioni improvvise, con il radicalismo, con l'eccentricità. Ma anche con la tecnica e il progresso, con l'elettricità. In campo medico si associa alla psichiatria e alla psicologia. In campo generale all'aeronautica e ai voli spaziali.

La posizione di questo pianeta in un tema è importante, segna il soggetto con l'imprevedibilità, l'originalità, con l'assolutismo. Anche i suoi transiti sono di estrema importanza e indicano chiaramente i settori in causa e i cambiamenti che possono avvenire. È correlato al sistema nervoso, agli incidenti, agli interventi chirurgici. Il glifo di Urano si compone di due semicerchi separati da una croce; l'estremità inferiore del suo braccio perpendicolare, che è quello del tempo, termina con un piccolo cerchio. Il suo geroglifico significa dunque: rottura di un ciclo di manifestazione sotto l'impulso creatore che genera un nuovo ciclo.

I cambiamenti indicati dal transito di questo pianeta, sono di solito all'insegna del mutamento improvviso, bisogna rendersi conto che qualche fatto traumatico cambia la vita di un soggetto. Chi porta Urano nel tema, in prossimità dell'Ascendente soprattutto, ma comunque in posizione preminente, noterà nella propria esistenza un mutamento in qualche settore di vita, sia positivo che negativo (a seconda dei transiti del momento), che avverrà ogni 7-8 anni. Saturno era identificato dai Greci con Crono, il dio del tempo; pertanto il pianeta ne riprende la simbologia rappresentando il tempo con i suoi elementi, quali la concentrazione, la contrazione, la fissazione, la condensazione e l'inerzia. Gli antichi definivano l'età di Saturno il periodo d'oro che portò l'armonia sulla Terra.

In Italia, Saturno, era il dio della semina. Celebri i Saturnali, i riti svolti in onore del dio. Essi celebravano il solstizio d'inverno, momento dell'anno in cui il Sole entra nella costellazione del Capricorno. Prima del regno di Giove, Saturno era il Signore del Cielo e della Terra. Per timore che si avverasse la profezia secondo la quale il dio sarebbe stato spodestato da uno dei suoi figli, Saturno li ingoiò tutti; ma la madre Rea riuscì a nasconderne uno, Giove, dando al marito da ingoiare una pietra avvolta nelle fasce del neonato. Giove fu allevato da alcune ninfe a Creta, e quando divenne adulto spodestò il padre realizzando così la profezia. Risalendo a questo mito, l'astrologia attribuisce a Saturno il ruolo della difficoltà, della saggezza e della maturità.

In un tema natale esso indica le scelte consapevoli, la disciplina interiore e la forza di affrontare gli ostacoli della vita. L'influenza saturnina aiuta a liberarsi dalle prigioni interiori che l'individuo tende a costruirsi attraverso i legami materiali. In un oroscopo maschile indica un rapporto di eccessiva dipendenza o di conflittualità con la madre. In una carta del cielo femminile è il rapporto con il padre che è vissuto con molte difficoltà.

IL SIGNIFICATO DEI PIANETI NEL SEGNO

☉ ***Sole:*** raffinatezza e umanità. Indipendenza e idealismo.
☾ ***Luna:*** distacco emotivo. Socievolezza. Creatività mentale.
☿ ***Mercurio:*** eccentricità. Inventiva. Intelligenza critica.
♀ ***Venere:*** unioni anticonvenzionali.
♂ ***Marte:*** spirito d'iniziativa. Audacia e originalità.
♃ ***Giove:*** rispetto e comprensione per la libertà altrui. Rifiuto dell'autorità.
♄ ***Saturno:*** rigore scientifico. Ambizione, responsabilità e solidarietà.
♅ ***Urano:*** interesse per gli studi dell'occulto. Ideali che possono essere realizzati in una vita di gruppo.
♆ ***Nettuno:*** altruismo e intuizioni.
♇ ***Plutone:*** rafforza le qualità del pianeta Marte.

LE DECADI DELL'ACQUARIO

Se siete nati nei giorni compresi tra il 21 e il 31 gennaio: il pianeta personale e dominante è Urano, il pianeta dello spirito. È il pianeta dei cambiamenti, dell'energia rivoluzionaria. Rende magnetica la personalità del nativo, ne moltiplica la mobilità e l'originalità. La vita affettiva risulta movimentata e instabile.

Se siete nati nei giorni compresi tra il 1° e il 9 febbraio: il pianeta personale è, in questo caso, Mercurio, i cui influssi sono mutevoli e si diramano su ogni pianeta con cui viene in congiunzione. Mercurio dona al nativo mobilità, eccitazione nervosa, mutevolezza a volte eccessiva. Questo pianeta governa anche le attività commerciali, campo che interessa molto i nativi. Proprio per la congiunzione tra Urano e Mercurio, gli Acquario appartenenti a questa decade dispongono di una grande concentrazione intellettuale.

Se siete nati nei giorni compresi tra il 10 e il 18 febbraio: il pianeta personale è Venere che indica armonia e allegria. Sviluppa anche le facoltà artistiche, l'estro; fa amare la musica. Venere viene dominata da Urano e ciò non fa che aumentare il talento artistico dei nativi. Spesso la carriera è scelta proprio in questo settore.

L'ACQUARIO E I SUOI ASCENDENTI

Acquario asc. Ariete

L'Ascendente conferisce molta forza e determinazione in rapporto alle scelte da fare nella vita. Si tende di più a una concretizzazione, il carattere diviene meno dispersivo, meno irrazionale. Il nativo è interessato a un'evoluzione pratica e materiale, ma nello stesso tempo intellettuale. Si presenta attivo, mobile, deciso.

Acquario asc. Toro

Si nota in particolare una qualità: la tenacia che avrà il sopravvento sulle altre, ma anche l'ostinazione. Riuscirà a difendere le proprie conquiste, verrà alimentato il senso del possesso, ma soprattutto esisterà più attaccamento alle proprie idee e ai propri principi.

Acquario asc. Gemelli

In questa combinazione si uniscono genio e versatilità e ciò può produrre una personalità molto interessante, anche se assai mobile e sfuggente. L'intelletto prevale anche sulle utopie, sui sogni troppo irreali, sugli ideali impossibili. Più problematico appare il nativo nel suo contatto con i sentimenti, e con fatica riesce a costruire un saldo futuro affettivo.

Acquario asc. Cancro

Emerge con decisione la parte sensibile e questo può ampliare l'emotività di fondo. La personalità appare incerta, piena di dubbi e perplessità. Le insicurezze possono frenare il successo nella vita. Molta di questa sensibilità verrà dedicata ad azioni altruistiche, in cui risalterà la generosità. Gli affetti vengono vissuti con eccessiva trepidazione.

Acquario asc. Leone

La caparbietà leonina si affianca all'originalità dell'Acquario, e ne esce una personalità fiera e orgogliosa che più che mai cercherà di affermare le proprie idee e renderle vincenti. Si afferma anche il narcisismo e la sicurezza di sé. Il campo degli affetti vede un esagerato senso del dominio.

Acquario asc. Vergine

In entrambi i segni domina l'intelletto, anche se sotto forme diverse. L'uno è innovatore ed entusiasta, l'altro più profondo, diffidente. La personalità risulta capace, aperta verso gli altri e con una forte tensione a realizzare gli scopi prefissati. Non manca un po' di presunzione e senso della critica. In sintesi si smuoveranno i blocchi virginiani.

Acquario asc. Bilancia

La personalità risulta armoniosa, affascinante, dolce. L'entusiasmo acquariano smuoverà l'Aria della Bilancia che potrà mettere a frutto le sue doti sia nel campo del lavoro che in quello privato. Possono risultare positive le unioni e i legami.

Acquario asc. Scorpione

Il movimento segna questa combinazione, le conferisce ansia e insicurezze. La personalità è tesa alla perfezione e la lotta maggiore la conduce contro se stessa. Le conquiste vengono ottenute attraverso la caparbietà e la tenacia. Gli scopi della vita sono molteplici, e il nativo non si ferma né fisicamente né spiritualmente.

Acquario asc. Sagittario

Vi è una tendenza ad ampliare la propria filosofia di vita. La personalità ne acquista in fascino e magnetismo. Può esistere il bisogno di rivolgersi all'altro, di aiutare il prossimo, ma anche di cercare il successo in ogni campo. Anche per questa combinazione un po' di presunzione non manca.

Acquario asc. Capricorno

Il Capricorno tende a controllare i sogni e gli ideali acquariani, imprime uno scopo al continuo movimento. Il benessere materiale verrà considerato con serietà e così la necessità di raggiungerlo. Tuttavia non vengono scordati i valori morali e spirituali. Non manca l'originalità, ma questa si unisce strettamente alla praticità.

Acquario asc. Acquario

L'individualismo spicca in tale combinazione. Il carattere è molto aperto, disponibile, s'interessa ai problemi del mondo e di tutti, il senso umano è profondo. La curiosità intellettuale rende il nativo mobile e attento a ogni cosa. Meno positiva la vita affettiva che rivela talora confusione, indecisione, scelte sbagliate.

Acquario asc. Pesci

Vi è un'attenzione maggiore verso se stessi e i nativi tenderanno a migliorarsi. Gli ideali si ampliano, e la personalità si fa più profonda e interessante. Vi è una forte ricerca della solitudine. Troppa emotività viene posta negli affetti e nei sentimenti.

LA SINTONIA CON GLI ALTRI SEGNI

Acquario/Ariete

L'instabilità arietina e l'imprevedibilità acquariana potrebbero far nascere un legame sul filo del rasoio. I due governatori, Urano e Marte, sono entrambi esplosivi. L'Ariete sarebbe esasperato dalla mutevolezza del compagno e questi soffocherebbe i suoi entusiasmi. Può essere un'unione un po' rischiosa; vale comunque la pena provare.

Acquario/Toro

Non si può dire che esista compatibilità tra i due segni. Il Toro è abitudinario e indolente; il compagno è troppo imprevedibile per lui che ama programmare la sua giornata. L'Acquario mal sopporta il conservatorismo del Toro, pertanto sarà quasi subito scontro. Entrambi amano le comodità, questo sì, ma i modi di procurarsele sono diametralmente opposti. Vi sono troppe spine in un rapporto come questo, ed è bene dunque riflettere prima di intraprenderlo.

Acquario/Gemelli

Dato lo stesso elemento (Aria), dovrebbe esistere compatibilità tra i due. Entrambi amano la novità, il cambiamento. La personalità dualistica dei Gemelli trova complemento nella personalità multiforme dell'Acquario. Nessuno dei due è passionale, entrambi sono cerebrali. Potrebbero comprendersi abbastanza bene e in quanto a un legame potrebbe essere un rapporto molto libero.

Acquario/Cancro

Troppo amante della vita sociale, l'Acquario esaurirebbe la pazienza del compagno. Questi è troppo casalingo per il mobile Acquario e troppo conservatore. Il Cancro guarda indietro e l'Acquario in avanti. I due temperamenti non sono complementari e potrebbe esistere veramente poca comprensione. Il legame potrebbe essere duraturo se uno dei due si sottomettesse completamente all'altro, difficile ma non irrealizzabile utopia.

Acquario/Leone

È una combinazione favorevole. Urano e il Sole, i due pianeti governatori, sono compatibili l'uno con l'altro. Il Leone ama le sorprese e il compagno non gliene fa mancare. Ognuno rispetta l'estro e il talento dell'altro. Oltre a ciò può esistere una fruttuosa collaborazione lavorativa tra i due. Entrambi rispettano e riconoscono i bisogni dell'altro. Potrà verificarsi qualche scintilla, ma niente di grave.

Acquario/Vergine

Sarebbe il sistema nervoso della Vergine a essere messo a dura prova in un'unione del genere. Non reggerebbe alle sorprese dell'Acquario. La Vergine ama l'ordine, la programmazione mentre il compagno ama il contrario. L'Acquario stesso sfuggirebbe la routine. La critica della Vergine diverrebbe insopportabile. Solo nel caso che i due soggetti abbiano una stessa base culturale e un identico livello d'educazione potrebbe esistere una relazione felice.

Acquario/Bilancia

I due soggetti amano le stesse cose: la società, la gente. Venere e Urano, i due governatori, si completano a vicenda perché tra loro esiste affinità. I momenti di solitudine dell'Acquario vanno compresi da parte del compagno, senza domande. Occorre un po' di filosofia da parte della Bilancia, ma in generale è un'ottima combinazione.

Acquario/Scorpione

In questo caso si consiglia piuttosto l'amicizia che l'amore. Un legame darebbe il via a una serie di problemi non indifferenti. L'Acquario irrita lo Scorpione con la sua imprevedibilità. Si ammirano a vicenda, ma il possessivo Scorpione non accetta la libertà del compagno che, a sua volta, si ribellerebbe.

Acquario/Sagittario

Qui esistono delle similitudini: entrambi sono socievoli e amano le compagnie. Entrambi tengono molto alla propria libertà personale e rispettano quella dell'altro. I viaggi sono ambiti da entrambi. Il Sagittario è uno dei pochi segni che può capire il temperamento acquariano ed essere indulgente in proposito. Pretende però la stessa cosa dall'altro. Date le premesse potrebbe essere un'unione piacevole e anche durevole.

Acquario/Capricorno

Questi due soggetti sono troppo diversi per trovare un modo di accordo. Gli interessi dei due sono esattamente contrari e l'Acquario sarebbe immediatamente insofferente, dopo un periodo di monotonia. Un'unione di questo tipo potrebbe non durare a lungo, e a fuggire sarebbe proprio l'Acquario.

Acquario/Acquario

Decisamente una combinazione consigliabile! Nessun altra coppia di segni può armonizzare meglio. Entrambi sono consci delle proprie qualità e dei propri difetti e si mostrano assai tolleranti con l'altro. Esiste molto movimento in questo ménage. Veramente si può parlare di comprensione e di combinazione perfetta.

Acquario/Pesci

Se i Pesci fossero più psicologi l'unione potrebbe anche realizzarsi. Esistono simpatia e tolleranza, unite al bisogno di comprensione dei Pesci, che fanno di tutto per trovare un accordo. A questo segno si consiglia di sacrificare al compagno una parte della propria personalità, cosa che i Pesci potrebbero fare senza tanti sacrifici.

Pesci

SIMBOLOGIA, MITO E LEGGENDA

Il simbolo grafico (♓) del segno dei Pesci è l'immagine stilizzata di due pesci. Essi rappresentano simbolicamente la duplicità del mondo interiore. Il simbolo evoca il dualismo presente in ogni manifestazione della natura.

Nella dodicesima costellazione dello zodiaco i Greci identificavano i due pesci sopra i quali la dea Afrodite, insieme al figlioletto Eros, fuggì, mettendosi in salvo da Tifone, una creatura mostruosa e feroce, figlio di Gea e Tartaro, che seminava terrore e devastazione sull'intero pianeta. Afrodite, in segno di riconoscenza, assunse in cielo i suoi salvatori.

ANALISI DEL SEGNO

Il tempo che va all'incirca dal 19 febbraio al 20 marzo delimita un periodo dell'anno in cui i venti freddi dell'inverno non consentono ancora all'aria di scaldarsi, mentre l'incombente primavera si annuncia già in mille modi. È in questa stagione che nascono la donna e l'uomo Pesci. Questi soggetti attraversano la vita in cerca di certezze, di verità, di sicurezze. Per tentare di spiegare la natura del segno, occorre osservarne anzitutto il simbolo: due pesci rivolti verso direzioni opposte. L'immagine conferma che i nativi sono raramente in accordo con se stessi. La loro morbidezza di carattere nasconde indecisioni, timori spesso infondati. Sono sognatori, dotati di ricca immaginazione e possono essere definiti, a volte, utopistici. Le loro utopie però si differenziano da quelle dell'Acquario, poiché sono lontane dalla realtà della vita, dalla praticità quotidiana. I Pesci sono molto sensibili, impressionabili, emotivi. In essi risalta la nota umana, la tendenza al soccorso e al sacrificio, se occorre.

In tutto ciò che è stato detto finora manca qualcosa: la nota materiale! Pur non conoscendo un vero attaccamento al denaro, ai beni materiali, questo segno riesce ad attraversare la vita con il necessario. Sono ammirevoli nell'espletamento dei loro doveri, delle responsabilità che si accollano. Si distinguono nel lavoro, nella professione. In posi-

♓

zioni di lavoro indipendente, dirigenziale, esprimono il meglio delle proprie capacità e della loro intelligenza. Possiedono inoltre maturità e saggezza. L'analisi finora fatta riguarda soprattutto un nativo con aspetti positivi nel tema. Se esistono aspetti molto negativi, il soggetto tenderà a sfruttare persone e situazioni; gli ideali cadono a livello di materialismo spinto, e della sua intelligenza e maturità non rimane che un estratto di furbizia.

Si è detto che nei Pesci aleggia l'idealismo, il talento artistico, a volte il genio, sempre, comunque, uno spirito umanitario. Analizziamo velocemente un altro settore di vita, quello affettivo-sentimentale. I nativi sono affettuosi, sensuali, ma di solito tendono a controllare, a smorzare quanto di istintivo vi è in loro, a domare le proprie passioni. La volontà in genere non è forte e li può aiutare ben poco, così, in temi natali negativi, si possono avere soggetti che giungono ad amareggiare la vita di quanti li amano. Un'altra caratteristica è l'estremismo. Possono giungere a picchi d'entusiasmo e a pozzi di depressione anche in periodi di tempo abbastanza brevi. Tutto ciò può creare problemi nei rapporti umani, soprattutto in quelli di coppia. Sognatori e romantici, amano il "lontano" in senso fisico e metafisico, adorano i viaggi, gli spostamenti.

Il segno dei Pesci è sensibile anche al misticismo. I due pianeti governatori sono Nettuno e Giove, e i nati in questo segno fanno in genere capo a due tipi classici: quello in cui prevale l'influsso di Nettuno e quello in cui prevale l'influsso di Giove. I primi, con Nettuno dominante, sono coloro che vivono in un mondo proprio, che s'abbandonano alla depressione, ma che sanno sacrificarsi per i propri simili. I secondi, con Giove dominante, sono più ottimisti, più gioviali e anche più autoindulgenti verso i piaceri della vita materiale.

Il nativo non dovrebbe mai lasciarsi trascinare nello stagno del fatalismo poiché le sue reazioni e la sua forza di carattere si indebolirebbero. La sua passività può trascinarlo verso malinconie da cui è poi difficile risalire. È vulnerabile ai fascini ambientali, agli idealismi di massa, o comunque indotti dall'esterno. L'intelligenza è percettiva, si alimenta di sensazioni, di stati d'animo, sa dilatarsi oltre la realtà delle cose. I Pesci sono il dodicesimo e ultimo segno dello zodiaco e ne occupano lo zenit, cioè il punto di passaggio dalla vita nel tempo alla vita nell'eternità. Essi collegano così le due direzioni del ciclo della manifestazione dell'Energia, verso sinistra (involuzione), e verso destra (evoluzione); il ciclo esprime il simbolo dell'eternità e dell'infinito (per la continuità della sua linea circolare). Questo segno zodiacale rappresenta dunque, allo stesso tempo, il temporale e l'eterno. Se osserviamo il suo simbolo, vediamo il pesce di sinistra che nuota dall'alto verso il basso e simboleggia il movimento d'involuzione dello spirito nella materia; quello di destra, che nuota dal basso verso l'alto, simboleggia il movimento di evoluzione del composto spirito-materia che ritorna al suo Principio.

Nonostante la loro calma apparente, i Pesci sono esseri turbati da forti contrasti interiori e dall'incertezza. Il carattere è complesso e diviso tra due opposte tendenze. Più che l'azione è il timore della responsabilità di un'iniziativa che li frena. Il senso intuitivo è forte, ma mancano della forza necessaria per concretizzare. A volte le loro intuizioni sono vere e proprie premonizioni o presentimenti, che, per vie diverse, possono far uscire dalla loro passività e dalla loro pigrizia l'individuo per stimolarlo all'azione. Amano il comfort e la tranquillità fino a divenire indolenti. Sono generosi e ospitali, ma non spesso allegri, dato che la tendenza dei loro pensieri è la malinconia. Il fatto che riescano a donare volentieri, fa di loro dei buoni sociologi, assistenti sociali, capaci di grandi sacrifici per alleviare il dolore nel mondo.

Pur mancando di senso pratico, hanno comunque un sesto senso per quel che riguarda gli affari e il denaro; nella loro maturità, raggiungono quasi sempre l'agiatezza. Di solito riescono negli affari svolti in società, dove possono evitare grosse responsabilità personali. Tendono ad aumentare le proprie pretese nel momento che hanno raggiunto il potere. Hanno buona memoria, facilità d'apprendimento nello studio della matematica e nelle lingue. Possono riuscire anche in campo artistico. Le relazioni sono di solito durature e spesso strette con persone importanti che li proteggono. Non sanno prendere al volo le occasioni perché lenti e indecisi. Buone le attitudini nella musica e, se il temperamento è tendente al mistico, possono seguire la carriera religiosa. L'accentuata sensibilità conferisce loro capacità medianiche.

A volte il carattere è irritabile, ma si controllano bene. Devono combattere la timidezza, l'eccessiva riservatezza. Facendo uno sforzo per coltivare le qualità positive ed espressive della loro personalità, si rendono così più simpatici e interessanti. Possono in questo modo aumentare le prospettive di successo nella vita. Con l'ultimo segno dello zodiaco si chiude un ciclo, da cui si esce forniti delle basi di conoscenza minime e necessarie per poter proiettare il proprio spirito al di sopra della materia. Tutto ciò viene intuito dai nativi, ma manca loro il coraggio. Questo è lo scopo dell'esistenza umana limitata da barriere terrene. I Pesci vivono con ansia i fermenti che li agitano e a seconda del loro grado di evoluzione, li mescolano con gli elementi materiali. Hanno le ali dello spirito, ma manca loro ancora il coraggio per tentare il volo.

L'UOMO PESCI

Di animo sensibile, l'uomo Pesci si apre spontaneamente all'amore, al mondo affettivo e alle amicizie. È compagno ideale, tenero e si adatta con facilità; è capace di grandi passioni che si tramutano spesso in sofferenza. La vita sentimentale è ricca di emozioni e sensazioni, oltre che di complicazioni, tuttavia i rapporti sono lunghi. Nasconde molto bene la gelosia, è impressionabile, cede a esagerazioni. Non è tuttavia di natura aggressiva e circonda la persona amata di premure; sa costruire un'atmosfera serena. I sentimenti sono sempre guidati dal cuore. Per lui l'amore è una forza necessaria anche perché sente di appartenere al mondo dei sentimenti.

È un sognatore, sempre alla ricerca di ideali in cui credere. L'atteggiamento è modesto e dietro questa modestia si cela la tolleranza, l'intuizione, l'intelligenza e la capacità. La pazienza lo aiuta nel lavoro dove spesso subisce l'influenza dell'ambiente. Gli stimoli intellettuali attirano il nativo che detesta la costrizione. È misterioso, a volte impiccione; può ingannare. La sua volontà è incostante, influenzabile, è facile allo scoraggiamento. Talora s'intuisce la maschera che porta e può apparire nervoso e nevrotico. Altre volte, se negativo, appare ipocrita e contorto. Tende a simulare, ma sa anche essere maligno. Nell'amore gioca a fare l'incompreso e lo stravagante.

È ipersensibile ed eccessivo, non sempre il suo senso morale è comune. Non è fedele e, se potesse, sarebbe bigamo. È un buon attore nei sentimenti, ha una vita molto intensa ed è capace, come pochi, di pensieri raffinati. Teme sempre di perdere l'oggetto amato e di diventare infelice, per questo dà il meglio di sé. È un buon padre amico dei suoi figli, disponibile alle loro richieste. Gli piace spendere il denaro e spesso sa risparmiare per acquistare oggetti antichi. Ha tuttavia una tendenza a vivere alla giornata, da buon disordinato qual è. Se non ci sono affinità reali tra le qualità intellettuali, emotive e fisiche della compagna, il legame non sarà bene assortito. I nativi amano molto i bambini, la vita domestica e la serenità familiare che è per loro molto importante.

LA DONNA PESCI

La donna dei Pesci possiede un fascino tutto suo, molto femminile e sensuale. La bellezza è delicata, a volte eterea. Soprattutto lo sguardo è degno di nota. La sensibilità è spesso disturbata da passioni profonde, da gelosie. Con la sua grazia e la sua sensibilità, non le è difficile attirare simpatie e amicizie ma, con la sua indecisione, può perdere buone occasioni. Di solito è dominata dal sentimento e tende a sognare molto. L'amore è per lei una forza necessaria, altrimenti cadrebbe nella passività. Le passioni sono comandate dal cuore e non dall'intelletto, per questo risulta importante l'ambiente, l'atmosfera in cui si sviluppa il sentimento. Può vivere periodi di scarsa vitalità, risente degli influssi lunari.

La sua vita intima è molto ricca: è un essere sentimentale, predisposto a momenti di malinconia. Di solito è una buona moglie e una buona madre; non sopporta l'infedeltà del compagno. Odia i litigi, le scene e i drammi; il suo sistema nervoso è delicato. Detesta naturalmente la violenza in qualunque forma, ma un buon rapporto può essere turbato dalla sua suscettibilità, dalla sensibilità, dagli stati d'animo del momento.

Le piace vivere in una bella casa, arredata bene. Trascorre periodi in cui ama curare la sua dimora, altri in cui la trascura. Di solito raggiunge l'agiatezza con il matrimonio. Come poche altre donne è capace di abnegazione, è tenera, ha una sua particolare dolcezza. Le piace essere protetta, consolata, coccolata; è affettuosa, romantica e comprensiva. Può essere molto religiosa ed è pronta a soccorrere chiunque le chieda aiuto. Piuttosto taciturna, è una donna delicata, ha uno spiccato senso estetico, è disinteressata, umile e tollerante.

È piena di fantasia, ama la musica, la natura, i bambini e gli animali. Ha fin troppa fiducia negli altri e crede anche nella vita. Per lei l'amore è tutto; è vita. Sa perdonare pur essendo abbastanza permalosa. Le piacciono le cose belle, ama vestirsi bene e in questo non bada a spese. A volte l'assale l'angoscia di vivere, soffre di strani complessi di inferiorità e, quindi, si lamenta spesso, o ha atteggiamenti d'insoddisfazione. Se si sente delusa, può arrivare alla disperazione. Quando è infelice, tende a volersi stordire, un po' per debolezza, un po' per vigliaccheria. Quando si ritiene incompresa, si dimostra insofferente. Si rassegna facilmente alle perdite, ma può cadere anche in gravi esaurimenti nervosi. Se decide di difendersi, lo fa con intrighi, calunnie nei confronti della rivale.

Idealmente è adatta alla vita domestica, non è attiva come altri segni, ma le qualità spirituali e le risposte emotive sono buone. Per questo motivo molti uomini sono disposti a sacrificare vantaggi personali per la compagnia spirituale e affettiva di questo tipo di donna.

IL BAMBINO PESCI

Di solito questo bimbo è affettuoso, gentile, simpatico, disponibile. Può suscitare soprattutto tenerezza. È molto sensibile e suscettibile, e necessita di tanto amore. Il suo sguardo è spesso indecifrabile, capta profondamente le sensazioni dell'ambiente circostante e la sua sensibilità vi partecipa. A volte tarda a parlare, a differenza di altri, ma questo è quasi un soffermarsi in quel suo mondo irreale che vive anche da piccolo. Bisogna abituarlo a misurarsi con la realtà quotidiana, affinché non ne perda i contorni. L'indole è introversa, l'umore può variare senza motivi.

Occorre anche controllarne le amicizie, dato che è influenzabile. Può assorbire il bene e il male allo stesso modo. Ha pertanto bisogno di una guida amorevole che scelga il meglio per lui. Tende molto a seguire dei modelli, anche esterni e vi è il rischio che s'infiammi per ideali non positivi. Va controllata anche la sua alimentazione. La vitalità è debole. Impara in fretta le cose, ma manca di fiducia in se stesso e va stimolato spesso e volentieri. Può lasciarsi sfuggire buone occasioni; deve imparare a non farlo. Una cosa che gli fa bene è la vicinanza dell'acqua.

Nell'educazione da impartirgli occorre tenere conto di tutte le sfumature del suo carattere. Assai forte è l'impressionabilità e il bisogno di tenerezza, tuttavia non bisogna esagerare in questi casi. Una cosa è molto importante e può far insorgere in lui complessi di vario tipo: la disarmonia familiare. Meglio evitare litigi quando lui è presente: sono eventi che s'imprimono profondamente nella sua psiche. La sua grande forza è il mondo della fantasia, dei sogni e spesso finisce con il confondere realtà e sogno.

I PESCI E L'AMORE

Difficile definire l'indefinibile, ma è proprio ciò a cui si va incontro con il segno dei Pesci se si parla di amore. Bisogna anzitutto dire che spesso gli stessi nativi non sanno se sono veramente innamorati o meno. A volte si ritrovano con una storia quasi finita e un'altra quasi iniziata, e tutto ciò non fa che aumentare l'incertezza e la confusione, i dubbi e il tormento. Essi sanno trasmettere all'esterno un'immagine di fragilità, di dipendenza dagli altri, ma ci si chiede: sono poi così fragili come vogliono fare intendere? Eppure anche loro lo credono e usano queste armi in ambito amoroso.

Spesso l'amore li vede in atteggiamenti di timidezza, per lo più superficiali; talvolta sanno intenerirsi fino alle lacrime e ciò denota un animo sensibile, ma tutto diviene negativo quando essi indulgono a piangere su se stessi. L'amore, ad ogni modo, li coinvolge profondamente, anche nei casi in cui dura un attimo, li spinge a dare molto, e spesso li tramuta in vittime. Sono sempre disponibili, a volte troppo, sono spesso incompresi, poiché il loro mondo affettivo è così ricco e complesso che difficilmente qualcuno riesce a penetrarlo.

In amore manca loro forse la costanza, la continuità, ma non certo la profondità e l'intensità dei sentimenti, la passionalità. Sentono il bisogno di tranquillità amorosa e affettiva, tuttavia l'amore tranquillo non fa per loro e questo rientra nella legge degli opposti, nel quadro del loro essere intermittenti, fluttuanti e contraddittori. Vivere le storie sentimentali con intensità è una loro esigenza, la routine li spaventa, la solitudine anche. Si potrebbe suggerire ai nativi un partner che si riveli deciso, che non si lasci smontare da improvvisi cambiamenti d'umore, dall'indecisione, che sappia aspettare o che sappia trattenerli quando sfuggono.

Essi agiscono quasi sempre su basi intuitive, anche quando le loro idee paiono seguire un filo assolutamente logico. E per confermare la contraddizione che contraddistingue la loro vita, bisogna dire che hanno paura di legarsi pur avendo necessità di un legame. In particolare, l'evanescente, deliziosa donna Pesci sa crearsi non pochi guai in amore, se li va quasi a cercare! Attira facilmente l'attenzione per mezzo del suo fascino. È una sognatrice che si lascia dominare dai sentimenti. Ama molto le attenzioni affettuose. Nella sua vita non vi sarà un solo amore e ognuno sarà vissuto con intensità.

I nativi chiedono anzitutto sicurezza alla loro compagna. Sono meno fragili di quanto non sembrino, riescono a piegarsi con duttilità, ma non si spezzano. In fondo, ciò che si agita in loro, sotto forma di un fascino capriccioso, infantile, imprevedibile, si rivela un'irresistibile carta vincente in amore. Sono gelosi per natura e dotati di grande intuizione. Sanno capire molto bene la loro partner, la circondano di attenzioni. Devono trovare una compagna con doti morali e intellettuali, spirito di adattamento, dolce e affettuosa.

I PESCI E IL LAVORO

I nativi mettono una nota di originalità nel loro lavoro e spesso escogitano metodi nuovi, più efficienti ed economici di quelli già in uso. Se lavorano nel campo degli affari e della finanza, esprimono maggiore apprensione; riescono a crearsi da soli dei problemi. Sono disposti alla collaborazione. Il lavoro per questo soggetto deve essere divertimento e deve rispecchiare l'amore per la vita. Il mondo è un palcoscenico sul quale recitare le parti che durante la vita si desiderano assumere. I nativi del segno infondono molta simpatia. Hanno spiccate attitudini verso le professioni di carattere artistico o assistenziale (attore, medico, infermiere). Il segno dei Pesci è anche incline alla meccanica, al disegno. Li troviamo impegnati come naturalisti, religiosi, scrittori, agricoltori. Sono infatti soggetti industriosi e coscienti, sempre alla ricerca del dettaglio.

I PESCI E LA SALUTE

a) I punti deboli dei Pesci – Il nativo dei Pesci presenta una certa fragilità relativa in particolare alla psiche; anche il fisico comunque non è robusto. Coloro che sono influenzati da questo segno vivono, per lo più, complicazioni di salute dovute a stati d'animo alterati, a stress continui, ad ansie. Tutto ciò influisce negativamente sull'organismo e produce somatizzazioni. A seconda di quale dei due governatori predomina nel tema natale, può cambiare la costituzione fisica. Il nativo gioviano tende all'aumento di peso, è allegro, bonario e meno incline alle somatizzazioni. Il nativo nettuniano ha un fisico meno robusto, è pallido, tendente alla malinconia. Entrambi i tipi s'interessano alla propria salute anche eccessivamente, incrementando le proprie ansie. I Pesci sono influenzabili, anche dalle malattie. Il segno governa i piedi, le linfoghiandole, i polmoni, i liquidi organici.

Nel segno, si trovano corrispondenze con l'epifisi, ghiandola a secrezione interna. In particolare la seconda decade del segno con aspetti negativi, può indicare problemi nelle funzioni intestinali e assimilative. La terza decade con aspetti negativi predispone ad accumuli di liquidi (i soggetti consumano liquidi in eccesso) e a intossicazioni alimentari. Nel suo complesso il segno contempla forme anemiche.

Il sale oligominerale del segno dei Pesci è il fosfato di ferro, la cui funzione nell'organismo è quella di rifornire l'ossigeno ai tessuti, tramite il sistema circolatorio. Se esistono lievi carenze di questa sostanza può avvenire un accumulo di tossine nei vasi, poiché manca l'ossigeno che produce la loro eliminazione; vengono danneggiati il metabolismo, la circolazione, la digestione. Si prova ansia, depressione, repulsione per carne e latticini. Se la carenza è grave, aumenta la temperatura corporea; si possono avere febbri e infiammazioni (appendice, gola, intestino). Esiste ipotensione arteriosa, predisposizione a malattie polmonari e adinamia. Le fonti alimentari da cui si può attingere per procurarsi il sale oligominerale mancante sono: lattuga, ravanelli, cetrioli, spinaci, fagioli, mandorle.

b) La dieta dei Pesci – Questo segno tende a dedicarsi, a periodi alterni, a diete non sempre ortodosse. Bisogna riflettere sul fatto che nessun alimento, preso singolarmente, è miracoloso, e che tutti hanno bisogno di una dieta equilibrata, completa di proteine, carboidrati, grassi, sali minerali. Il problema del segno sta in un altro punto: mentre l'animale non ha problemi di dieta perché (se è in condizione di farlo) mangia ciò che vuole, l'uomo adulto e i nativi Pesci in particolare, hanno il problema di non sapere quello che vogliono. Eppure i Pesci possiedono un buon intuito al quale dovrebbero affidarsi di più. Meglio sarebbe puntare su alimenti naturali e in generale su un'alimentazione razionale. I nativi possono crearsi un modo di bere, ad esempio, e approfittare dell'estate per mescolare yogurt naturale, frutta, miele. Non bisogna dimenticare il pesce e le verdure verdi. I Pesci devono bere pochi alcoolici. Tra i vari segni, i Pesci sono i più delicati dal punto di vista della salute: le imprudenze chiederanno sempre il loro tributo. Essi sopportano male gli sforzi fisici, le fatiche quotidiane, ma anche i traumi psichici. L'anemia che può affliggere il segno, può provenire, spesso, dalla cattiva assimilazione intestinale.

LA PIETRA DEI PESCI: L'ACQUAMARINA

L'acquamarina appartiene alla famiglia dei Berilli. Il colore di questa pietra varia dall'azzurro chiaro all'azzurro verde, al blu intenso (la qualità più pregiata). All'acquamarina si riconoscono varie proprietà: calma l'ansia e aiuta a pensare positivo; è ideale per la meditazione e la creatività. Dà coraggio e favorisce nuove amicizie. Numerose anche le virtù terapeutiche: combatte l'aggressività, rafforza le arterie, previene gli infarti e agisce su tutta la zona della gola, come aiuto contro malattie quali la laringite, la tonsillite e le affezioni delle vie respiratorie in generale. Previene quindi la ritenzione dei liquidi, e purifica i reni, il fegato, la milza e la tiroide.

I PIANETI DOMINANTI: GIOVE E NETTUNO

Il primo pianeta governatore, Giove (dopo Saturno il più importante del sistema solare, dotato di ben dodici satelliti), simboleggia il potere sia sociale sia finanziario. Per i Greci e per i Romani, Zeus, o Juppiter, era il padre degli dèi. Pertanto astrologicamente Giove raffigura l'autorità, la dignità, il senso morale, la giustizia, la magnanimità. Giove rappresenta anche il principio del piacere. È il pianeta, dunque, legato anche alla sensualità (noti gli amori extraconiugali del dio, narrati in più miti: Giove tradì la legittima sposa, Giunone per i Romani, Era per i Greci, con dee, ninfe e donne terrene: Leda, Europa, Danae ecc.). In un tema natale accentua l'ottimismo e la fiducia. Per una donna l'influenza del pianeta si esercita favorendo un matrimonio di prestigio. Le sue posizioni possono dare indicazioni circa la golosità, l'avidità alimentare e la fame nevrotica.

Giove governa tanto il Sagittario, segno della giustizia, quanto i Pesci, segno di filantropia. Giove come governatore del Sagittario realizza l'unione tra spirito e materia che è propria dei soggetti nati sotto il segno dei Pesci; ed è il pianeta del potere che esercita insieme il potere divino e quello terrestre. Il Giove sagittariano accoglie quella vocazione alla completezza che era la caratteristica del Giove greco e romano, Signore del cielo, che non trascurava, ma anzi, apprezzava moltissimo i piaceri della Terra. Come governatore dei Pesci, la componente viene accentuata, e può favorire la scelta mistico-religiosa (specialmente se è in buon aspetto con Nettuno, l'altro governatore) con la conseguente rinuncia ai beni terreni; ma anche in questo caso non verrà mai meno il significato profondo di Giove, che resta il pianeta del potere, del prestigio, dello status sociale.

Il secondo pianeta governatore, Nettuno, durante i suoi transiti, si ferma lungo tempo in un segno zodiacale ed è considerato, insieme con Plutone, un pianeta generazionale. L'elemento di questo pianeta è l'Acqua. È il pianeta della sensibilità, della genialità, della pazzia, del sogno, della confusione mentale. I suoi significati sono: dilatazione, espansione, ricettività, passività, ma anche metamorfosi, fusione con il collettivo, identificazione con la massa. È importante constatare in un tema la posizione di Nettuno; se positivo, infonde grande fede, senso del sacrifico, misticismo, religiosità. Se negativo, può togliere la volontà, inclinare ai vizi.

Domina i sogni e il mondo onirico, fornisce la capacità di precognizione, aiuta la medianità. Conferisce anche dubbi e incertezze che vanno e vengono, come le onde del mare. Insinua nell'animo dei nativi, di cui governa il segno, un'indefinibile nostalgia, una malinconia di fondo che s'imprime nel carattere. Inclina all'idealismo in ogni settore di vita, e questo è sempre rischioso, poiché nel momento in cui si "cadrà dalle nuvole" l'impatto con la realtà sarà durissimo. Nettuno è il pianeta che ridesta lo spirito e dona ispirazione e idealismo. In posizione favorevole influisce su ispirazione e intelligenza. In posizione negativa influisce su indolenza, inganno, mancanza di rispetto, instabilità, vizio.

Se i suoi transiti sono benefici, aiuta negli affari che riguardano prodotti chimici e di profumeria, nelle attività attinenti il mare e i liquidi in generale. Favorisce i viaggi, le attività artistiche. Se i suoi transiti sono negativi, meglio evitare di trattare con ospedali, prigioni e luoghi simili; bisogna guardarsi dalle frodi e dagli inganni, dagli amici dubbi, e non bisogna tentare di arricchirsi in fretta. Nettuno rappresenta i rapporti che l'individuo intrattiene con le reazioni inconsce che si producono nella collettività. Esso presiede non ai modelli coscienti, ma alle grandi paure e certezze su cui si basa poi il comportamento della società.

IL SIGNIFICATO DEI PIANETI NEL SEGNO

☉ *Sole:* sottigliezza, tatto e simpatia.
☾ *Luna:* emotività e intuizione. Influenzabilità.
☿ *Mercurio:* fantasia. Irrequietezza mentale. Instabilità di opinioni.
♀ *Venere:* bontà d'animo. Delicatezza particolare nel campo dei sentimenti. Ispirazione artistica.
♂ *Marte:* comportamento irrazionale. Incostanza e aggressività.
♃ *Giove:* protezione e generosità. Gusto per i piaceri materiali.
♄ *Saturno:* timidezza. Bisogno di meditare.
♅ *Urano:* fanatismo. Avventure pericolose. Presentimenti.
♆ *Nettuno:* misticismo. Ispirazioni e facoltà medianiche.
♇ *Plutone:* tendenza a somatizzare. Pigrizia.

LE DECADI DEI PESCI

Se siete nati nei giorni compresi tra il 19 e il 29 febbraio: i pianeti personali e dominanti di questa decade sono Nettuno e Giove. Il primo ridesta lo spirito e lo rende influente sulla materia, il secondo stimola ai piaceri materiali. I nativi hanno tendenze dualistiche, il carattere è molto mutevole, imprevedibile e così anche l'umore. Sia le caratteristiche negative che quelle positive risultano spiccate e dovrebbe esistere il desiderio di migliorarsi per andare incontro alla vita.
Se siete nati nei giorni compresi tra il 1° e il 10 marzo: il Luminare che domina questa decade è la Luna, simbolo dell'interiorità. Questi nativi presentano mutevolezza nel carattere e sistema nervoso teso. Vi è molta immaginazione e vi sono tendenze casalinghe. Non amano la conflittualità e non presentano particolare aggressività. Hanno un magnetismo quasi misterioso. Luna e Nettuno conferiscono loro la tendenza al mistero, a nascondere pensieri e azioni.

Se siete nati nei giorni compresi tra l'11 e il 20 marzo: il pianeta personale è Marte che influisce sull'energia, sull'azione. Proprio Marte aiuta i nativi a superare qualche difficoltà materiale e dà l'impulso necessario per concludere i propri progetti. Senza questo aiuto sarebbe difficile concretizzare pensieri e progetti. La combinazione dei due pianeti è positiva, dato che Marte toglie una parte di spiritualismo nettuniano, dando la forza ai nativi di raggiungere i loro obiettivi.

I PESCI E I LORO ASCENDENTI

Pesci asc. Ariete

In questi soggetti si registra una valorizzazione delle qualità di entrambi i segni e la personalità appare raziocinante, piena di volontà atta a superare gli ostacoli della vita. Intuito ed energie si sommano per creare un individuo che sa raggiungere i propri scopi e difendere i punti conquistati. Nel campo affettivo vi è sicuramente più trasporto, ma anche più decisione.

Pesci asc. Toro

In questa combinazione non possiamo fare a meno di notare un certo rilassamento: entrambi i segni tendono ai piaceri della vita e della tavola, e tutto ciò può condurre a eccessi. Esiste concretezza nella vita quotidiana e i progetti vengono decisamente perseguiti. Il mondo dei sentimenti sfiora queste personalità, ma non le domina, esiste un'acquisizione di fermezza e tenacia.

Pesci asc. Gemelli

La mobilità mentale di entrambi i segni conferisce a questa personalità una sensazione d'insoddisfazione non ben definita. I nativi con tale Ascendente si agitano molto, senza peraltro ottenere grandi risultati. In loro si riscontra alternanza di idee e di umore. Questi soggetti si lasciano per lo più comandare dai sentimenti e dall'emotività.

Pesci asc. Cancro

Occorre trovare una mediazione tra la sollecitazione alla passività dei Pesci e le forti sensazioni del Cancro. La vera guida diviene il sentimento che può essere però direzionato; l'intuizione ha grande parte in questa natura. Ferma restando l'emotività, esiste una capacità di mediazione con se stessi. Il campo affettivo vive alternanze e insicurezze.

Pesci asc. Leone

In questi nativi possono susseguirsi conflitti interiori, continui e logoranti tentativi di autochiarimenti. Le caratteristiche dei due segni prevalgono in alternativa. La personalità tende all'affermazione, ma è vittima, a tratti, della passività dei Pesci. Tuttavia viene impressa nel carattere maggior determinazione.

Pesci asc. Vergine

I due segni vivono ansie simili, dubbi, insicurezze che incidono sulla qualità della vita. Questa personalità perderà qualche occasione nella vita, proprio a causa dei suoi timori. Momenti di grande laboriosità caratterizzano tale combinazione che riuscirà a raggiungere il successo nel sociale. Meno positiva la vita affettiva, che registra errori di scelte e un modo incauto di gestire i rapporti.

Pesci asc. Bilancia

Maggior armonia presenta questa combinazione in cui si fondono sensibilità, gentilezza, ma anche passività. La personalità è estrosa, vi è senso artistico ed estetico, sa armonizzarsi con il resto del mondo. Esiste la capacità di captare il mondo esterno e di stabilire un transfert. Sanno comprendere il lato bello della vita.

Pesci asc. Scorpione

Combinazione complessa dal punto di vista psicologico. Non si può giudicarla razionalmente. La passionalità risulta introversa e questo rende le azioni dei nativi spesso incomprensibili agli altri. Le sensazioni sono personali, istintive e inconsce, e nascono più dai sentimenti che dal ragionamento. Problematico risulta anche il campo degli affetti che registra scontri, crisi, rotture.

Pesci asc. Sagittario

Si tratta di una combinazione d'ampio respiro. Il carattere è socievole, versatile, perde le caratteristiche di passività. I nativi sanno difendere la propria libertà, tendono a sapersi difendere bene. Sanno valorizzare le proprie idee e cercano di realizzarle. Vengono attirati dalle novità, si dedicano a se stessi e alla propria maturazione. La vita affettiva è ricca di avventure.

Pesci asc. Capricorno

La natura capricorniana costringe i Pesci al raziocinio e ne risulta una personalità in trasformazione. I nativi comprendono la realtà, non se ne sentono avulsi. Tengono a mète concrete e si danno da fare sul piano materiale. Ciò non toglie nulla agli intimi valori spirituali del segno. Il carattere può presentarsi più introverso e questo non giova al campo affettivo.

Pesci asc. Acquario

Oltre alla timidezza tale combinazione presenta qualche complesso d'inferiorità, che tende a chiudere i nativi, i quali si dimostrano anche abbastanza egoisti e inclini all'isolamento. Sono questi i punti che devono cercare di correggere, per favorire un buon inserimento nella vita. Problematici i rapporti affettivi, mentre le amicizie possono dare più soddisfazioni.

Pesci asc. Pesci

Molto debole appare la volontà in questa combinazione anche sul piano psicologico. Tuttavia resiste un forte senso di sacrificio, di comprensione verso gli altri. I nativi con tale Ascendente usano molto l'intuito e questo può rafforzare la possibilità di raggiungere i successi sognati.

LA SINTONIA CON GLI ALTRI SEGNI

Pesci/Ariete

L'Ariete può apparire troppo aggressivo per i Pesci, è un segno ardente e passionale. Troppa impazienza arietina sconvolge il compagno che ricerca l'attenzione raffinata. I Pesci stazionano spesso tra le nuvole e preferiscono un amore dai toni più sfumati, con tempi lenti, ma di solito l'Ariete non si dedica a lunghi corteggiamenti.

Pesci/Toro

Non c'è che dire: si tratta di una combinazione non solo facilmente realizzabile, ma anche duratura. Ognuno dei soggetti troverà nell'altro ciò che cerca. Il governatore dei Pesci, Nettuno, si fonde molto bene con il governatore del Toro, Venere. Il tipico romanticismo dei Pesci piace al Toro il quale, a sua volta, propone le sue energie, la sua sensualità, tutte qualità che ai Pesci vanno a genio. Entrambi amano la casa, nonché l'intimità della famiglia.

Pesci/Gemelli

A prima vista questa combinazione non appare proprio consigliabile. I Pesci sono sedentari mentre i Gemelli hanno grande mobilità e già qui non si trova compatibilità. Raramente i Gemelli cambieranno il proprio carattere o sacrificheranno la propria libertà per amore. Decisamente è meglio pensarci due volte prima di intraprendere una relazione, perché potrebbe avere durata assai breve.

Pesci/Cancro

L'elemento comune, l'Acqua, crea affinità in tale combinazione. Entrambi i segni amano la casa, le amicizie; sono sentimentali e romantici. Può avvenire che il Cancro non approvi la tendenza al disordine dei Pesci, ma sono piccole contrarietà che possono venire facilmente appianate. In complesso esistono affinità che rendono gradevole e felice un'unione di questo tipo.

Pesci/Leone

Il modo dei Pesci di abbandonarsi ai sentimenti può piacere al possessivo Leone, ma, a sua volta, a questo non piacerà la possessività dei Pesci, le loro lacrime, il loro broncio. Il Leone potrebbe rendersi oppressivo nei confronti del compagno e la sua sensibilità ne soffrirebbe. Sarebbe forse bene non correre rischi in questo senso, dato che nel rapporto la vittima potrebbe essere proprio il nativo Pesci.

Pesci/Vergine

Di solito gli opposti si attirano; meno vero il detto in questo caso, dato che la capacità di critica e la tendenza a dominare della Vergine potrebbe veramente deprimere la sensibilità dei Pesci. Nel tempo la Vergine potrebbe mal sopportare il sentimentalismo lacrimoso del compagno e ciò potrebbe scatenare grosse crisi. Meglio riflettere molto sulla possibilità di creare un legame.

Pesci/Bilancia

Può esistere un grande amore tra questi due segni, meno probabile appare un rapporto duraturo. La socievolezza della Bilancia contrasta con le chiusure caratteriali dei Pesci. La Bilancia non tollera la gelosia e il sospetto, mentre la possessività dei Pesci vorrebbe chiudere il compagno sotto una campana di vetro. Tutte queste contingenze possono portare, dopo un po' di tempo, al deterioramento di un legame, magari iniziato molto bene.

Pesci/Scorpione

Possono nascere grandi passioni subitanee, ma incerta ne è la durata. La pazienza dello Scorpione non è a lungo termine e la proverbiale possessività dei Pesci viene poco tollerata dal compagno. Anche lo Scorpione è possessivo e proprio per questo motivo, forse, non sopporta nell'altro la medesima caratteristica. Lo Scorpione la ritiene una sua esclusiva prerogativa. I Pesci soffrirebbero troppo per i contrasti quotidiani e il legame non dà forti certezze di riuscita.

Pesci/Sagittario

Una grande amicizia può nascere tra questi due segni, fino a che esista il rispetto della libertà dell'altro. Diverso è il discorso per un legame di coppia, che non pare essere una buona combinazione. In un rapporto ravvicinato verrebbe a mancare la pazienza del Sagittario che dovrebbe decidere per due, altri sentimenti sostituirebbero l'amore, e potrebbe insorgere una lotta. L'unione con i Pesci significa sacrificio della propria libertà e ciò è difficilmente tollerato dal compagno.

Pesci/Capricorno

Malgrado l'apparente diversità, vi sono probabilità che un'unione riesca. Il Capricorno è spesso un incompreso, ma troverebbe comprensione nei Pesci che gli si dedicano completamente. Al Capricorno piace fare da sostegno e in questo caso ne avrebbe la possibilità, potrebbe dare sicurezza. Anche sessualmente i due s'intendono e il legame può rivelarsi positivo e duraturo.

Pesci/Acquario

Questa combinazione dipende molto dalla pazienza e dalla comprensione dei Pesci. L'Acquario dovrebbe imparare a dare ai Pesci il beneficio del dubbio, solo in tal modo li aiuterebbe a trovare la fiducia in se stessi, così da eliminare le loro paure. La gelosia non mancherebbe da parte dei nativi dei Pesci e può essere l'unico freno all'indipendenza dell'Acquario.

Pesci/Pesci

In quest'unione risaltano le stesse virtù e gli stessi difetti, e ciò dovrebbe creare un accordo tra i due soggetti. Può esistere comprensione e tolleranza tra loro. Entrambi amano la casa e la vita sedentaria, condividono i medesimi interessi. È possibile che tutti e due i nativi si ritrovino a vivere senza razionalità, in un mondo loro, avulso dalla realtà. A parte questo, è un legame che si presenta positivo e che può durare nel tempo.

COME CALCOLARE
IL PROPRIO ASCENDENTE

UN METODO RAPIDO PER CALCOLARE IL PROPRIO ASCENDENTE

L'Ascendente delimita la prima delle dodici Case, in cui si suddivide il cerchio zodiacale; per calcolarlo occorre conoscere l'ora esatta, il giorno, il mese, l'anno e il luogo di nascita.

Il metodo che vi presentiamo qui di seguito per calcolare il vostro Ascendente è molto semplice, come sono di facile lettura le varie tavole che abbiamo riportato. Seguite punto dopo punto le indicazioni fornite, a cui, per maggior chiarezza, seguono quattro esempi assai esplicativi.

- Per prima cosa segnate l'ora della vostra nascita.

- Sottraete, quindi, da questa un'ora se in quel giorno era in vigore l'ora legale estiva. Dato che questa negli anni ha subito vari mutamenti abbiamo allegato una tavola dove potrete controllare qual era la situazione nel giorno, nel mese e nell'anno della vostra nascita (vedere la tabella alle pp. 299-300).

- Sottraete, o aggiungete (l'indicazione vi sarà fornita in tabella) i minuti segnati in corrispondenza della vostra città, nella tavola che riporta i valori di longitudine e latitudine delle province italiane (vedere la tabella alle pp. 301-303). Otterrete così l'ora locale.

- All'ora locale aggiungete adesso il tempo siderale (vedere la tabella alle pp. 304-314), andando a prendere il valore segnato in corrispondenza del giorno e del mese della vostra nascita. Se dalla somma otterrete un numero superiore a 24, sottrarrete da questa 24 ore.

- Andate infine a vedere a quale Ascendente corrisponda l'ora così calcolata nella tabella degli Ascendenti (pp. 314-316), dove troverete segnato anche il grado dell'Ascendente.

PRIMO ESEMPIO

Calcoliamo l'Ascendente per un soggetto nato a Milano il 3 luglio 1990, alle ore 7 del mattino.

(ora di nascita)	07,00 –
(ora legale estiva)	01,00 =
	06,00 –
(min. riferiti a lat. e long. di Milano)	00,23 =
(ora locale)	05,37 +
(ora siderale)	18,42 =
	24,19 –
	24,00 =
	00,19 = Asc. Cancro

SECONDO ESEMPIO

Calcoliamo l'Ascendente per un soggetto nato a Roma il 2 aprile 1980, alle ore 2 del mattino.

(ora di nascita)	02,00 –
(min. riferiti a lat. e long. di Roma)	00,10 =
(ora locale)	01,50 +
(ora siderale)	12,40 =
	14,30 = Asc. Capricorno

TERZO ESEMPIO

Calcoliamo l'Ascendente per un soggetto nato a Napoli il 24 febbraio 1970, alle ore 17.

(ora di nascita)	17,00 –
(min. riferiti a lat. e long. di Napoli)	00,03 =
(ora locale)	16,57 +

(ora siderale)	10,09 =
	27,06 –
	24,00 =
	03,06 = Asc. Leone

QUARTO ESEMPIO

Calcoliamo l'Ascendente per un soggetto nato a Messina il 1° dicembre 1960, alle ore 16.

(ora di nascita)	16,00 +
(min. riferiti a lat. e long. di Messina)	00,02 =
(ora locale)	16,02 +
(ora siderale)	04,38 =
	20,40 = Asc. Gemelli

TABELLA DELLE ORE LEGALI

dal 2 aprile	ore 2	1945	al 16 settembre	ore 24	1945
dal 17 marzo	ore 2	1946	al 6 ottobre	ore 3	1946
dal 16 marzo	ore 0	1947	al 5 ottobre	ore 1	1947
dal 29 febbraio	ore 2	1948	al 3 ottobre	ore 3	1948

dal 22 maggio	ore 0	1966	al 24 settembre	ore 24	1966
dal 28 maggio	ore 0	1967	al 23 settembre	ore 24	1967
dal 26 maggio	ore 0	1968	al 21 settembre	ore 24	1968
dal 1 giugno	ore 0	1969	al 27 settembre	ore 24	1969
dal 31 maggio	ore 0	1970	al 26 settembre	ore 24	1970
dal 23 maggio	ore 0	1971	al 26 settembre	ore 1	1971
dal 28 maggio	ore 0	1972	al 1° ottobre	ore 0	1972
dal 3 giugno	ore 0	1973	al 30 settembre	ore 1	1973
dal 26 maggio	ore 0	1974	al 29 settembre	ore 0	1974

dal 1 giugno	ore 0	1975	al 28 settembre	ore 1	1975
dal 30 maggio	ore 0	1976	al 26 settembre	ore 1	1976
dal 22 maggio	ore 0	1977	al 25 settembre	ore 0	1977
dal 28 maggio	ore 0	1978	al 1° ottobre	ore 0	1978
dal 27 maggio	ore 0	1979	al 30 settembre	ore 0	1979
dal 6 aprile	ore 2	1980	al 28 settembre	ore 3	1980
dal 29 marzo	ore 2	1981	al 27 settembre	ore 3	1981
dal 28 marzo	ore 2	1982	al 26 settembre	ore 3	1982
dal 27 marzo	ore 2	1983	al 25 settembre	ore 3	1983
dal 25 marzo	ore 2	1984	al 30 settembre	ore 3	1984
dal 31 marzo	ore 2	1985	al 29 settembre	ore 3	1985
dal 30 marzo	ore 2	1986	al 28 settembre	ore 3	1986
dal 29 marzo	ore 2	1987	al 27 settembre	ore 3	1987
dal 27 marzo	ore 2	1988	al 25 settembre	ore 3	1988
dal 26 marzo	ore 2	1989	al 24 settembre	ore 3	1989
dal 25 marzo	ore 2	1990	al 30 settembre	ore 3	1990
dal 31 marzo	ore 2	1991	al 29 settembre	ore 3	1991
dal 29 marzo	ore 2	1992	al 27 settembre	ore 3	1992
dal 28 marzo	ore 2	1993	al 26 settembre	ore 3	1993
dal 27 marzo	ore 2	1994	al 25 settembre	ore 3	1994
dal 26 marzo	ore 2	1995	al 24 settembre	ore 3	1995
dal 31 marzo	ore 2	1996	al 27 ottobre	ore 3	1996
dal 30 marzo	ore 2	1997	al 26 ottobre	ore 3	1997
dal 29 marzo	ore 2	1998	al 25 ottobre	ore 3	1998
dal 28 marzo	ore 2	1999	al 31 ottobre	ore 3	1999
dal 26 marzo	ore 2	2000	al 29 ottobre	ore 3	2000
dal 25 marzo	ore 2	2001	al 28 ottobre	ore 3	2001
dal 31 marzo	ore 2	2002	al 27 ottobre	ore 3	2002
dal 30 marzo	ore 2	2003	al 26 ottobre	ore 3	2003
dal 28 marzo	ore 2	2004	al 31 ottobre	ore 3	2004
dal 27 marzo	ore 2	2005	al 30 ottobre	ore 3	2005

TABELLA DELLA LONGITUDINE E DELLA LATITUDINE DELLE CITTÀ

Città	Long. in gradi	Long. in ore	Lat.	Minuti
Agrigento	13°30' E	0h54' E	37°19' N	–06'
Alessandria	08°30' E	0h34' E	44°55' N	–26'
Ancona	13°30' E	0h54' E	43°37' N	–06'
Aosta	07°15' E	0h29' E	45°44' N	–31'
Arezzo	12°00' E	0h48' E	43°28' N	–12'
Ascoli Piceno	13°30' E	0h54' E	42°51' N	–06'
Asti	08°15' E	0h33' E	44°54' N	–27'
Avellino	14°45' E	0h59' E	40°55' N	–01'
Bari	17°00' E	1h08' E	41°08' N	+08'
Belluno	12°15' E	0h49' E	46°08' N	–11'
Benevento	14°45' E	0h59' E	41°08' N	–01'
Bergamo	09°45' E	0h39' E	45°42' N	–21'
Bologna	11°15' E	0h45' E	44°30' N	–15'
Bolzano	11°15' E	0h45' E	46°30' N	–15'
Brescia	10°15' E	0h41' E	45°33' N	–19'
Brindisi	17°45' E	1h11' E	40°39' N	+11'
Cagliari	09°00' E	0h36' E	39°13' N	–24'
Caltanissetta	14°00' E	0h56' E	37°29' N	–04'
Campobasso	14°45' E	0h59' E	41°34' N	–01'
Caserta	14°15' E	0h57' E	41°04' N	–03'
Catania	15°00' E	1h00' E	37°30' N	00'
Catanzaro	16°30' E	1h06' E	38°54' N	+06'
Chieti	14°15' E	0h57' E	42°21' N	–03'
Como	09°00' E	0h36' E	45°48' N	–20'
Cosenza	16°15' E	1h05' E	39°17' N	+05'
Cremona	10°00' E	0h40' E	45°08' N	–20'
Cuneo	07°30' E	0h30' E	44°24' N	–30'
Enna	14°15' E	0h57' E	37°34' N	–03'
Ferrara	11°30' E	0h46' E	44°51' N	–14'

Firenze	11°15' E	0h45' E	43°45' N	–15'
Foggia	15°30' E	1h02' E	41°28' N	+02'
Forlì	12°00' E	0h48' E	44°13' N	–12'
Frosinone	13°15' E	0h53' E	41°38' N	–07'
Genova	09°00' E	0h36' E	44°25' N	–24'
Gorizia	13°30' E	0h54' E	45°56' N	–06'
Grosseto	11°00' E	0h44' E	42°46' N	–16'
Imperia	08°00' E	0h32' E	43°52' N	–28'
Isernia	14°15' E	0h57' E	41°36' N	–03'
L'Aquila	13°30' E	0h54' E	42°41' N	–06'
La Spezia	09°45' E	0h39' E	44°05' N	–21'
Latina	13°00' E	0h52' E	41°28' N	–08'
Lecce	18°15' E	1h13' E	40°21' N	+13'
Livorno	10°15' E	0h41' E	43°32' N	–19'
Lucca	10°30' E	0h42' E	43°51' N	–18'
Macerata	13°30' E	0h54' E	43°18' N	–06'
Mantova	10°45' E	0h43' E	45°10' N	–17'
Massa Carrara	10°15' E	0h41' E	44°01' N	–19'
Matera	16°30' E	1h06' E	40°40' N	+06'
Messina	15°30' E	1h02' E	38°12' N	+02'
Milano	09°15' E	0h37' E	45°28' N	–23'
Modena	11°00' E	0h44' E	44°39' N	–16'
Napoli	14°15' E	0h57' E	40°52' N	–03'
Novara	08°30' E	0h34' E	45°27' N	–26'
Nuoro	09°15' E	0h37' E	40°19' N	–23'
Padova	11°45' E	0h47' E	45°24' N	–13'
Palermo	13°15' E	0h53' E	38°07' N	–07'
Parma	10°15' E	0h41' E	44°48' N	–19'
Pavia	09°15' E	0h37' E	45°10' N	–23'
Perugia	12°30' E	0h50' E	43°07' N	–10'
Pesaro	13°00' E	0h52' E	43°55' N	–08'
Pescara	14°15' E	0h57' E	42°28' N	–03'
Piacenza	09°45' E	0h39' E	45°03' N	–21'

Pisa	10°30' E	0h42' E	43°43' N	–18'
Pistoia	11°00' E	0h44' E	43°56' N	–16'
Pordenone	12°45' E	0h51' E	45°57' N	–09'
Potenza	15°45' E	1h03' E	40°38' N	+03'
Ragusa	14°45' E	0h59' E	36°55' N	–01'
Ravenna	12°15' E	0h49' E	44°25' N	–11'
Reggio Calabria	15°45' E	1h03' E	38°06' N	+03'
Reggio Emilia	10°45' E	0h43' E	44°42' N	–17'
Rieti	12°45' E	0h51' E	42°24' N	–09'
Rimini	12°34' E	0h50' E	44°04' N	–10'
Roma	12°30' E	0h50' E	41°55' N	–10'
Rovigo	11°45' E	0h47' E	45°04' N	–13'
Salerno	14°45' E	0h59' E	40°41' N	–01'
Sassari	08°30' E	0h34' E	40°43' N	–26'
Savona	08°30' E	0h34' E	44°18' N	–26'
Siena	11°15' E	0h45' E	43°19' N	–15'
Siracusa	15°15' E	1h01' E	37°04' N	+01'
Sondrio	09°45' E	0h39' E	46°10' N	–21'
Taranto	17°15' E	1h09' E	40°28' N	+09'
Teramo	13°45' E	0h55' E	42°39' N	–05'
Terni	12°45' E	0h51' E	42°43' N	–09'
Torino	07°45' E	0h31' E	45°04' N	–29'
Trapani	12°30' E	0h50' E	38°01' N	–10'
Trento	11°00' E	0h44' E	46°04' N	–16'
Treviso	12°15' E	0h49' E	45°40' N	–11'
Trieste	13°45' E	0h55' E	45°39' N	–05'
Udine	13°15' E	0h53' E	46°04' N	–07'
Varese	08°45' E	0h35' E	45°49' N	–25'
Venezia	12°15' E	0h49' E	45°26' N	–11'
Vercelli	08°30' E	0h34' E	45°20' N	–26'
Verona	11°00' E	0h44' E	45°27' N	–16'
Vicenza	11°30' E	0h46' E	45°33' N	–14'
Viterbo	12°00' E	0h48' E	42°25' N	–12'

TABELLA PER LA RICERCA DELL'ORA SIDERALE

Giorno 1

gennaio	06 h	36 m
febbraio	08 h	38 m
marzo	10 h	33 m
aprile	12 h	36 m
maggio	14 h	33 m
giugno	16 h	36 m
luglio	18 h	34 m
agosto	20 h	37 m
settembre	22 h	39 m
ottobre	00 h	37 m
novembre	02 h	39 m
dicembre	04 h	38 m

Giorno 2

gennaio	06 h	40 m
febbraio	08 h	42 m
marzo	10 h	37 m
aprile	12 h	40 m
maggio	14 h	37 m
giugno	16 h	40 m
luglio	18 h	38 m
agosto	20 h	41 m
settembre	22 h	43 m
ottobre	00 h	41 m
novembre	02 h	43 m
dicembre	04 h	42 m

Giorno 3

gennaio	06 h	44 m
febbraio	08 h	46 m
marzo	10 h	40 m

aprile	12 h	44 m
maggio	14 h	41 m
giugno	16 h	43 m
luglio	18 h	42 m
agosto	20 h	45 m
settembre	22 h	47 m
ottobre	00 h	45 m
novembre	02 h	47 m
dicembre	04 h	46 m

GIORNO 4

gennaio	06 h	48 m
febbraio	08 h	50 m
marzo	10 h	44 m
aprile	12 h	48 m
maggio	14 h	45 m
giugno	16 h	47 m
luglio	18 h	46 m
agosto	20 h	49 m
settembre	22 h	51 m
ottobre	00 h	49 m
novembre	02 h	51 m
dicembre	04 h	50 m

GIORNO 5

gennaio	06 h	52 m
febbraio	08 h	54 m
marzo	10 h	48 m
aprile	12 h	52 m
maggio	14 h	49 m
giugno	16 h	51 m
luglio	18 h	50 m
agosto	20 h	53 m
settembre	22 h	55 m
ottobre	00 h	53 m
novembre	02 h	55 m
dicembre	04 h	54 m

Giorno 6

gennaio	06 h	56 m
febbraio	08 h	58 m
marzo	10 h	52 m
aprile	12 h	55 m
maggio	14 h	53 m
giugno	16 h	55 m
luglio	18 h	54 m
agosto	20 h	57 m
settembre	22 h	59 m
ottobre	00 h	57 m
novembre	02 h	59 m
dicembre	04 h	57 m

Giorno 7

gennaio	07 h	00 m
febbraio	09 h	02 m
marzo	10 h	56 m
aprile	12 h	58 m
maggio	14 h	57 m
giugno	16 h	59 m
luglio	18 h	58 m
agosto	21 h	00 m
settembre	23 h	03 m
ottobre	01 h	01 m
novembre	03 h	03 m
dicembre	05 h	01 m

Giorno 8

gennaio	07 h	04 m
febbraio	09 h	06 m
marzo	11 h	00 m
aprile	13 h	02 m
maggio	15 h	01 m
giugno	17 h	03 m
luglio	19 h	02 m
agosto	21 h	04 m
settembre	23 h	07 m
ottobre	01 h	05 m
novembre	03 h	07 m
dicembre	05 h	05 m

Giorno 9

gennaio	07 h	08 m
febbraio	09 h	10 m
marzo	11 h	04 m
aprile	13 h	06 m
maggio	15 h	05 m
giugno	17 h	07 m
luglio	19 h	06 m
agosto	21 h	08 m
settembre	23 h	11 m
ottobre	01 h	09 m
novembre	03 h	11 m
dicembre	05 h	09 m

Giorno 10

gennaio	07 h	12 m
febbraio	09 h	14 m
marzo	11 h	08 m
aprile	13 h	10 m
maggio	15 h	09 m
giugno	17 h	11 m
luglio	19 h	10 m
agosto	21 h	12 m
settembre	23 h	14 m
ottobre	01 h	13 m
novembre	03 h	15 m
dicembre	05 h	13 m

Giorno 11

gennaio	07 h	15 m
febbraio	09 h	18 m
marzo	11 h	12 m
aprile	13 h	14 m
maggio	15 h	13 m
giugno	17 h	15 m
luglio	19 h	14 m
agosto	21 h	16 m
settembre	23 h	18 m
ottobre	01 h	17 m
novembre	03 h	19 m
dicembre	05 h	17 m

GIORNO 12

gennaio	07 h	19 m
febbraio	09 h	22 m
marzo	11 h	16 m
aprile	13 h	18 m
maggio	15 h	17 m
giugno	17 h	19 m
luglio	19 h	18 m
agosto	21 h	20 m
settembre	23 h	22 m
ottobre	01 h	21 m
novembre	03 h	23 m
dicembre	05 h	21 m

GIORNO 13

gennaio	07 h	23 m
febbraio	09 h	26 m
marzo	11 h	20 m
aprile	13 h	22 m
maggio	15 h	21 m
giugno	17 h	23 m
luglio	19 h	22 m
agosto	21 h	24 m
settembre	23 h	26 m
ottobre	01 h	25 m
novembre	03 h	27 m
dicembre	05 h	25 m

GIORNO 14

gennaio	07 h	27 m
febbraio	09 h	30 m
marzo	11 h	24 m
aprile	13 h	26 m
maggio	15 h	24 m
giugno	17 h	27 m
luglio	19 h	26 m
agosto	21 h	28 m
settembre	23 h	30 m
ottobre	01 h	29 m
novembre	03 h	31 m
dicembre	05 h	29 m

GIORNO 15		
gennaio	07 h	31 m
febbraio	09 h	33 m
marzo	11 h	28 m
aprile	13 h	30 m
maggio	15 h	28 m
giugno	17 h	31 m
luglio	19 h	30 m
agosto	21 h	32 m
settembre	23 h	34 m
ottobre	01 h	32 m
novembre	03 h	35 m
dicembre	05 h	33 m
GIORNO 16		
gennaio	07 h	35 m
febbraio	09 h	37 m
marzo	11 h	32 m
aprile	13 h	34 m
maggio	15 h	32 m
giugno	17 h	34 m
luglio	19 h	34 m
agosto	21 h	36 m
settembre	23 h	38 m
ottobre	01 h	36 m
novembre	03 h	39 m
dicembre	05 h	37 m
GIORNO 17		
gennaio	07 h	39 m
febbraio	09 h	41 m
marzo	11 h	36 m
aprile	13 h	38 m
maggio	15 h	36 m
giugno	17 h	38 m
luglio	19 h	38 m
agosto	21 h	40 m
settembre	23 h	42 m
ottobre	01 h	40 m
novembre	03 h	43 m
dicembre	05 h	41 m

Giorno 18

gennaio	07 h	43 m
febbraio	09 h	45 m
marzo	11 h	40 m
aprile	13 h	42 m
maggio	15 h	40 m
giugno	17 h	42 m
luglio	19 h	42 m
agosto	21 h	44 m
settembre	23 h	46 m
ottobre	01 h	44 m
novembre	03 h	47 m
dicembre	05 h	45 m

Giorno 19

gennaio	07 h	47 m
febbraio	09 h	49 m
marzo	11 h	44 m
aprile	13 h	46 m
maggio	15 h	44 m
giugno	17 h	46 m
luglio	19 h	46 m
agosto	21 h	48 m
settembre	23 h	50 m
ottobre	01 h	48 m
novembre	03 h	50 m
dicembre	05 h	49 m

Giorno 20

gennaio	07 h	51 m
febbraio	09 h	53 m
marzo	11 h	48 m
aprile	13 h	50 m
maggio	15 h	48 m
giugno	17 h	50 m
luglio	19 h	49 m
agosto	21 h	52 m
settembre	23 h	54 m
ottobre	01 h	52 m
novembre	03 h	54 m
dicembre	05 h	53 m

GIORNO 21

gennaio	07 h	55 m
febbraio	09 h	57 m
marzo	11 h	52 m
aprile	13 h	54 m
maggio	15 h	52 m
giugno	17 h	54 m
luglio	19 h	53 m
agosto	21 h	56 m
settembre	23 h	58 m
ottobre	01 h	56 m
novembre	03 h	58 m
dicembre	05 h	57 m

GIORNO 22

gennaio	07 h	59 m
febbraio	10 h	01 m
marzo	11 h	55 m
aprile	13 h	58 m
maggio	15 h	56 m
giugno	17 h	58 m
luglio	19 h	57 m
agosto	22 h	00 m
settembre	00 h	02 m
ottobre	02 h	00 m
novembre	04 h	02 m
dicembre	06 h	01 m

GIORNO 23

gennaio	08 h	03 m
febbraio	10 h	05 m
marzo	11 h	58 m
aprile	14 h	02 m
maggio	16 h	00 m
giugno	18 h	02 m
luglio	20 h	02 m
agosto	22 h	04 m
settembre	00 h	06 m
ottobre	02 h	04 m
novembre	04 h	06 m
dicembre	06 h	05 m

GIORNO 24

gennaio	08 h	07 m
febbraio	10 h	09 m
marzo	12 h	02 m
aprile	14 h	06 m
maggio	16 h	04 m
giugno	18 h	06 m
luglio	20 h	06 m
agosto	22 h	08 m
settembre	00 h	10 m
ottobre	02 h	06 m
novembre	04 h	10 m
dicembre	06 h	09 m

GIORNO 25

gennaio	08 h	11 m
febbraio	10 h	13 m
marzo	12 h	06 m
aprile	14 h	10 m
maggio	16 h	08 m
giugno	18 h	10 m
luglio	20 h	10 m
agosto	22 h	12 m
settembre	00 h	14 m
ottobre	02 h	12 m
novembre	04 h	14 m
dicembre	06 h	13 m

GIORNO 26

gennaio	08 h	15 m
febbraio	10 h	17 m
marzo	12 h	10 m
aprile	14 h	10 m
maggio	16 h	12 m
giugno	18 h	14 m
luglio	20 h	14 m
agosto	22 h	16 m
settembre	00 h	18 m
ottobre	02 h	16 m
novembre	04 h	18 m
dicembre	06 h	17 m

GIORNO 27

gennaio	08 h	19 m
febbraio	10 h	21 m
marzo	12 h	14 m
aprile	14 h	18 m
maggio	16 h	16 m
giugno	18 h	18 m
luglio	20 h	18 m
agosto	22 h	20 m
settembre	00 h	23 m
ottobre	02 h	20 m
novembre	04 h	22 m
dicembre	06 h	21 m

GIORNO 28

gennaio	08 h	23 m
febbraio	10 h	25 m
marzo	12 h	18 m
aprile	14 h	22 m
maggio	16 h	20 m
giugno	18 h	22 m
luglio	20 h	22 m
agosto	22 h	24 m
settembre	00 h	26 m
ottobre	02 h	24 m
novembre	04 h	26 m
dicembre	06 h	24 m

GIORNO 29

gennaio	08 h	26 m
febbraio	10 h	29 m
marzo	12 h	22 m
aprile	14 h	26 m
maggio	16 h	24 m
giugno	18 h	26 m
luglio	20 h	26 m
agosto	22 h	27 m
settembre	00 h	30 m
ottobre	02 h	28 m
novembre	04 h	30 m
dicembre	06 h	28 m

GIORNO 30

gennaio	08 h	30 m
febbraio	00 h	00 m
marzo	12 h	26 m
aprile	14 h	29 m
maggio	16 h	28 m
giugno	18 h	30 m
luglio	20 h	30 m
agosto	22 h	31 m
settembre	00 h	34 m
ottobre	02 h	32 m
novembre	04 h	34 m
dicembre	06 h	32 m

GIORNO 31

gennaio	08 h	34 m
febbraio	00 h	00 m
marzo	12 h	30 m
aprile	00 h	00 m
maggio	16 h	32 m
giugno	00 h	00 m
luglio	20 h	33 m
agosto	22 h	35 m
settembre	00 h	00 m
ottobre	02 h	36 m
novembre	00 h	00 m
dicembre	06 h	36 m

TABELLA PER LA RICERCA DEL SEGNO ASCENDENTE

Ore	Grado	Segno
00h 11m	25°	Cancro
00h 35m	00°	Leone
00h 58m	25°	Scorpione
01h 02m	05°	Leone
01h 29m	10°	Leone
01h 56m	15°	Leone

02h 23m	20°	Leone
02h 50m	25°	Leone
03h 18m	00°	Vergine
03h 44m	05°	Vergine
04h 11m	10°	Vergine
04h 38m	15°	Vergine
05h 05m	20°	Vergine
05h 32m	25°	Vergine
06h 00m	00°	Bilancia
06h 27m	05°	Bilancia
06h 54m	10°	Bilancia
07h 21m	15°	Bilancia
07h 48m	20°	Bilancia
08h 15m	25°	Bilancia
08h 42m	00°	Scorpione
09h 10m	05°	Scorpione
09h 37m	10°	Scorpione
10h 04m	15°	Scorpione
10h 31m	20°	Scorpione
11h 25m	00°	Sagittario
11h 50m	05°	Sagittario
12h 15m	10°	Sagittario
12h 40m	15°	Sagittario
12h 54m	00°	Capricorno
13h 05m	20°	Sagittario
13h 30m	25°	Sagittario
14h 12m	05°	Capricorno
14h 30m	10°	Capricorno
14h 49m	15°	Capricorno
15h 08m	20°	Capricorno
15h 26m	25°	Capricorno
15h 44m	00°	Acquario
15h 57m	05°	Acquario

16h 10m	10°	Acquario
16h 23m	15°	Acquario
16h 36m	20°	Acquario
16h 49m	25°	Acquario
17h 01m	00°	Pesci
17h 11m	05°	Pesci
17h 21m	10°	Pesci
17h 31m	15°	Pesci
17h 41m	20°	Pesci
17h 51m	25°	Pesci
18h 01m	00°	Ariete
18h 11m	05°	Ariete
18h 21m	10°	Ariete
18h 31m	15°	Ariete
18h 41m	20°	Ariete
18h 51m	25°	Ariete
19h 01m	00°	Toro
19h 14m	05°	Toro
19h 27m	10°	Toro
19h 40m	15°	Toro
19h 53m	20°	Toro
20h 06m	25°	Toro
20h 18m	00°	Gemelli
20h 37m	05°	Gemelli
20h 56m	10°	Gemelli
21h 15m	15°	Gemelli
21h 33m	20°	Gemelli
21h 51m	25°	Gemelli
22h 09m	00°	Cancro
22h 34m	05°	Cancro
22h 58m	10°	Cancro
23h 22m	15°	Cancro
23h 46m	20°	Cancro

PERSONAGGI FAMOSI E I LORO SEGNI

Ariete

J. Sebastian Bach
Alec Baldwin
Maria Luisa Busi
Claudia Cardinale
Mariah Carey
Charly Chaplin
Russel Crowe
Aretha Franklin
Elton John
Erica Jong
Ashley Judd
Leonardo da Vinci
Nino Manfredi
Mina
Irene Pivetti
Patty Pravo
Catherine Spaak
Arturo Toscanini
Vincent Van Gogh
Simona Ventura
Andrew Lloyd Weber

Toro

Giuliano Amato
David Beckham
Bono
Marlon Brando
Pierce Brosnan
Pjotr Chaikovsky
Cher
George Clooney
Penelope Cruz
Elisabetta II
Ella Fitzgerald
Sigmund Freud
Giovanni Paolo II
Audrey Hepburn
Jessica Lange
Shirley MacLaine
Guglielmo Marconi
Karl Marx
Indro Montanelli
Jack Nicholson
Al Pacino
Marco Pannella
Eva Peron
Michelle Pfeiffer
William Shakespeare
Barbra Streisand
Uma Thurman

Gemelli

Alberto del Belgio
Dante Alighieri
Naomi Campbell
Fabio Capello
Miles Davis
Johnny Depp
Bob Dylan
Clint Eastwood
Joseph Fiennes
Paul Gauguin
Steffi Graf
Nicole Kidman
Lenny Kravitz
Federico Garcia Lorca
Thomas Mann
Paul McCartney
John McCook
Marilyn Monroe
Alanis Morisette
Prince
Stefania Sandrelli
Isabella Rossellini
Robert Schumann
Alberto Sordi
Kathleen Turner
Nicola Ventola
Jane Wilder

Cancro

Pamela Anderson
Renzo Arbore
Giorgio Armani
Dan Aykroyd
Ingmar Bergman
Alberto Bevilacqua
George W. Bush
Tom Cruise
Oriana Fallaci
Harrison Ford
Giuseppe Garibaldi
Franz Kafka
Giacomo Leopardi
Gina Lollobrigida
Nelson Mandela
Pietro Mennea
Amedeo Modigliani
Francesco Petrarca
Luigi Pirandello
Marcel Proust
Jean Paul Sartre
Ralph Schumacher
Meryl Streep
Liv Tylor

Leone

Tori Amos
Antonio Banderas
Luca Barbareschi
Enzo Biagi
Sandra Bullock
Fidel Castro
Bill Clinton
Sean Connery
Robert De Niro
Rupert Everett
Henry Ford
Melanie Griffith
Geri Halliwell
Dustin Hoffman
Mick Jagger
Monica Lewinsky
Jennifer Lopez
Madonna
Steve Martin
Slobodan Milosevic
Riccardo Muti
Napoleone
Sean Penn
Robert Redford
Yves Saint Laurent
Kevin Spacey
Giorgio Strehler

Vergine

Ludovico Ariosto
Leonard Bernstein
Tim Burton
Andrea Camilleri
Agata Christie
Maurizio Costanzo
Cameron Diaz
Gloria Estefan
Greta Garbo
Vittorio Gassman
Wolfgang Goethe
Hugh Grant
Michael Jackson
John F. Kennedy
Stephen King
David H. Lawrence
Jeremy Irons
Sophia Loren
Reinhold Messner
Maria Montessori
Van Morrison
Cesare Pavese
Keanu Reeves
Ronaldo
Claudia Schiffer
Lev N.Tolstoj
Rachel Welch

Bilancia

Julie Andrews
Brigitte Bardot
Silvio Berlusconi
Paolo Brosio
Hector Cuper
Francesca Dellera
Catherine Deneuve
Michael Douglas
Antonio Di Pietro
Mahatma Gandhi
John Lennon
Marcello Mastroianni
Olivia Newton-John
Gwyneth Paltrow
Luciano Pavarotti
Eleaonor Roosevelt
Gigi Sabani
Susan Sarandon
Margaret Thatcher
Francesco Totti
Giuseppe Verdi
Oscar Wilde
Kate Winslet
Katherine Zeta Jones

Scorpione

Vincenzo Bellini
Roberto Benigni
Carlo d'Inghilterra
Hillary Clinton
Maria Curie
Alain Delon
Alessandro Del Piero
Leonardo Di Caprio
Fedor Dostoevskij
Jodie Foster
Bill Gates
Ethan Hawke
Kevin Kline
Simon Le Bon
Diego A. Maradona
Dacia Maraini
Maria Antonietta
Demi Moore
Federica Panicucci
Pablo Picasso
Eros Ramazzotti
Julia Roberts
Meg Ryan
Winona Ryder
Martin Scorsese
Sam Shepard
Monica Vitti

Sagittario

Woody Allen
Carol Alt
Jane Austen
Kim Basinger
Jeff Bridges
Wiston Churcill
Walt Disney
Jane Fonda
Daryl Hannah
Jimy Hendrix
Fiona May
Bette Midler
Alberto Moravia
Brad Pitt
Keith Richards
Luciana Savignano
Frank Sinatra
Britney Spears
Steven Spielberg
Ben Stiller
Alberto Tomba
Tina Turner
Mark Twain
Liv Ullman
Ludwig Van Beethoven
Gianni Versace
Tom Waits

Capricorno

Giulio Andreotti
Vittoria Belvedere
Paola Borboni
Nicholas Cage
Jim Carrey
Francesco Coco
Gérard Depardieu
Marlene Dietrich
Elisabetta di Baviera
Federico Fellini
Anna Galiena
Mel Gibson
Annie Lennox
Martin Luther King
Mao - Tse - Tung
Giuseppe Mazzini
Giacomo Puccini
Katia Ricciarelli
Elena Rubinstein
Michael Schumacher
Eldrick Tiger Woods
Claudio Villa
Paolo Villaggio
Denzel Washington

Acquario

Jennifer Aniston
Roberto Baggio
Daria Bignardi
Carolina di Monaco
Phil Collins
Charles Darwin
James Dean
Charles Dickens
Matt Dillon
Cristian Dior
Mia Farrow
Peter Gabriel
Natalie Imbruglia
Michael Jordan
Krizia
Abraham Lincoln
Bob Marley
John McEnroe
Wolfgang A. Mozart
Francesca Neri
Paul Newman
Leonardo Pieraccioni
Burt Reynolds
Valentino Rossi
Totò
John Travolta
Robbie Williams

Pesci

Gianni Agnelli
Drew Barrymore
Bernardo Bertolucci
Maurizia Bruno
Frederick Chopin
Cindy Crawford
Billy Crystal
Lucio Dalla
Gabriele D'Annunzio
Albert Einstein
Peter Fonda
Sebastien Frey
Vanessa Kelly
Anna Magnani
Michelangelo
Sinisa Mihaylovic
Sandra Milo
Liza Minelli
Ornella Muti
Sidney Poitier
Auguste Renoir
Sharon Stone
Elizabeth Taylor
James Taylor
Giovanni Trapattoni
Bruce Willis
Dino Zoff